프랑스의 사회적경제 : 효율성에 도전하는 연대

제 3 판

프랑스의

Économie
sociale

3ᵉ édition

사회적경제

La solidarité au défi de l'efficacité

효율성에
도전하는
연대

티에리 장테
지음

편혜원
옮김

alma

추천의 말

곽은경
국제사회적경제협의체
(GSEF, Global Social Economy Forum)
사무국장

시민들의 일상에 더해질
사회적 가치의 효율성을 위하여

『프랑스의 사회적경제(*Économie sociale : La solidarité au défi de l'efficacité*)』가 드디어 국내에 번역되었다. 이 책은 프랑스 사회적경제 분야의 리더이며, 프랑스 사회연대경제법의 기초를 만들고 유럽 상호공제보험조합 운동을 이끌고 있는 티에리 장테(Tierry Jeantet)가 썼다. 우리에게 그간 잘 알려지지 않았던 프랑스 사회적경제의 역사와 발전 과정에서 최근의 현황과 변화까지, 사회적경제의 기본 개념과 개념사적 흐름을 세밀하게 소개하고 있다.

현재 한국은 물론 전 세계에서 협동조합과 사회적기업, 상호조합, 비영리단체, 재단 등의 주체들은 일자리 창출과 유지, 사회의 혁신, 지역 개발, 환경 보호에 있어서 중요한 역할을 하고 있다. 이런 상황에서 사회적경제를 제대로 이해하고자 하는 많은 이들에게 이 책은 200년 역사를 가진 프랑스 사회적경제의 경우를 명료하게 보여준다. 프랑스에서 사회적경제가 어떻게 뿌리내리게 되었는지, 다양한 원천의 종교적 영감과 정치적 사상으로부터 어떻게 영향을 받고 변화하는지, 그리고 프랑스 사회적경제의 비중과 규모와 범위에 관한 통계 정보까지, 사회적경제의 전체 상을 파악할 수 있게 해주는 친절한 해설서이다.

내 20여 년간 프랑스 살이에서 낯선 외국 땅에서 고립감을 느끼거나 언제 닥칠지 모르는 위험과 돌발 상황에 처할 때 사회연대경제는 나를 보호하고 지키는 든든한 방어막이기도 했다. 티에리 장테는 이 책에서 그것이 바로 사회연대경제를 정의하는 주요한 지점이라고 이야기한다. 그에 따르면 프랑스 사회연대경제는 모든 것의 중심에 사람을 놓겠다는 고민으로 위험과 고립, 재난을 연대를 통해 극복하는 데서 출발했다. 사람들 사이에서 형성된 친밀성과 연대성을 토대로 경제적 정치적 탄압에 맞서고, 거대 봉건지주와 산업 또는 금융 자본주의, 권위적인 정치체제에 저항하게 되었다. 사회연대경제는 자신의 운명을 스스로 개척하고 정치적, 사회적 또는 경제적으로 조직하고 연대하는 역동적인 저항성에서 출발한 것이다. 인간의 존엄성을 생산 및 분배 시스템의 중심에 놓고자 하는 이러한 다양한 시도들이 지역 단위에서 이루어지면서 프랑스 사회적경제가 태동, 발전하게 되었다.

티에리 장테는 협동조합과 공제조합, 금융 분야 등에서 활동가로, 기업가로, 때로는 정책 입안자로 활동하며 연대와 정책화 활동에서부터 국제연대까지 다양한 경험을 쌓아왔다. 그가 보여주는 프랑스 사회적경제는 현재 한국의 상황에서 어떻게 사회적경제가 시민의 삶 속으로 들어가 힘이 되고 희망이 될 수 있는지를 고민하는 많은 이들에게 하나의 길과 모델이 될 것이다. 또한 경제 사회 모든 분야에 뿌리내린 다양한 사회적경제의 존재를 확인할 수도 있을 것이다.

분열과 대립 속에서도 강력한 국가 정책과 민관 협력을 통해 지속적인 지역 경제 발전의 원동력으로 거듭나고 있는 프랑스 사회적경제의 도전과 과제 속에서 영감을 얻게 될 것이 분명하다. 특히 지속적인 성장과 규모화에 성공한 공제조합과 금융 분야에서도 영향력을 발휘하고 있는 협동조합이 신생 사회적경제기업의 성장을 지원하는 모습을 보여준다. 이러한 공제와 금융을 통한 지원으로 취약점을 상호 보완하고 사회적경제 생태계를 형성함으로써 유럽 경쟁제일주의 자본시장에서 건강하게 살아남기 위해 도전하고 혁신을 거듭하는 과정을 파악하는 데 큰 도움이 된다.

나는 이 책을 통해 우리가 배워야 할 가장 큰 교훈은 사회적경제의 특징인 시민의 자발적인 움직임이 얼마나 중요한지를 깨닫는 것이라고 생각한다. 프랑스 시민들은 자발적으로 사회연대경제 조직과 기업에 회원이나 직원으로, 또 소비자로 함께하며 여러 가지 역할을 하고 있다. 이때 자본은 사회연대경제의 조직과 기업 활동에서 목적이 아니라 유용한 도구가 될 수 있었다. 그 이유는 기존 시스템에서는 단순히 소비자이거나 직원에 그쳤던 시민들은 사회적경제에서 다양한 역할을 하면서 의사결정에 참여함에 따라, 사회연대경제의 민주적 거버넌스 안에서 어떤 조직이든 소유 재산을 공정한 방식으로 공유하는 것이 가능했기 때문이다. 공동소유라는 개념은 매우 중요하고, 이를 통해 새로운 다른 개념이나 컨셉이 나타나게 된다. 사회적경제에서는 생산된 부의 잉여를 공정한 방식으로 공유하고 연대와 인간의 발전이라는 원칙을 기반으로 하여 사회적 가치들을 실현해나갈 수 있다. 그리고 그 가치를 얼마나 실현했느냐를 가지고 모든 분야에 존재하는 사회적경제의 임팩트를 측정할 수 있다.

사회적경제는 농업과 어업, 공업, 서비스업, 유통업, 4차산업 등 모든 분야에 존재한다. 하지만 매우 불균등하게 분포해 있어 이를 제대로 관리하기 위해 프랑스에서 2014년 7월 31일 제정된 법이 사회연대경제법이다. 좌파 정권이 집권한 시기에 제정되었지만 좌우를 가리지 않고 거의 모두가 찬성했다. 이 법은 사회적경제의 새로운 실험과 혁신의 과제에서 중요한 역할을 할 수 있도록 사회연대경제를 폭넓게 아우르는 다양한 분야의 법안을 명시하고, 사회연대경제에 대한 총괄적인 개념을 규정하고 있다.

이 법을 통해 사회연대경제를 이루는 조직의 정의 규정과 법적 근거가 마련되었고, 정체성과 가시성을 정부로부터 공식적으로 인정받게 되었다. 프랑스 사회연대경제의 위상은 총부가가치의 5%, GDP의 10%(2012년 프랑스 국립통계청 기준), 전체 급여 고용 인구의 10.2%(2014년 프랑스 국립통계청 기준)를 차지하며 이미 상당한 경제적 비중을 자랑하고 있다. 하지만 여기에 만족하지 않고 시민들의 일상에 뿌리를 내린 사회적 가치의 효율성에 도전하는 연대운동으로 나아가고 있다. 정부와 지자체의 새로운 친환경 경제와 사회통합 정책으로, 변화하는 프랑스 사회를 혁신하는 도구로 자리매김하고자 새 도약을 준비하고 있다.

한국에서는 사회적경제 관련 법이 몇 년째 국회에서 표류하고 있는 상황이다. 나는 한국의 사회적경제가 좌와 우를 넘어 우리의 경제를 혁신하고, 시민의 삶 속으로 그리고 다양한 경제 분야로 뿌리내릴 수 있기를 바란다. 또한 지속 가능한 미래와 지역사회 경제의 활력소로 자리 잡기를 고대한다. 사회적경제의 건강한 생태계와 규모화를 꿈꾸며 고민하는 모든 분들에게 이 책을 추천한다.

　사회연대경제의 역사는 오래전으로 거슬러 올라간다. 산업혁명 당시 자신의 운명을 스스로 개척하고자 했던 사람들의 의지에서 비롯된 것이 사회연대경제이다. 노동자와 소비자의 연대 그리고 경제적 효율성을 결합하겠다는 야심찬 선택은 사회적, 기술적 변혁의 시기에 핵심적인 사안이 되었다. 기후변화에 대응해야 하는 시의성에서 보더라도 필요하다.

　협동조합, 공제조합, 결사체(단체), 재단, 사회적기업들은 이와 같은 단일한 목표를 추구하며 전 세계 어디에서든 이들이 추구하는 민주주의, 잉여금의 공정한 분배, 사회적 및 환경적 효용성이라는 가치를 실행하는 것이야말로 구체적인 해결책이라는 것을 입증해내고 있다.

　그렇기 때문에 나는 내가 이끄는 정부에서 2014년 7월 31일자 법으로 사회연대경제에 관한 법적인 틀을 처음으로 마련하고자 했던 것이다. 뿐만 아니라 프랑스 공공투자은행(BPI)에 5억 유로 규모의 기금을 창설하고 사회연대경제 종사자들을 노사 대화의 기구로 끌어들이고자 했다.

사회연대경제는 변화하고 있다. 새로운 형태의 기업이나 사회적 성격의 스타트업을 포용하며 지방으로 이전하거나 국제 무대에 진출하고 순환경제 또는 실버경제와 관련된 새로운 요소를 받아들이고 있는 것이다.

티에리 장테의 책은 이를 명철하게 분석하며 사회연대경제의 특징, 경제적 중요성, 사회적 영향, 운영 방식, 정부와의 관계를 설명한다. 경제적 위기와 마찬가지로 기후변화의 위기에 대응하기 위한 다양한 해결책의 의제에 사회연대경제를 편입시키는 방향으로, 앞으로 사회연대경제가 어떤 길을 걸어가야 할지에 관해서도 우리에게 시사점을 보여준다. 또한 생산 및 개발 방식의 변화에 사회연대경제가 기여할 수 있는 부분, 보건·주거·교육·문화·스포츠 분야에 시민들을 포용할 수 있는 능력에 대해 강조한다.

사회연대경제가 이끌어내는 영향은 프랑스와 유럽에 한정되지 않고 세계로 확장된다. 실제로 점차 더 많은 국가들이 좀 더 인간적인 개발을 위한 사회연대경제의 혁신적인 기여에 대해 인식하고 있다. 이 책은 사회연대경제가 지닌 잠재성과 정당한 목표를 있는 그대로 보여줄 뿐 아니라 그 미래에 대해서도 솔직하게 기술하고 있다. 이렇게 사회연대경제는 자신만의 방식으로 이미 풍요롭기 그지없는 역사의 한 장을 여는 데 기여한다.

차
례

Économie sociale

3e édition

깊은 뿌리

La solidarité au défi de l'efficacité

Des racines profondes

프랑스 전체 인구의 절반이 협동조합, 공제조합, 결사체(단체)[1]와 관련이 있으며 직접 종사자는 200만 명이 넘는다. 가치로는 1,000억 유로, 전체 GDP의 10% 이상을 차지한다. 오래전부터 '사회적경제'로 불린, 인적 결합체 조직은 지난 몇 년 전부터 '사회연대경제(SSE, Social and Solidarity Economy)'로 불리게 된다.

고유의 정관을 가지고 경제, 사회, 문화, 체육 활동 등 거의 모든 분야에 존재하며, 다양한 형태로 사용자와 피고용인의 관계가 설정된다. 민주적, 연대적, 공정성을 추구하는 사회적경제는 유럽 및 전 세계에서 소비자와 노동자, 시민들의 요구에 부응하고자 한다. 사회적경제는 여러 깊은 뿌리를 가지고 있다.

그 뿌리는 작은 지역이나 동일 직종 단위로 사람들이 서로 상부상조하던 과거로 거슬러 올라간다. 마을 단위 또는 공사장(성당 등의 공사 현장)에서의 상부상조, 농번기(공동 작업)의 상부상조, 자연재해나 사람 또는 가축 질병 발생 시 연대 활동, 동업 조직 내의 공동체나 동업조합 등이 그 예이다. 사회적 부조의 의지에서 태동된 동업질서(campagnonnage, 지식과 정체성 전수를 통한 직무 습득 네트워크 – 옮긴이)도 결사

---

1 원문은 association. 표준국어대사전에서는 '결사' 라 말하고 이를 "여러 사람이 공동의 목적을 이루기 위하여 단체를 조직함. 또는 그렇게 조직된 단체"라고 설명한다. 현실에서는 협회, 비영리단체 등을 망라하고 있는데 이 책에서는 문맥에 따라 기존 사회적경제 관련 문헌에서 자주 사용하는 '결사체' 와 단체, 민간단체를 섞어 쓴다. 프랑스에서는 단체에 사단 및 재단 형태를 포함한다. – 옮긴이

체 이전 단계로서 역시 이에 해당된다. 후에 사회적경제의 시초가
될 원칙과 형태들이 이미 15세기 또는 그 이전부터 나타났다. 개인
과 가족은 기후의 불확실성이나 사고의 위험에 대비하여 과중한 부
담을 나누거나 동업 활동으로 발생하는 관계를 조율하기 위해 서로
조직을 만들어 준비하게 된다. 그렇게 해서 차츰 도시나 농촌에서
연대, 구조와 위기의 분담, 저항의 방식이 조직된다.

이와 같은 작은 집단은 프랑스 역사에서 오래전부터 나타났다. 교
회나 정권의 비호를 받기도 하고, 그 세력이 지나치게 커지거나 다
른 생각이나 행동의 시발점이 되는 경우에는 견제의 대상이 되기도
했다. 동업조합을 금지하고 앙시앙 레짐(ancien régime)의 결사단(con-
frérie, 원래 뜻은 신도단-옮긴이)이나 동업질서를 겨냥하던 르샤플리에법
(1791년 6월 14~17일)은 우여곡절 가득한 사회적경제 발자취에서 하나
의 여담일 뿐이다.

여러 갈래의 영감, 합류하는 경험의 물줄기

공동체, 결사단, 동업조합, 동업질서는 앙리 데로슈[2]가 사회적경
제의 '선사적(prehistoric)' 기원이라고 부른 것들이다. 13세기부터 이들
조직은 인적 개발과 연대의 목표를 추구하면서 사회적경제의 현대

---

2 Henri Desroche, *Histoires d'économies sociales. D'un tiers état aux tiers secteurs, 1971-1991*,
  Syros/ Centre des jeunes dirigeants et acteurs de l'économie sociale(CJDES), Paris, 1991. 앙
  리 데로슈(1914-1994)는 도미니칸수도회 신부이며 사회학자로서 종교와 협동운동의 기원을 연구했
  다. - 옮긴이

프랑스의 사회적경제 : 효율성에 도전하는 연대

적 형태를 예고했다. 가령 동업질서는 동일 업종 내에서 그리고 후에는 다른 업종 집단 내에서 교육이나 입문, 물리적 지원을 통해 조사원들의 자아 개발과 역량 개발을 위한 수단의 상호부조를 가능케 한다. 19세기 산업혁명이 도래하면서 비로소 사회적경제의 뿌리가 내리게 된다. 다양한 이데올로기의 원천이 된 많은 사상가들은 사회적 문제와 당시 부상하던 자본주의의 악영향에 대항하는 것의 중요성에 대해 강조한다.

'촉발 요인'

1789년의 프랑스혁명과 '노동자연맹(coalition ouvrière)'을 금지하는 르샤플리에(Le Chapelier)법은 새로운 저항 형태의 시작을 알린다. 금지 대상이었음에도 불구하고 19세기 초부터 상호구제조합이나 재난공제조합 또는 1830년부터 생산 단체의 형태로 노동자들은 경제 활동을 조직한다. 이러한 불법 활동은 1884년 법의 폐지로 비로소 노동조합이 허가되고 결사의 자유가 복원되어 노사 대화에 합류할 때까지 지속된다.

그러나 진정한 촉발 요인은 1840년 농업사회에서 기계화된 산업사회로의 변화를 알리며 시작된 산업혁명이다. 산업사회는 주로 석탄, 철도 개발, 중공업을 기반으로 하며 공산품을 생산한다. 농촌 지역에서는 농기계의 발달로 노동력의 잉여가 발생하게 되면서 수많은 농민들이 실업에 처하게 되자 도시로 이주하게 된다. 가계의 궁핍으로 여성과 아동까지 남성 임금의 절반 혹은 4분의 1 수준을 받으면서 극도로 고된 일을 해야만 하는 상황에 처했다. 노동자 계급

의 경우 저축하는 것도 대출을 받는 것도 불가능한 데다 사회보장
제도의 부재로 인해 삶의 조건은 악화된다. 이때 인간이 중심이 아
니라 경제가 중심인 사고를 비판하는 시위가 처음으로 일어난다. 또
한 신흥 자본주의의 '피해자(노동자와 농민)'들이 '견딜 만한 수준의' 노
동 및 삶의 조건에 접근하게 해주려는 새로운 학설들이 등장한다.
사회적경제는 이와 같은 불평등을 줄이고 모든 이들이 가능한 한 서
로 평등한, 다른 사회의 토대를 마련하고자 하는 의지에서 태동하
게 된다.

주요 '원동력'

정치적, 종교적 성향과 무관하게 사회적경제 사상가들과 이론가
들이 개발한 담론과 학설에 내제된 주요 원동력을 다음과 같이 정
리할 수 있다.

— *모든 것의 중심에 사람을 놓겠다는 고민*으로 각자 자기 개발을
  이루고 위험(질병, 사고, 실업)이나 돌발 상황(무지나 도덕 개념의 부재로
  인한)으로부터 보호한다. 무엇보다 고립으로부터 사람을 지키
  고자 한다. 이미 일찍이 동업질서나 동업조합에서는 조합원들
  의 '고립화'를 방지하고자 이들을 적극적으로 편입시킴으로써
  사회화를 이룬다.
— *친밀성*: 가장 핵심적인 이 목표는 오늘날까지 유지된다. 어느
  조직이든 조사원들은 아무런 장벽도 없이 서로 가깝게 지내야
  한다. 축제나 토론회는 통합의 요소이다.

―함께 수확하는 농민들, 주문을 받는 장인들, 위험 상황에 놓인 마을 사람들 간에 빠르게 형성된 *연대성*. 경제적(노동을 집단적으로 감당) 또는 사회적(상호부조) 목표, 때로는 두 목표를 단일화하여 공동으로 대응하고자 하는 것이다.

―*조화의 추구*: 지역 단위 또는 보편적이고도 유토피아적인 방법으로 조화 추구. 과거 몇몇 시기에 고루한 개념으로 인지되었던 이 개념은 그럼에도 불구하고 오늘날까지 다양한 형태와 모호성을 유지하며 건재하다. 개인 간 경제적 형평성만큼 사회적 및 문화적 형평성을 추구하거나, 간단하게는 '사회적 평화'를 추구한다.

―경제적 힘의 구속에 굴복하지 않고 스스로 행동하는 능력이라는 의미의 *해방*: 개인은 행동할 수 있는 능력을 갖추기 위해 자신감을 갖고 스스로 책임을 지고 자기 개발에 박차를 가해야 한다. 사회적경제에는 '지식을 가진 자'들에게만 한정된 분야란 없다. 특히 타인과 손을 잡은 사람은 모든 인간 활동 분야에 개입할 수 있다.

―경제적 탄압뿐 아니라 정치적 탄압, 거대 봉건지주, 산업 또는 금융 자본주의, 권위적인 정치체제에 맞서는 저항. 자신의 운명을 스스로 개척하고, 조합주의적이고 정치적, 사회적 또는 경제적으로 조직하려고 하는 역동적인 저항성이다.

1848년에서 1900년까지의 선구적인 흐름

혁명의 상징적인 해이자 노동자생산협동조합(association ouvrière)이 '시작'된 해인 1848년에서, 샤를 지드[3]가 개념을 확정짓는 계기가 된 만국박람회가 열린 1900년 사이에, 사회적경제의 형태와 뿌리가 분명해진다. 그 시기에 프랑스와 넓게는 유럽에서 정치적 또는 종교적 영향의 자양분을 받으며 사회적 사상의 거대 운동이 발전해 왔다.

종교적, 비종교적 기원

초기의 연대 활동은 종종 교회에서 장려하거나 가끔은 직접 주도하기도 했다. 중세시대에 부조와 자선의 초창기 제도는 종교에서 비롯되었다. 동업조합이나 결사단은 자신들만의 수호성인을 갖고 있었고 구성원은 공동 예배 의식을 거행했다. 상호 결사체의 뒤를 이어 상호공제조합이 과거 종교 단체의 상부상조 조직이나 자선단체의 다른 포장이었다. 초기 이들 단체의 장은 사제이거나 기독교 배경의 사업주였다. 경제학자 아르망 드플랭(Armand de Melun, 1807-1877. 프랑스 정치인)의 자선을 중심으로 한 접근이나 프레데릭 르 플레(Frédéric Le Play, 1806-1882. 프랑스 엔지니어이자 정치인)의 좀 더 직접적인 사회적 접근이 노동자들을 '보호하는' 가톨릭적인 개념에서 출발한 사

---

3 샤를 지드의 대표적 저서가 라르마탕(L'Harmattan)사에서 재출간되었다. 앙드레 쇼멜이 지휘하고 초기에는 쟈크 모로, 그 이후에는 티에리 장테가 주재하는 위원회와 마크 페넹 연구원의 책임 하에 재출간 작업이 이루어졌다.

회적경제에 자양분을 공급하게 된다. 한편 에두아르 드 부와브 (Edouard de Boyve ; 1840~1923. 프랑스 경제인)를 비롯한 개신교에서 님므 학파를 설립했다면, 같은 개신교도였던 샤를 지드(Charles Gide, 1847~1987. 프랑스 경제학자)는 '중립성'을 옹호한다. 결국 기독교 학파들은 도시 버전이든 농촌 버전의 형태든 사회적경제가 부상하는 데 중요한 역할을 하게 된다.

이와는 달리 세속적인 접근을 중시하는 로버트 오언(Robert Owen, 1771~1858. 영국의 사회운동가)은 행복을 추구하기 위해 뭉치는 인간의 능력을 믿는다. 피에르 조세프 프루동(Pierre-Joseph Proudhon, 1809~1865. 프랑스의 사회운동가, 철학자)은 신의 원리를 부정하지는 않지만 도덕이야말로 경제조직의 요체라고 간주했다. '1848'년대의 협동조합과 공제조합의 움직임은 속성상 세속적이다. 에밀 뒤르켐(Emile Durkheim, 1858~1917. 프랑스 사회학자)과 레옹 부르주아(Léon Bourgeois, 1851~1925. 프랑스 정부 소속)의 연대주의(과학주의와 연결된 실증주의의 형태)나 루이 블랑 (Louis Blanc, 1811~1882. 프랑스 기자)이나 에티엔 카베[4](Etienne Cabet, 1788~ 1856. 프랑스 사상가)의 이론 역시 마찬가지다.

이와 같은 흐름 밖에 있는 저자들 중에는 샤를르 지드도 있지만 독일의 헤르만 슐체델리치(Hermann Schulze-Delitzsch, 1808~1883. 독일 법률가)나 이탈리아의 루이지 루차티(Luigi Luzzatti, 1841~1927. 이탈리아 법률가) 처럼 우선 '실행파'에 속하는 자유주의자들이 있다. 이들은 종교에

---

4 Étienne Cabet(1788~1856) 프랑스 철학자이자 유토피아 사회주의자. 로버트 오언, 토마스 모어, 샤를 푸리에의 영향을 받았으며 '공산주의'(communism) 용어를 착안했다. 공산적 유토피아를 그린 〈이카리아 여행기〉를 남기고 이후 미국으로 건너가 일리노이, 텍사스 주 등에서 공동체를 건설했다. ─옮긴이

제1장

깊은 뿌리

의지하지 않고 독립적인 방식으로 자유주의와 사회주의적 이론들을 적용한다.

정치적 기원

사회적경제는 다양한 원천의 정치적 사상과 계획으로부터 영향을 받는다.

- **자유주의** : 1830년에 사회적경제에 관한 새로운 개론서를 출간한 프랑스의 샤를 뒤느와이에(Charles Dunoyer, 1786-1862. 프랑스 법률가), 기업에서 창출하는 부의 더 나은 분배를 보장하는 수단으로 노동자생산협동조합을 구상한 영국의 존 스튜어트 밀(John Stuart Mill, 1806-1873. 영국 경제학자), 민중 단체가 사회적 부의 생산자라고 주장한 프랑스의 레옹 왈라스(Léon Walras, 1834-1910. 프랑스 경제학자), 서민 신용의 창시자인 독일의 슐체델리치. 몇몇 자유주의자들은 결사체나 협동조합을 합리적 자본주의로 이행하기 위한 단계로만 볼 뿐이지만(폴 르루와 볼리외(Paul Leroy-Beaulieu, 1843-1916. 프랑스 경제학자)) 다른 이들은 사회적 평화를 획득하고 노동력을 안정화하며 소득의 재분배에 더 나은 정의를 도입하면서 '참여(이윤에의 참여가 반드시 기존 기업 지위의 포기를 의미하는 것이 아니라 재조정을 의미)'로 향하는 길로 간주한다. 자본주의의 남용은 수정하되 자본주의 자체를 재고하는 것에 대해 우려하는 일부 주저하는 의견을 넘어서, 자유주의자들은 자선 및 선도 활동을 상호구제단체(société de secours mutuel)로 이행하는 데 기여함으로써 사회적경제의 진정한 토대를 마련해주었다. 노동자들에게 일종

의 '자기결정권'을 주고자 했기 때문에 소비협동조합과, 무엇보다 신용협동조합의 설립을 지원하게 된다.

- **급진주의**: 대표적 인물은 결사체와 공제조합이 연대라는 핵심원칙에 근거한 인간 활동의 공화주의적인 형태라고 간주하는 레옹 부르주아(Léon Bourgeois, 1851~1925. 프랑스의 정치가, 사회법학자)이다. 님므의 '중도주의' 학파와 샤를 지드의 협동조합주의와는 별개로 부르주아가 사회적경제의 토대를 마련하고, 급진적인 장관인 알베르 비제르(Albert Viger, 1843~1926. 프랑스 정치인)가 1900년의 농업상호보험에 관한 법을 통해 이를 농촌 지역으로 확산시킨다.[5] 한편, 에두아르 에리오(Edouard Herriot, 1872~1957. 프랑스의 정치가)는 리옹의 노동자생산협동조합을 지원한다. 급진주의자들은 이들이 보기에 공화국의 개념과 연계된 모델을 옹호하게 된다. 여기에서 사회적경제가 조정자이자 수호자의 역할을 하고, 개인들이 스스로를 조직하고 자신들의 재능을 높이며 공동의 책임의식을 갖는다. 부의 강력한 재분배는 정부뿐 아니라 자유로운 집단 행동에서 비롯되어야 한다고 믿는다.

- **사회주의**: 협동조합, 공제조합, 결사체(로치데일공정선구자협동조합, 금세공노동자생산협동조합, 알비 유리제조공장) 관련 저자들에게 영감을 준 로버트 오언, 클로드 앙리 드 생시몽(Claude-Henri de Saint-Simon, 1760~1825. 프랑스 사회운동가)과 필립 뷔셰(Philippe Buchez, 1796-1865. 프랑스 사학자). 노동계에 영감을 주어 인쇄공, 석공, 선반공, 모자 직

---

5 Pierre Daucé, *Agriculture et monde agricole, 2ème édition*, coll. « Les Etudes de la Documentation française », Paris, 2015 참조.

제 1 장

깊은 뿌리

공들의 조합, 그 이후에는 협동조합이 만들어지게 된다(1830-1848년과 그 이후). 이들은 가격 통제 정책에 대한 대응으로 빵, 고기, 옷의 접근성을 높이기 위한 소비자협동조합이 만들어지는 데 바탕이 된 주역이다.

- **공산주의** : '프랑스 공산주의의 가장 대표적 인물'[6], 이론가이자 실험가이며 아래로부터의 소비자운동의 주창자로 불리울 수 있는 E. 카베. 사회적경제의 공동체적인 관점을 옹호한다.

19세기 초의 창시자

19세기 초부터 산업화에 맞서 상호 경쟁 또는 교차되는 사상에 바탕을 두는 연대의 움직임이 태동된다. 창시자들이 자신의 저서에서 내세우는 이론들이 규범적, 이념적 틀을 형성하여 이것이 사회적경제의 설립자들이 초기의 공동체적 관행을 실험하는 토대를 이루게 된다.

- **로버트 오언**(Robert Owen, 1771-1858, 영국) : (협동촌의 개념으로) '공동체적 협력'의 토대를 마련하고 후에 프랑스를 비롯하여 유럽에서 크게 성공을 거두게 되는 보험공제조합의 핵심인, 짧은 유통 경로의 경제적 이익을 옹호했다. 뉴 래너크 방직공장을 경영한 후 미국 인디애나 주 뉴하모니에서 공동체를 만들었다. 뉴하모니는 생산수단의 사적 소유와 경제적 이윤을 거부하고 화폐 단위

---

6 André Gueslin, *L'invention de l'économie sociale. Le XIXème siècle français,* Economica, Paris, 1987.

로 쓰이는 노동증권이 통용되는 곳이었으나 이러한 시도는 결국 실패로 끝을 맺는다.

- **클로드 앙리 드 생시몽**(Claude-Henri de Saint-Simon, 1760-1825, 프랑스)：귀족으로, 사회주의자들에게 영감을 주었던 생시몽은 노동하는 인간의 덕망을 가장 앞세웠으며, 결사체야말로 시민 사회화의 수단이라고 생각했다. 자유주의에 맞서서 '유일하고 직접적인 목표가 노동 및 생산 계급에게 최대치의 복지를 제공하는' 산업화를 주창한다. 그는 이를 *사회적 행복*이라 명명한다. 기업체처럼 운영되는 정부는 여기에서 조율 및 재분배의 역할을 담당하게 된다.

- **샤를 푸리에**(Charles Fourier, 1772-1837, 프랑스)：연대주의의 태동에 영감을 준 푸리에는 인간의 본성은 선하나 문명으로 인해 타락한다고 주장한다. 그는 사회적 행복과 자아 실현을 위해 충족해야 하는 조건에 대해 성찰한다. 결사체나 공제조합 또는 팔랑스테르(*phalanstère*, 생활 공동체 내 생산자 조직으로 재화의 분배가 노동, 자본, 재능에 따라 이루어진다)의 발달로 스스로 조직하는 사회를 추구한다. 아무것도 기대할 게 없는 국가의 개입을 거부한다. 장 밥티스트 고댕은 푸리에의 사상을 이어받아 생활 공동체인 파밀리스테르(familistère)에 이를 적용하게 된다.

- **피에르 조세프 프루동**(Pierre-Joseph Proudhon, 1809-1865, 프랑스)：상호부조주의(mutualisme)의 아버지로 프루동의 모델은 구성원들이 서비스 대 서비스, 신용 대 신용으로 서로를 보장해주고 화폐 대신 '유통 증권'이 사용되는 사회를 구상한다. 사회적경제를 '자기 결정의 경제'[7]라고 옹호하며 이중 지위의 개념을 주

장한다. 개인은 소비자이자 생산자이거나, 또 무한책임사원이
자 유한책임사원, 구매자이자 판매자, 임금 지불자이자 임금노
동자라고 말한다. 생시몽과 달리 경제에 대해 비정부적인 접
근을 내세운다. 그의 사상은 19세기 후반 결사체 운동에 영향
을 미치게 된다.

- **프레데릭 르 플레**(Frédéric Le Play, 1806-1882, 프랑스) : 공동체, 사유
재산과 후원을 병존시키고자 하는 일종의 타협점으로 사회적
경제를 간주하던 기독교 사상가이다. 그 또한 상호부조회(société
de secours mutuel, 공제조합의 전신)와 노동자생산협동조합의 옹호자이
다. '자연스러운 리더'에게 순종하는 위계질서를 설파했으며 사
회적 사용자 개념에 영감을 준다. 큰 사업장의 사용자들이 숙
련된 노동자의 양성을 위하는 것만큼이나 자비의 마음으로 노
동자의 사회적 필요를 고려할 것을 촉구했다.

- **루이 블랑**(Louis Blanc, 1811-1882, 프랑스) : 블랑에 따르면 사회의 역
사는 다음 세 가지 원칙의 지배를 받아왔다. 1789년에 끝을 맺
은 권위주의, 그 뒤를 이은 개인주의 그리고 마지막으로 박애
주의이다. 박애주의가 경제의 변화를 동반해야만 자본주의 고
유의 속성이자 자본주의에서 파생된 야만적인 경쟁이 소멸될
수 있다고 했다. 그는 사회적 작업실이라 부른 노동자생산협동
조합의 틀로서 국가가 노동을 조직해야 한다고 주장했다.

- **샤를 지드**(Charles Gide, 1847-1932, 프랑스) : 소비협동조합이 핵심인

---

7 V. H. Desroche, *Histoires d'économies sociales. D'un tiers état aux tiers secteurs, 1971-1991*, op. cit.

'협동조합 공화국'의 사상가로서 협동조합의 기업가적 접근을 뛰어넘어 사회적경제를 하나의 대안으로 제시하고자 했다. '제3의 길'을 모색하기에 자유주의자도 사회주의자도 아니었으며 사회적경제가 제도적으로 인정받는 데 중요한 역할을 하게 된다.

이들 사상가들이야말로 사회적경제의 첫 밑그림을 그린 사람들이다. 이들의 이론에는 서로 상이한 부분(특히 국가의 역할에 관해)이 있긴 하지만 행복 추구와 자아 실현, 사람을 위한 경제에의 통제라는 공통점을 지닌다. 미래에 전개될 사회적경제(내부 민주주의, 공정한 가격, 이중 지위: 노동자이면서 자본가, 구매자이면서 판매자로서의 처지─옮긴이)의 토대를 이미 그리고 있는 것이다. 그러나 무엇보다 현장에서 진행된 여러 시도와 실험으로 이 개념들이 운영 규칙과 원칙으로 굳어질 수 있게 된다.

'연구─실행', 결사체주의에서 협동조합과 공제조합으로

다양한 이론들을 수립하는 동시에 인간의 존엄성을 생산 및 분배 시스템의 중심에 놓고자 하는 다양한 시도들이 지역 단위로 이루어지면서 사회적경제가 태동하게 된다. 앙리 데로슈(Henri Desroche, 1914-1994. 프랑스 사회학자)는 이를 '명문화된 유토피아'에서 '실천화된 유토피아'로의 이행이라 불렀다.[8] 다양한 운동과 실험으로 현대적인 의미의 사회적경제가 구축되었으며 사회적경제의 힘과 영속성은 사상의 다원성과 실행의 다양성, 무엇보다 여기에서 비롯되는 수렴, 합류의 지점에 기반을 두게 된다. '연구-실행'을 통한 발전의 상징인 결사는 사회적경제의 항구적인 용광로로 역할을 했다. 노동자생산협동조합은 노동자협동조합(SCOP), 공제조합은 보험공제조합의 탄생을 가능하게 한다. 1901년 법은 '결사체의 이전 단계'와 관련된 복수의 시도와 오랜 역사의 결과물이다.

협동조합 실험

농업협동조합의 설립

가장 오래된 예는 13세기로 거슬러 올라가 유제품 가공 및 집유협동조합의 첫 실험 형태인 쥐라와 프랑슈 콩테의 치즈 공방이다. 1882년 덴마크 예딩에서는 미국의 밀 농사 경쟁에서 밀린 농가들이 낙농협동조합을 설립하는데 이것이 오늘날의 농업협동조합 대부분의 모델이 되었다. 프랑스에서는 1880년대에 상호부조회(société de secours mutuel, 공제조합의 전신)가 발달하고 미래의 농업협동조합이 될 '유니온샵'이 조직된다. 첫 번째 낙농협동조합이 1890년 무렵에 설립되었다.

생산노동자협동조합

초기 노동자생산협동조합(Association ouvriere de production)의 설립자들

---

8 H. Desroche, *Le projet coopératif,* Editions ouvrières, Paris, 1976.

은 생시몽과 푸리에한테서 직접적인 영향을 받아 임금노동자들이 기업 자본에 참여해야 한다는 그들의 주장을 실천에 옮기고자 한다.

- **쟝 밥티스트 고댕**(Jean-Baptiste Godin, 1817-1888, 프랑스). 샤를르 푸리에의 팔랑스테르 프로젝트를 계승하여 사원들을 위한 구제 금고제도를 설립하고 몇 년 후에는 공동체적 발상으로 사원들의 안위(주거뿐 아니라 여가 및 공동교육 서비스, 의료공제제도, 퇴직제도)를 보장하는 기즈의 파밀리스테르를 건설한다. 이와 같은 시도가 미래의 생산협동조합의 전조를 알리는 것이었다 하더라도 지드가 보기에는 진정한 '노동자 공화국'에 미치지는 못했다. 지드는 그 이유로 '사회주의적이지도 그다지 민주적(노동자들 간에 일종의 서열 유지와 이사장의 평생 임기보장)이지도 않은 부분'들이 있기 때문이라고 설명했다. 1880년에 파밀리스테르의 사업장은 노동자협동조합으로 변한다.
- **필립 뷔셰**(Philippe Buchez, 1796-1865). 생시몽의 제자로 실무 활동에 전념하며 『라틀리에』라는 신문을 1850년까지 발행했다. 여기에서 노동자생산협동조합에 기반한 사회 개혁 계획을 구상한다. 뷔셰에 따르면 분할할 수 없으며 양도 불가능한 자본(비분할 자본)을 바탕으로 만들어진 생산협동조합은 확장 단계에서 노동계급이 의지할 수 있는 '노동자 자본'을 모으도록 해준다.

결사체주의를 통한 사회의 쇄신은 1834년 기독교 신앙에 바탕한 금세공 노동자들의 생산협동조합의 설립으로 구체화되었다. 정관에 따르면 '노동을 통한 결사야말로 노동자 계급의 진정한 해방 수단으로, 사업주와 노동자들 간에 현존하는 적대감을 없앨 수 있다'고 했다. 그 후에 단결노동자회사(Compagnie des travailleurs unis)와 장 조레스(Jean Jaurès, 1859-1914. 프랑스 사회주의자)의 지원을 받은 알비 유리제조공장이 설립되면서 노동운동의 자기 조직력을 증명해냈다.

소비협동조합[9]

- **'로치데일공정선구자협동조합'**(1844년, 영국): 방직노동자 집단의 주도로 이루어진 이 실험은 소비협동조합(생필품 공동 구입)의 시초가 되었으며 지속 가능한 다목적 협동조합의 모델로 꼽힌다. 힘든 생활 조건, 소비자들에 대한 보호 부재, 일부 상인들의 지속적인 불량 식품 문제에 맞서기 위해 로치데일공정선구자협동조합에서는 식료품을 취급하는 협동조합을 설립하여 합리적인 가격으로 노동자들에게 공급했다. 그 후, 가정과 사회적 조건을 개선하기 위한 공제제도를 조직하여 조합원들에게 주택 건설, 도매 매장, 은행, 보험 등의 서비스를 제공한다. 선구자협동조합을 최초의 협동조합 실험이라 간주할 수는 없지만 협동조합 사업 운영 모델로 자리 잡았다. 즉, 다양한 사상가들이 추구했던 사회적 개념들이 체계화된 규칙과 원칙으로 처음 반영되어 성공한 경우로 후일 사회적경제가 발전할 수 있는 토대가 된다.

---

9 19세기에는 주로 노동자들이 생필품을 공동 구입하는 매장사업을 공동출자로 운영하여서 소비협동조합이라고도 하지만, 20세기에는 소비자협동조합, 한국에서는 소비자생활협동조합이라고도 불리어, 소비자협동조합이라고도 옮긴다. -옮긴이

- **님므 학파**(19세기 말): 로치데일의 경험에서 영감을 받아 지드는 소비자들의 주권을 선포하고 보와브와 함께 프랑스에서 참여 민주주의와 비용 가격 판매의 원칙에 따른 초기의 소비협동조합을 지원했으며 1885년에는 소비협동조합프랑스연맹(Fédération française des coopératives de consommation)이 창설된다.

신용협동조합

- **프리드리히 빌헬름 라이파이젠**(Friedrich Wilhelm Raiffeisen, 1818-1888, 독일): 1864년 라인란트헤데스도르프의 라이파이젠 시장은 빈곤에 시달리는 농민을 구제하기 위해 신용협동조합을 설립한다. 담보로 맡길 자산이 없는 극빈자들이 대출을 받을 수 있도록 금융기관에 상호 보증을 하는 것이다. 그의 도전 덕분에 사회적경제의 장치가 구체화된다. 가령, 양도 불가능한(현재는 '비분할, 불분할'이라 한다) 준비금 조성, 배당금 분배 금지, 경영자의 무보수, 지리적으로 한정되는 구역의 중요성(협동조합과 지역성의 관계)이 그 예이다. 1870년 이후 이와 같은 시도는 병합된 알자스로렌 지역으로 확장되며 보수적 기독교인인 루이 뒤랑(Louis Durand, 1859-1916)에게 영향을 주었다. 그렇게 해서 1893년 오늘날의 크레디 뮤추엘(Crédit mutuel)이 되는 농촌농민금고가 설립되는 데 바탕이 되었다.

- **헤르만 슐체델리치**(1808-1895, 독일): 라이파이젠과는 다소 상이한 시스템을 바탕으로 서민은행(Banque populaire)을 설립한 선구자이다. 그 시스템은 출자배당, 준비금의 분배 가능성, 경영자에 대한 보수와 단기 대출이다. 독일 협동조합의 법제화의 토대를 마

련했다. 슐체 델리치는 이탈리아의 루이지 루차티(Luigi Luzzatti, 1841-1927)에게 직접적인 영향을 미치게 되고 루차티는 이 모델을 이탈리아에 전파했다. 이 두 사람은 유럽의 크레디포퓰레르(Crédit populaire, 인민은행)의 창시자이다.

공제조합의 실험

현대의 공제조합은 1790년대의 다양한 성과를 계승한다. 그 당시에 동업조합원들, 노동자 조직, 또는 노사 평화에 신경 쓰는 사용자들이 조직한 공제조합들이 약 50여 개가 있었다. 이들은 역사의 한 복판에서 국가의 지원을 받거나 견제를 받기도 하고, 가끔은 저항의 요인이 되거나 때로는 통합의 요인이 되기도 한다. 이에 대해 FNMF(프랑스공제조합전국연맹, 1902년)의 초대회장이었던 레오폴드 마비요(Léopold Mabilleau, 1853-1941. 프랑스 교수)는 다음과 같이 말했다.

"지금까지 상호회사들은 있었지만 상호성은 없었다고 할 수 있다." 레옹 부르주아의 지원을 받아 그와 그의 동료들인 쟝 바르베레(Jean Barberet, 1837-1920. 프랑스 기자), 에밀 쉐이슨(Emile Cheysson, 1836-1910. 프랑스 공학자)은 공제와 관련된 여러 노력들이 효율적인 공제조합으로 이어지는 데 기여하게 된다.[10]

---

10 V. A. Gueslin, *L'invention de l'économie sociale. Le XIXème siècle français, op. cit.*

오늘날 사회적경제 발전에 사상들이 미친 영향

푸리에의 사회적경제 vs 지드의 사회적경제

푸리에와 지드는 사회적경제와 관련하여 두 개의 개념을 발전시켰다. 하나는 총유(propriété collective)를 거부하는 모델이고, 다른 하나는 소비자의 우위성에 기반을 두는 모델이다. 생시몽, 그리고 그 후 고댕의 뒤를 이은 푸리에는 노동자들이 기업 자본에 참여해야 한다고 주장했다. 그는 노동자생산협동조합의 가치관인 '노동, 자본, 재능'을 염두에 두며 노동자생산협동조합이야말로 사회적경제가 나아가야 할 길을 보여준다고 믿었다. 지드는 프랑스 협동조합의 사상사에서 그 대척점에 위치한다. 그는 '모든 개인은 조합원이다'라는 전제에서 출발하여 그의 '협동조합 공화국' 계획에서 소비자의 주권을 주장한다. 장 프랑수와 드라페리에 따르면 '이들 두 관점이 19세기 말 협동조합 내의 모든 논쟁의 핵심을 이루며 전자에 대한 후자의 우세가 미래의 발전을 좌우하게 되었다'.[11] 하지만 이는 일시적일 뿐이다. 왜냐하면 지배적 인구는 더 이상 협동조합 소비자 인구가 아니기 때문이다. 조르주 포케[12]에 따르면, 이제 더 이상 '경제를 협동조합화' 하느냐가 중요한 것이 아니다. 협동조합은 자본주의 부문이나 공공 부문과 마찬가지로 경제의 한 부문으로 인식되게 된

---

[11] Jean-François Draperi, « L'utopie à l'œuvre : l'ACI a cent ans, regard sur une histoire mémorable », *RECMA*, n° 258, 1995.

[12] Georges Fauquet, « Le secteur coopératif. Essai sur la place de l'Homme dans les institutions coopératives et sur la place de celles-ci dans l'économie », *Revue des études coopératives*, n° 54, 1935 (*RECMA*, n⁰ˢ 275-276, 2000에서 재인용).

제1장

깊은 뿌리

33

다. 더 나아가서 노동자협동조합과 소비자협동조합 간에 이와 같은 대치 상태로 인해 서로 분리된 채로 발전하다 뒤늦게서야 사회적경제라는 공통의 사회경제 체제의 하위 분야라는 것을 깨닫게 되었다.

왈라스의 사회적경제 vs 지드의 사회적경제

사회적경제는 이전까지 은폐되었다가 산업혁명으로 드러난 사회 문제를 통합하는 정치경제학의 새로운 형태로 19세기 말에 이미 소개되었다. 왈라스는 경제학의 구성(아키텍처)을 다음과 같은 3부작으로 설명한다. 자연법의 정의와 식별에 집중하는 '순수' 경제학, 주로 생산에 적용하는 '응용' 경제학, 그리고 주로 분배에 관여하는 사회적경제이다. 지드는 연대경제로서 사회적경제를 설파한다. 정치경제학과 사회적경제 사이의 상호 보완성을 인정하면서[13] 협동조합에 '사회 개혁'의 역할을 부여했다. 반면 왈라스[14]는 협동조합에는 사회 개혁의 역할이 없다고 믿었다. 사회적 부의 분배 요소로서 사회적 경제에 포함되는 것이 아니라 생산 시스템(농업, 산업 또는 무역 회사들과 같이)의 요소로서 협동조합은 정치경제학에 속하는 것이다. 왈라스는 사회적경제를 '사회적 부의 더 나은 분배'[15]를 추구하는 것으로 연결하며 다음과 같이 주장했다.

13 Ch. Gide, *Quatre écoles d'économie sociale*, Fischbacher, Paris, 1890 & *Economie sociale*, Sirey, Paris, 1905.

14 Léon Walras, *Etudes d'économie sociale : théorie de la répartition de la richesse sociale*, Economica, Paris, 1990 (1er éd. Lausanne/Paris, 1896).

15 L. Walras, *Eléments d'économie politique pure ou théorie de la richesse sociale*, Economica, Paris, 1988 (1re éd. Lausanne, 1897).

〈그림 1〉 사회적경제의 다양한 형태와 조직의 탄생: 도식화

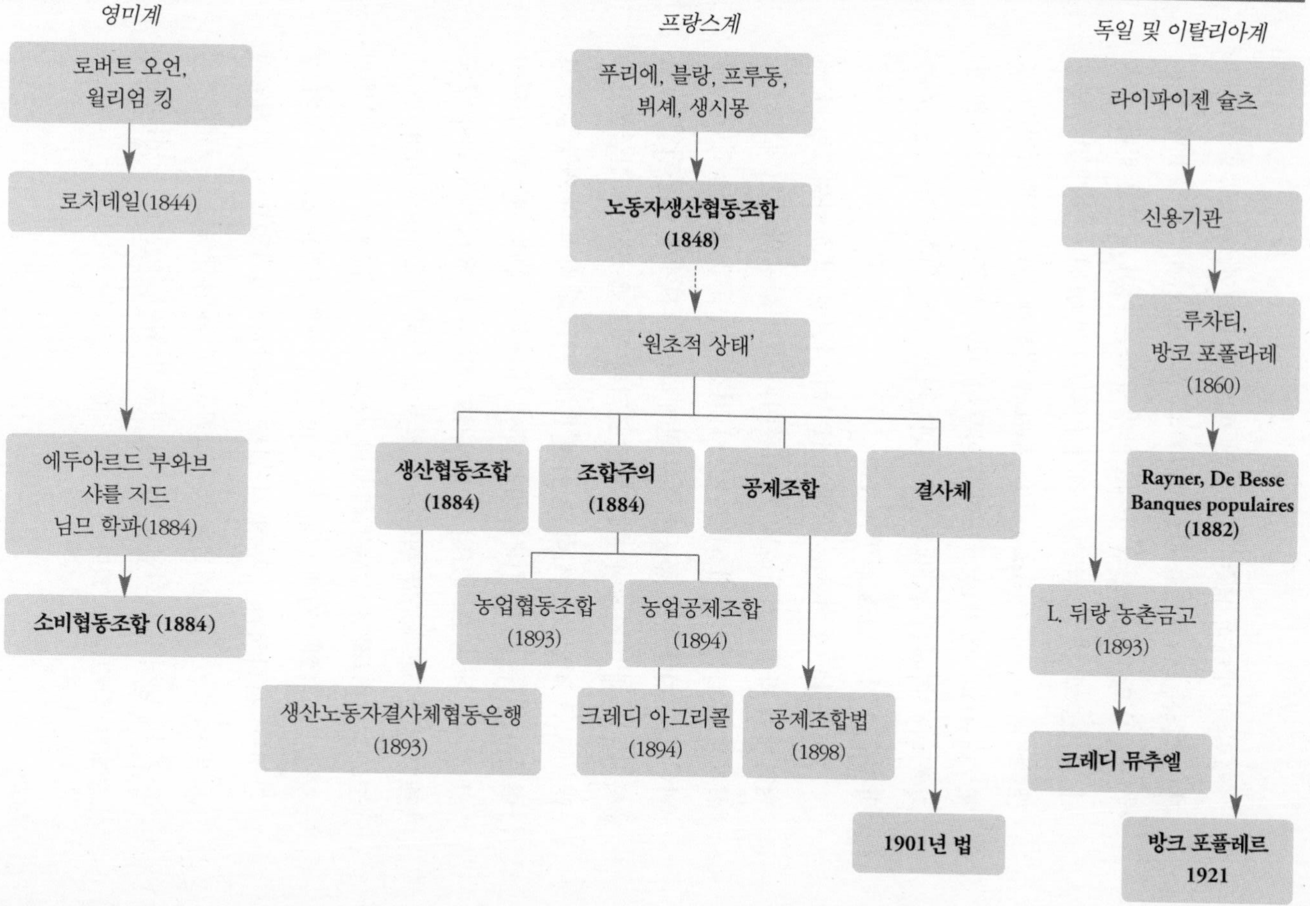

영미계

로버트 오언, 윌리엄 킹

로치데일(1844)

에두아르드 부와브, 샤를 지드, 님므 학파(1884)

소비협동조합(1884)

프랑스계

푸리에, 블랑, 프루동, 뷔세, 생시몽

노동자-생산협동조합(1848)

'원조적 상태'

생산협동조합(1884)

조합주의(1884)

공제조합

결사체

농업협동조합(1893)

농업공제조합(1894)

크레디 아그리콜(1894)

생산노동자-결사체협동은행(1893)

공제조합법(1898)

법 1901년

독일 및 이탈리아계

라이파이젠 율츠

신용기관

루자티, 방크 포퓰리테(1860)

Rayner, De Besse Banques populaires(1882)

L. 뒤랑 농촌금고(1893)

크레디 뮤추엘

방크 포퓰레르 1921

제1장
깊은 뿌리

35

"사람의 개인적 또는 집단적인 필요를 어떤 자원으로 충족시킬지, 정의라는 이름으로 사회적경제가 우리에게 제시해줘야 한다."

19세기 말 협동조합과 공제조합의 운동은 이미 자리를 잡은 상태다. 용광로의 진정한 원조인 결사체운동은 1901년 비영리 결사체에 관한 법(loi sur les associations à but non lucratif) 덕분에 알려지게 되었다. 그때부터 사회적경제의 제도화가 이루어지는 시기가 열린다. 이들 조직에 대한 공통의 원칙이 공식화되면서 다양한 사상들이 서로 가까워지고 국가의 인정도 받게 된다.

사회적경제 초기부터 정해진 원칙이 있었던 것은 아니었다. 실제 현장에서 확증되거나 기존의 이론이나 선언을 종합하는 식으로 점차적으로 다듬어지게 되었다. 사회적경제는 무엇보다도 여러 사상가나 창시자들에게 공통적으로 존재하던 의지에서 비롯되었다. 그 의지는 실제 현장에서 인간 활동 조직의 새로운 방식을 실험함으로써 새로운 해답을 제시하고, 이를 통해 '다르게 하기'의 가능성을 보여준다. 이는 1970년대 프랑스에서 사회적경제의 '재부흥'이 일어났던 시기에 두드러졌던 주제이기도 하다. 그 당시 재부흥을 주도했던 것은 '공제조합 협동조합 결사체 전국연락위원회'(CNLAMCA), 그리고 사회적경제 뉴스레터와 사회적경제에 관한 국제 리뷰인 *RECMA*, 사회적경제 담당 장관(1981)인 미셸 로카르였는데 그의 책임 하에 사회적경제 부처 간 실무 그룹이 신설되었으며 그 책임자로 피에르 루셸이 임명되었다. 2010년에 들어와서는 '다르게 기업하기'의 능력이 사회연대경제의 지표가 되어 최근까지도 사회연대경제는 '확장'되고 있다.

Économie
sociale

3ᵉ édition

사회적경제의 가족 그리고 친척들

La solidarité au défi de l'efficacité

Familles et cousinages

프랑스의 사회적경제 : 효율성에 도전하는 연대

국제 사회적경제 전문지인 *RECMA*는 2000년에 사회적경제 100
주년을 맞아 특별호[1]를 발행했다. 사실 사회적경제는 최근에서야 비
로소 자신의 정체성을 되찾았다고 할 수 있기 때문에 그 기회에 최
근 30년의 부흥기를 자축할 만도 했다. 당시 협동조합과 공제조합,
결사체 내에서는 공통의 기준에 대해서나 원칙에 대해서 깨닫기 시
작하는, 일종의 미러(mirror) 게임이 한창이었다. CNLAMCA라는 연
락위원회가 서서히 조직되었다는 사실은 이와 같은 논의가 잊혀졌
음을 반증한다.

다시금 사회적경제 주체들이 서로 교류하고 논의하고, 경청하고
인정하게 되었다. 동시에 정치계에서도 복지국가의 약화와 사회적
문제에 맞서서 새로운 대안에 대한 모색이 일었다. 1970년대가 프
랑스 사회적경제에 있어서 자기 인정의 시대라면 1980년대는 제도
적인 인정(부처 간 실무그룹, 1983년 법 등)의 시대라고 할 수 있겠다. 1990
년대에는 사회적경제에 관한 유럽회의를 통해 사회적경제가 유럽
으로 확산된다. 그동안 사회적경제 내에서는 역사적인 경험과 정관
에 입각해서 정체성을 확인하고 차별화할 수 있도록 자신의 원칙을
다시금 내세우게 되었다. 2013년 7월에 상정된 사회연대경제에 관
한 법안을 검토하면서 의회 공청회 때 사회적경제에 관한 논의가 광

---

1 « Un siècle d'économie sociale », *RECMA*, nᵒˢ 275-276 (numéro spécial), avril, 2000.

범위하게 이루어진다.

원칙과 현실

사회적경제를 이루는 각 집단은 동일한 원칙을 공유하고 일종의
'객관화된'[2] 전체를 함께 이루며 스스로 설정한 원칙과 목표의 유일
한 '구현자'임을 주장했다.

19세기와 20세기에서 계승한 원칙

앞서 기술한 사회적경제의 다양한 기원으로부터 사회적경제의
정체성을 이루는 원칙들이 차츰 파생된다. 그 기준은 다음과 같다.

- **자유로운 협동적 주도**: 협동조합과 공제조합과 결사체는 노동
  자, 농민, 소비자, 간혹 사용자, 아니면 자유롭게 결사를 선택한
  시민들에 의해서 설립된다. 따라서 이는 선택의 결과이다. 소비
  자협동조합의 설립자인 로치데일공정선구자협동조합이 그랬
  고 뷔셰, 그리고 기독교에서 영감을 받은 아소시아시옹에 소속
  된 노동자, 구두 수선공, 석공, 제빵사들 역시 마찬가지였다. 사
  회적경제 조직들은 이렇듯 다양한 시도의 결과이다. 농민(농업
  협동조합이나 공제조합), 교사(MAIF 교원상호보험조합), 또는 현대로 와

---

2 Michel Garrabé, Laurent Bastide and Catherine Fas, « Identité de l'économie sociale et de l'é-
conomie solidaire », *RECMA*, nᵒˢ 280, 2001.

서 오토바이 운전자(오토바이운전자공제조합), 노동조합원(노동자협동조합 세크 데죄네) 등.

- **민주주의**: 함께한다는 것은 당연히 평등의 원칙에 입각해서 한다는 뜻이다. 사회적경제 법인에서 권력의 개념은 자본의 소유권과 분리된다. 따라서 출자금의 규모와 무관하게 조합원은 1인 1 투표권만 지닐 뿐이어서 1주 1표가 주어지는 주식회사와는 다르다. 가끔은 조율이 필요하거나 타협[3](일부 연합이나 연맹에서는 가중 의결권 도입)이 필요하지만, 이 원칙이야말로 사회적경제기업의 핵심 요소이다. 일부 학자들은 이와 같은 원칙을 '사람들의 결사'나 '사람들의 결집체'라는 표현에 담아냈다.

- **잉여의 공정한 분배**: 결사체나 협동조합, 공제조합은 영리조직이 아니다. 그렇다고 해서 사업장의 존재와 발전의 영속성을 보장하기 위한 이윤 창출이 금지되는 것은 아니다. 그러나 사회적경제 법인의 가장 큰 특징은 이렇게 창출된 이윤을 어떻게 사용하는가에 있다. 실제로 자기자본과 이윤 분배를 연결시키지 않는다. 결사체와 공제조합의 경우 이 원칙이 절대적이라면 협동조합의 경우에는 상대적이어서 상한선의 범위 내에서 출자에 대한 보상이 허락되기도 한다. 결사체의 경우에는 어떤 분배도 금지되는 경우가 있는 한편, 보험공제조합의 경우 특정 해에 보험료나 납입금이 너무 높았다고 평가되는 경우에 반환이 가능하다. 마찬가지로 소비자협동조합 역시 배당금을 지급할

---

3 Georges Fauquet, « Le secteur coopératif. Essai sur la place de l'Homme dans les institutions coopératives et sur la place de celles-ci dans l'économie », *op. cit.*

제2장
사회적경제의 가족 그리고 친척들

수 있다. 즉 '잉여의 공정한 분배' 원칙이 사회적경제 운영을 좌우한다.

- **자기자본의 전체적인 또는 부분적인 비분할성(indivisibilité)** : 비영리적인 목표를 계속 추구하기 위해서 점차 더 많은 결사체들이 경제적인 활동을 펼쳐야 하는 상황이다. 이 경우 자기자본이 필요한데 이것은 배당 불가능하다. 어느 분야에서 활동하든 공제조합 역시 마찬가지이다. 협동조합의 경우에는 다소 달라서 조합원(임금노동자, 개인사업자, 소비자 등)이 자본의 일부라도 보유하고 있다. 그렇다 하더라도 비분할적립금(impartageable)을 구성해야 한다는 점에 있어서 협동조합 역시 다른 두 형태의 사회적경제와 유사하다. 이와 같은 규칙은 ICA(국제협동조합연맹)에서 늘 강조하는 것으로 그 자체로는 '집산주의'의 형태로 이르게 하지는 않는다. 출자자나 출자조합원, 조합원들은 앞서 살펴봤듯이 자유롭게 이들 법인에 가입한다. 네 번째 원칙 덕분에 예정보다 이르게 사회적경제기업들에게 '지속가능한' 속성이 부여되었다. 이들의 운영 리듬이나 생존 리듬은 신속한 매입이나 매각의 대상이 될 수 있는 전통적인 기업들과 차별화된다. 이는 열띤 논쟁 후에 사회연대경제에 관한 2014년 7월 31일자 법에도 담긴 핵심 원칙이기도 하다.

- **연대성** : 연대성은 원칙이기 이전에 사회적경제 본연의 요소다. 초기의 콩프레리(Confrérie, 전통을 계승하거나 상호부조를 위해 만들어진 공동체-옮긴이)나 현대의 공제연대기금, 노동통합형 결사체운동의 원동력이 된 가치이다. 특히나 프랑스에서는 환경보호운동이나 연대적 행동주의운동에서 지난 20년간 용어에 대해 새로이

규정하면서 '사회연대'라는 용어가 경제에 붙게 되었다. 이와 같은 연대는 조사원들 간에 내적 연대를 의미할 뿐 아니라 신규 회원 모집, 상호 협동, 분산, 기존 회원의 범위를 넘어서도록 해주는 법적 장치 구상 등의 외적 연대를 모두 포함한다.

- **개인 중시**: 연대의 원칙에 수반되는 이 원칙은 개인이나 그 개인이 속한 단위(가족, 사회, 시민)의 자아실현이나 존중을 의미한다. 협동조합, 공제조합, 결사체에 소속되어 있다는 것은 존엄성, 책임감, 개인의 열망 충족에 접근할 수 있다는 것을 의미한다. 이것이 교육을 통해서든, 거주나 건강, '필요 이상의' 문화 접근을 통해서든 그렇다. 이와 같은 원칙의 이면에는 사회 및 시민 화합, 개인 존중의 사상이 숨어 있다. 그리고 가능하면 고립과 불평등의 짐을 최대한 피해가면서 행위의 주체로서, 생각과 시간을 주는 생산자 또는 소비자로서, 그리고 무엇보다 시민으로서 사회통합을 용이하게 만드는 것이다. 여기에는 존중의 개념이 포함되어 있는데 이 존중의 대상이 환경으로 차츰 확장되며 이렇게 사회적경제와 환경보호운동 간에 연결 고리가 만들어진다.

- **국가, 공공단체로부터의 독립성**: 중앙정부 및 동유럽에서 차츰 중요성을 갖게 된 원칙이다. 협동조합 형태의 법인 설립의 자유를 강조하는 것만으로는 부족하고 국가의 '이상 성장'이 아니라는 것을 보장해야 했기 때문이다. 1901년 법 100주년 때 프랑스에서 이 원칙을 상기하면서 행정조직이 경직성에서 벗어나기 위해서 자기들 편의대로 만들어낸 거라고 비난 받은 결사체의 설립에 종지부를 찍었다. 클로드 비엔네(Claude Vienney,

1929-2001)[4]는 협동조합이 공공기관에 비해 특정 분야에서 특정 목표를 더 효율적으로 달성할 수 있는 것으로 정부로부터 인정 받는 순간 고유의 정체성을 갖게 되었다고 지적한다.

협동조합, 공제조합, 결사체는 우선적으로 '사람/프로젝트 결합을 기반으로 한다. 집단적 또는 사회적인 효용성을 중시하는 프로젝트는 자율적으로 조직을 결성한 구성원들에 의해서 평등하고 민주적으로 운영된다. 자기자본의 전체 또는 부분적 인출이 불가능하기에 지속성이 보장된다. 개개인은 임금, 기여에 따른 보상(리베이트), 또는 제한적 출자배당을 받는다. 이러한 원칙들은 경제보다 사람을 중시하며 사회적경제에 사회적 성격을 부여한다. 지드는 이와 관련하여 '기업이기만 한 협동조합은 나쁜 기업'[5]이라고 지적한 바 있다. 역사를 계승하고 관련된 원칙을 준수하는 사회적경제는 다양한 조직 내에서 효율적으로 적용될 수 있음을 증명해 보여야 한다.

이 원칙들의 21세기 현실

사회적경제는 역으로 성공의 피해자가 될 수도 있다. 협동조합이든 공제조합이든 10만 명이나 100만 명, 경우에 따라 수백만 명을 결집하는 대형 결사체는 필연적으로 변질되고 '탈민주화'될 수밖에 없는가?

---

4 Claude Vienney, *L'économie sociale*, coll. « Repères », La Découverte, Paris, 1994.
5 Thierry Jeantet et Roger Verdier, *L'économie sociale*, CIEM, Paris, 1982.

19세기에 고안된 사회적경제는 하나의 코뮌이나 동네의 노동자 및 소비자, 푸리에주의자, 연대하는 시민들이 소박하게 모이면서 만들어진 것이었다. 그러나 200년이 지난 지금 그 규모가 커져서 일부 협동조합은행이나 재해공제조합(Mutuelle de prévoyance, 옮긴이 주–사망, 의존성, 장애 등 보장), 보험공제조합 또는 일부 결사체의 차원이 완전히 바뀌게 되었다.[6] 이런 상황에서 사회적경제조직들이 과연 어떻게 이들의 원칙을 운영과 조직에서 보존하면서 적응해나갈 수 있을까? 시대를 막론하고 사회적경제는 혁신을 거듭할 줄 알았으며 여전히 그 혁신을 계속하면서[7] 각각의 특수성을 존중하고 조직 운영에 적합한 솔루션과 방법을 모색하고 있다.

커진 규모에도 불구하고 지역과의 밀착성 유지

민주적인 운영을 보존하거나 재부팅하기 위해 사회적경제기업들은 지역, 도, 지방 단위 조직이나 동종 조직(재해공제조합이 그러하다)에 의지해서 네트워크나 피라미드식 조직을 선택하거나, 도나 지방 단위로 위임 분산시키는 방법(재난공제조합이나 보험공제조합이 그러하다) 또는 '지방 조직'을 만드는 방법(보험공제조합인 MACIF[8]가 1987년부터 지방 단위로 구조를 정비했다)을 채택하기에 이르렀다. 어느 경우이든 구성원의 참여를 독려하기 위해 구성원과의 거리를 좁히는 것이 관건이었다.

---

6 4장 참조.

7 거버넌스(7장)와 관련된 도전 참조.

8 Jacques Vandier, Jean Dupont, Pierre Juvin et alii, « La régionalisation en marche », *in Histoire de la MACIF*, MACIF, Niort, 2001.

제2장

사회적경제의 가족 그리고 친척들

일부 조직의 경우 경제적 성공을 거두면서 기술자든, 전문가든, 관리자든 더 많은 수의 임금노동자를 고용하게 된다. 그리고 이들이 선출직에 비해서 수적으로 우세하게 되면서 민주적인 운영이 힘들어지는 위기에 놓이게 된다. 이와 같은 실질적인 위험에 맞서 사회적경제기업들은 보완적인 조치들을 취하게 되는데 그 중 하나가 역량 개선과 선출직 임원의 역할 강화를 위한 교육이다. 사실 이들의 참여는 중요한 역할을 할 수 있다. 명확한 역할(프랑스교원자동차보험공제조합, MAIF처럼)을 할 수도 있고 노동자들의 편(최종적으로 전략을 선택하는 건 감독이사회이다)에서 비전과 기획 과정에 참여할 수도 있다. '테크노크라시(technocracy)화'의 위험이 명백히 있긴 하나 대응할 방법이 없는 것은 아니다.

우리는 가치로 참여한다

공통의 참여, 복수의 대응

2002년 7월, EURESA*의 7개의 회원 보험사들은 '우리는 가치로 참여한다'는 제목의 문건에서 공동의 가치를 선언하며 공제조합의 원칙을 조직의 각 단계(계약서 작성, 운영 방식, 가입자, 조직 구성원이나 파트너들과의 관계 속에서)에서 실천할 것을 약속한다. EURESA의 로제 블로 회장은 다음과 같이 설명한다.

"같은 네트워크의 회원으로서 공통의 약속을 통해 우리가 각국에서 특히 유럽 내에서 전개하는 우리의 활동에 대한 의미를 강화하고 한발짝 더 앞으로 나아가고자 한다."

기자회견에서 프랑스교원자동차보험공제조합(MAIF)식의 상호공
제조합모니터링센터의 창설을 비롯하여 어려운 상황에 처한 사원
들에게 경제적 지원을 하는 노동자기금의 창설(LB Group, 덴마크), 다
언어 콜센터 개설과 이주민 통합을 돕기 위해 이들의 모국어로 된
자료 소개(Folksam, 스웨덴), P&V 재단(벨기에)의 청소년 소외 퇴치를
위한 프로젝트, 1994년부터 시작된 UNIPOL(이탈리아)의 사회적 뉴
스레터의 발행과 같은 구체적인 사례를 소개하기도 한다.

* EURESA는 사회적경제 보험사들의 유럽경제이익단체(EEIG)이다.

출처: 2002년 7월 2일 파리 기자회견 당시 파리 EURESA 회장인 로제블로의 인터뷰에서 발췌.

평범화(banalisation)의 위험에서 벗어나기

경제적인 성공과 함께 점차 경쟁 시장으로 편입되면서 시장의 규
칙이 사회적경제기업의 원칙을 훼손하는 가운데 좋든 싫든 경영이
일반화될 수 있다. 이와 같은 위험을 부정할 수 없다. 사회적경제기
업 경영자들은 시장 자유화, 유럽화, 세계화의 영향을 고려, 기본 원
칙을 새롭게 적용하는 방안에 대해서 강구하게 된다. 가령 전체 또
는 부분적으로 비분할자기자본의 개념을 현실화하고 자본의 소유
권과 관련하여 일부 경계를 뛰어넘거나(1992년 7월 13일자 협동조합 현대화
에 관한 법) '제3자' 금융 장치를 사용하는 것이다. '사회적경제'와 '사
회적기업'의 두 개념을 둘러싼 논의나 충돌로 사회적경제가 희석되
는 위기가 더욱 분명해지면서 2014년에 프랑스 입법기관은 사회적
기업이 사회적경제에 속하기 위한 조건을 규정하기에 이르렀다.

정체성의 근간인 사회적경제의 원칙은 공제조합과 협동조합의 정책과 전략을 이끄는 원칙들이다. 연대, 신뢰, 효율성의 가치에 입각하여 이들 조합에서는 조직의 각 단계에서 이와 같은 정체성 구현에 힘쓴다. 가령 책임구매 정책의 일환으로 사회적 문제에 적극적으로 참여하는 협력업체들을 우대하거나 지속가능발전과 관련된 솔루션을 우선시한다. 또한 인적자원 관리에 있어서 장애인 통합 정책이나 차별 금지 정책을 펼친다. 금융정책에 있어서는 사회적 책임 투자 기준을 충족하는 금융 상품을 개발하는 데 힘쓴다.

사회적경제기업들은 운영 및 거버넌스에 적응해 나가면서 이들의 특수성과 원칙에 부합하는 금융 장치를 만들어가야 했다.

원칙의 준수 안에서 발전을 위한 자금 조달

다른 형태의 기업들과 마찬가지로 사회적경제기업들 역시 자기자본을 강화해야 할 필요에 직면하게 된다. 규모가 문제되지 않을 때는 기본 원칙을 훼손하지 않으면서 점진적으로 그동안 그렇게 해왔다. 보험공제조합, 협동조합은행 또는 대규모 결사체들이 수년간 자신들의 행동 방식은 변화시키지 않으면서도 발생하는 잉여금 덕분에 자기자본을 축적할 수 있었다. 그러나 산업, 식품가공 또는 유통 분야 같은 다른 조직의 경우에는 신속한 대응이 요구되는, 자기자본의 필요가 높은 상황에 처하기도 한다. 생산협동조합, 농업협동조합을 비롯하여 최근의 협동조합은행이 이와 같은 경우에 해당한다.

1980년대 사회적경제는 특수성에 맞는 장치를 법제화하거나 만들어냈다. 1983년 1월 3일자 투자개발 및 저축보호에 관한 법에서는 주식회사 형태를 취한 협동조합(과 국유화 회사)이 발행할 수 있는 '참여형 증권(titre participatif)'을 신설했으며 후에 재해건강공제조합(mutuelles de prévoyance et de santé), 그 뒤에는 상호보험회사와 농업상호보험금고에서도 발행하게 되었다. 1985년 7월 11일자 법으로 '사촌격'인 비영리단체증권(titre associatif)이 도입되며 사회연대경제에 관한 2014년 7월 31일자 법으로 비영리단체증권의 '매력도'가 향상된다. 증권은 의결권 없이 가변 부분과 고정 부분으로 구성되는 보상 방식으로 7년 이하로는 발행할 수 없으며 준자기자본으로 간주될 수 있는 금융 장치이다. 그러나 법제화 과정에서 투자공동펀드(FCP)나 가변자본회사형펀드(SICAV)에 편입시키지 못한 관계로 이들 증권의 발행과 유통은 제한적인 수준에 머무르게 된다. 금액에 대해서도 이견이 분분했다. 1987년 법으로 도입이 되고 1992년 법으로 다양한 형태의 협동조합으로 확대된 협동조합 증서(certificat coopératif)나 특별혜택 출자금(parts à avantages particuliers) 또한 거의 활용되지 못한다.

사회적경제발전연구소(IDES)는 사회적경제기업의 자기자본을 위해 1983년에 설립되었다. 바로 참여형 증권 덕에 정부와 다양한 사회적경제기업이 설립에 참여한다. 2014년 6월 30일 기준 IDES의 덕택으로 11,000여 개의 고용을 창출 또는 지원했으며 투자 규모는 총 3,100만 유로에 해당한다.

IDES는 1998년에 CDC, BPI, BPCEM, MACIF, MAIF, MATMUT, GMF, CG SCOP, France Active, SOCOREC, COOP Fr,

COOP, FCA, FNCC, ORCAB, FFCGA, CNEI, UNEA, UNICER, 일드프랑스 지역을 파트너 기관으로 두고 있는 ESFIN Gestion에 합류한다. 2014년 기준 이렇게 구성된 전체의 투자금액이 총 450개 분야에서 7,000만 유로에 달한다.

1992년 법제화로 협동조합에 새로운 가능성이 열린다. 노동자협동조합(SCOP)에게만 한정된다는 조건으로 외부 투자자 유치가 가능해진 것이다. 협동조합은 이제 정관에 의거, 회사 자본에 참여할 수 있는 최대 기준의 범위 내에서 외부 출자자(투자조합원)를 둘 수 있고 이들은 35% 이상의 의결권(다른 협동조합의 경우 49%)을 보유할 수 없다. 이와 같은 변화는 일종의 혁명적인 것으로 간주되어 일각에서는 우려를 낳기도 한다. 상기 법으로 특정 조건 하에서 협동조합이 자본준비금을 도입하도록 허가하여 출자금의 가치를 증가시켜서 매력도를 높이게 된다.[9]

2014년 7월 31일자 사회연대경제에 관한 법(54조) 이후 공제조합과 합동기관에서는 구성원이나 보험 가입자 또는 다른 상호보험공제조합이나 SGAM(상호공제보험그룹회사), 공제조합이나 연맹을 대상으로 의결권 없는 '공제조합 증권'을 발행할 수 있게 된다.

실용주의적으로 적응해가기

초기의 원칙에 어느 정도 부합하면서 새로운 법제화를 필요로 하

---

9 David Hiez, « Les instruments de fonds propres des coopératives », *RECMA*, n° 295, 2005. Enea Mazzoli & Stefano Zamagni (a cura di), *Verso una nuova teoria economica della cooperazione,* Il Mulino, Bologne, 2005 참조.

지 않는 다른 시도도 이루어졌다. 투자 수단의 활용이나 전통적인 형태의 지주회사, 또는 지주회사(상호공제조합 또는 협동조합)를 모회사로 두고 주식회사 형태의 자회사를 거느리는 그룹 등의 방식은 종종 두려움과 비판을 야기하기도 했다. 마지막 형태는 공제조합(가령 수공업 자유전문직 상호보험회사인 MAAF는 전략 변화 시기에 손해 부문의 일부를 주식회사로 '이전'시켰다)이나 협동조합에서 다각화(본사인 협동조합이 자회사를 만들기)의 일환으로 많이 선택하는 해법이다. 평범화의 위험은 실제로 주식회사 자회사의 고객 수가 본사 공제조합이나 협동조합의 조합원 수보다 많아질 때 발생한다. 그렇게 되면 조합 고유의 활동이 축소되고 자회사의 자본 합작이 복잡해지면서 본사의 특수성을 보존하기 힘들어진다. 또는 주식회사인 자회사의 노동자 수가 본사 사원 수를 넘어설 때(스페인의 몬드라곤 협동조합 그룹의 경우가 지난 몇 년간 부정적인 영향을 받은 경우이다)도 마찬가지다. 자회사로 주식회사를 설립하는 것이 꼭 선택의 결과라기보다는 사실 사회적경제 자회사 고유 정관의 부재로 인해 생기는 결과이기도 하다. 이와 같은 핵심적인 부분에서 사회적경제의 법적 틀은 미흡하다. 따라서 그룹에 관한 진정한 법전이 필요하다.

협동조합과 공제조합의 많은 '집합체'가 자기자본 마련의 장치로 주식회사를 매입하거나 설립했다. 이 방법에 관해서는 경영진에서 해답을 모색해왔는데 다음에서 살펴보기로 한다.

- 크레디아그리콜광역은행에서는 크레디아그리콜주식회사 (CASA)가 상장되고 여러 인수합병(크레디 리요네, 소비자금융(Sofinco))을 거치면서 본연의 공제조합에서 멀어졌다고 판단, 2015년 '프

랑스 제1은행 그룹'인 크레디 아그리콜(농업협동조합)의 조직 개편을 단행하게 된다. 2012년 64억 7,000만 유로의 손실이 불러일으킨 각종 비난과 '재집중'의 의지를 크레디아그리콜중앙회를 통해 표출했다.

- 그루파마(Groupama) 역시 비슷한 위기를 겪었다. 각종 지분 참여(소시에테제네랄, 베올리아엉비론느멍, 에파주), 해외에서 다수의 인수 건(이탈리아, 스페인, 그리스, 루마니아, 터키 등)으로 공제조합의 모델에서 멀어지고 막대한 손실(2011년 12월 31일 기준 18억 유로)을 입게 된다. 2014년과 2015년에 일부 자산 양도와 비용 절감, 전반적인 '재집중' 정책 덕분에 그룹이 흑자로 돌아서게 된다.

- 방크포퓰레르 협동조합 그룹(groupe Banque Populaire)은 나테식스 방크포퓰레르라는 '자본집중형' 수단을 구상한다. 나테식스 방크포퓰레르는 2006년 예금공탁금고(전국예금금고 CNCE에서 2004년 정부에게 매입)의 투자은행 이식스(Ixis)와 합병 후 나티식스(Natixis)가 된다. 상장 후 나티식스는 저축금고와 방크포퓰레르의 공동 자회사로 각각 자본의 34% 이상을 보유한다. 이는 '중립적인' 설립은 아니었다. 나티식스는 2008년도에 28억의 손실을 입으면서, 금융위기 시기에 자회사를 통해서 자본주의의 길을 택하는 협동조합은행이 어떤 위험을 겪을 수 있는지를 잘 보여준다. 이 경우 기존의 은행과 마찬가지로 '힘든 상황'에 그대로 노출된다. 일부가 평범해지면서 취약해졌으며 그만큼 협동조합의 원칙에 적합하면서도 현대적인 금융 수단의 마련이 시급했던 것이다.

- 비슷한 규모의 '전통적인' 경쟁자를 인수하는 사회적경제 그룹

도 유사한 문제에 직면한다. 크레디 뮤추엘에서 인수한 CIC (1998), 그루파마에서 인수한 GAN(1998)의 영리기업화는, 하나는 협동조합이고 다른 하나는 공제조합인 이들 그룹의 끈기와 효율성에 대한 인정으로 인식된다. 이와 동시에 정체성 약화에 관한 우려가 대두되기도 했다. 이들이 제안하는 해결책은 다음과 같다. 이와 같은 인수는 그룹 내에 규모를 키우고, 시너지와 비용 절감을 추구하고, 다른 경영 방식에 대한 지식을 습득할 수 있는 단체를 그룹 내에 두고자 하는 의지의 발현이다. 경영진의 입장에서는 그루파마나 크레디 뮤추엘의 공제조합적인 성격이 사라지지 않듯이 GAN이든 CIC든 그 본질이 바뀌지는 않는다. 이렇듯 복합적인 그룹이 다양한 방식으로 설립된다.

인정으로의 길

이와 같은 원칙과 현실을 염두에 뒀을 때 '사회적경제'라는 용어 자체에 대한 의견이 분분함을 짚고 넘어가야 한다. 사회적경제가 '전통적'인 민간 경제와 마찬가지로 이질적인 현실을 담아내고 있는 것도 사실이다. 정관상으로 봤을 때 사회적경제는 협동조합, 공제조합, 결사체, 재단이라는 네 개의 법적 형태에만 국한되는 개념이었다. 그러나 법적인 기준이라는 것이 사회적경제의 다양한 조직 사이에서 유일한 공통분모가 될 수는 없다.

실제로 사회적경제를 정관의 의미로만 규정짓는 것은 기존 민간 경제를 주식회사, 유한책임회사 등과 같이 기업 형태를 통해서만 규정짓는 것과 마찬가지일 것이다. 부문별 접근으로도 해결이 되는 문제가 아니다. 왜냐하면 유럽경제사회위원회(CESE)[10]가 지적했듯이, '사회적경제는 실로 다양하고 경제의 전 분야에 펼쳐져 있기' 때문이다. 지역 차원만큼이나 글로벌 차원에서도 활동하기 때문에 '영토'로 구분하는 것도 무의미하다. 이 때문에 다양한 현실 간의 공통분모가 무엇인지에 대해 오랫동안 논의가 이루어졌던 것이다.

현대 사회적경제의 복수적 접근

사회적경제에 관해 여러 명칭이 사용되었다. 그 명칭들은 사회적경제를 포함하기도 하고 때로는 이와 겹치기도 하고 때로는 대립하는 것이기도 했다. 이들 다양한 명칭을 살펴봄으로써 사회적경제가 어떤 것인지 또는 어떤 것은 아닌지 분간해볼 수 있다.

제3섹터

제3섹터는 파리-도핀대학교의 부교수였던 쟈크 들로르가 1979년에 사용한 용어이다. 그는 전통적인 시장경제와 공공부문과는 구분되며 '현재의 소상공인이나 협동조합과 유사한 조건에서 경제적 활동뿐 아니라 (…) 광의의 의미로 사회적 활동까지 포괄하는 (…) 부문의 창설'을 주장했다. '이렇게 설립된 생산 단위는 소규모로 지방으로 분산된 조직의 형태를 띨 것이다. 또한 공동 노동의 새로운 형태를 실험하고자 하거나 질적, 양적 수요를 충족시키고자 기본 그

---

10 Comité économique et social européen, *Économie sociale et marché unique*, avis, mars, 2000.

룹에서 만들게 될 것이다'.[11] 협동조합의 지위를 염두에 두며 들로르는 제3섹터를 민간부문이나 공공부문에서 충족시키지 못하는 필요를 충족시키는 민주적인 새로운 형태의 기업을 만들어내는 실험 분야로 인식했다.

경제동향연구재단(Foundation on Economic Trends) 이사장인 제레미 리프킨의 접근은 상당히 다르다. 그에 따르면 미국이나 유럽이나 시장 다음에 그 무언가가 있다. 이 '제3의 강력한 힘'을 '신용 계약이 공동체의 유대에 자리를 양보하는 다양한 특징과 명칭(독립, 자원, 협동조합, 공제조합, 연대, 결사체, 분배, 사회적 등)의 왕국'으로 분석한다. '제3섹터는 (…) 무수히 많은 복지 및 의료 서비스, 교육, 연구, 예술, 종교, 시민운동 활동을 포함한다'.[12] 결사체 부문을 겨냥하여 그는 '지역 인프라를 강화하고 연대 및 인근 유대 관계를 심화하고자 시장부문의 이윤을 제3섹터로 최대한 재분배하는 것'이라고 주장한다. 그에 따르면 '물질주의에 대한 해독제'로서 제3섹터는 정부의 역할을 보완하여 민간부문의 생산적인 효과에 대해 규제 또는 보상하는 역할을 하게 될 것이다. 사회적경제에 관한 프랑스의 정의를 따르기는 하나 들로르와 달리 부분적으로도 제3섹터를 시장결사체 부문(secteur associatif marchand)에 포함시키지 않는다.

에디트 아르샹보는 1996년에 출간된 저서[13]에서 제레미 리프킨

---

11 Jacques Delors, *Le temps des initiatives,* coll. « Échanges et projets », Albin Michel, Paris, 1983.

12 Jeremy Riflin, *La fin du travail,* La Découverte, Paris, nouvelle édition 2005.

13 Édith Archambault, *Le secteur sans but lucratif. Associations et fondations en France,* Economica, Paris, 1996.

제2장
사회적경제의 가족 그리고 친척들

과 비슷한 관점을 표명한다. 협동조합이나 공제조합은 이윤을 '조합원이나 고객에게 가격 할인이나 추후 적립금에서 공제하는 형태로 분배'하고 이에 비해 결사체 내에서는 그 이윤이 늘 재투자된다는 점에서 사회적경제 내에서 공제조합과 협동조합을 '제3섹터'와 구분한다. 그렇게 하면서 이 개념은 비영리부문(non-profit sector)[14]으로 편입, 협회와 재단을 공제조합과 협동조합에서 분리하게 된다. 따라서 사회적경제와 제3섹터를 섣불리 연결지을 수는 없다.

알랭 리피에츠는 고용연대부에 제출한 보고서[15]에서 제3섹터와 다른 부문을 비교하기보다는 '시장과 공공의 혼합체로, 활동 분야의 특수성에 기반을 두고 '사회적 및 생태적', 더 나아가서 문화적, 영토적, 그리고 공동체적 '유용성'이라는 사명감을 갖는 것으로 규정한다. 그에 의하면 제3섹터는 '온전히 사회적경제'에 속하는 것이며 '사회적경제의 일부'를 포함하는 것이다. 자금조달은 민간 및 공공 자원을 혼합하는 형태이다. 그는 제3섹터에 '사회연대경제 인증'을 제안한다. 그렇게 해서 추구하는 목적에 관한 요구 사항을 충족했을 시 전통적인 위상의 기업들에게도 이 인증을 부여할 수 있게 하여 '규제 및 세제의 특징적인 기준'을 마련하고자 했다. 그러나 당시 정부에서는 이를 실천하지 않았다.

제3섹터를 공공부문과 민간부문 사이에서 일종의 '제3의 길'로 인식한 들로르는 민주주의, 혁신, 사회적인 성격을 강조한다. 리프

---

14 존스홉킨스대학 재단에서 이에 관해 정의를 내린 바 있다.

15 Alain Lipietz, *Pour le tiers secteur. L'économie sociale et solidaire : pourquoi, comment*, La Découverte/ La Documentaton française, Paris, 2001.

킨은 사회적경제를 시장 부문을 견제하는 것으로 파악했다면 리피에츠는 개인이 더 자율적이면서도 더 연대적으로 자신의 욕구를 충족할 수 있는, '포디즘'의 출구로 간주했다. 제3섹터는 이렇듯 '둘 사이에 낀(도미니크 메다[16]의 표현을 빌리자면)' 채 진화하는 풍요로운 개념으로 인식된다. 여기에서 출발하여 제3섹터는 공공기업과 가족기업(Entreprise patrimoniale)을 제외하고 사회적경제뿐 아니라 노사협의회, 요양기관, 지자체까지 모든 조직을 포괄하는 것으로 인식된다.

4차 경제

사회학자인 로제 수(Roger Sue)에 의하면, '4차 경제'란 호혜성과 서비스 상호 교환, 교육과 정보, 사회적 유대와 사회화에 기반하는 결사체 경제의 대부분을 의미한다.[17] 농업경제(1차), 산업경제(2차), 민간 및 공공서비스(3차)를 잇는 '경제의 새 시대'를 가리켜 이 표현을 사용한다. 개인 소외의 원인인 '시장화된 노동'과 '상업화'에 맞서 대안으로 떠오르는 것이 '시민 공동체가 가장 관련이 있는 생산을 장악하고 그의 근간이 되는 거대 산업의 방향을 설정하고 주도하는 것'이다. 건강, 사회적 유대, 인근 복지 서비스나 교육 같은 분야에서, '각자가 차례로 수혜자이면서 행위자로서 (…) 관여해야 한다…'.[18] 따라서 수에 따르면 4차 경제는 '거짓 출구'에 불과한 제3

---

16 Dominique Méda, « Risques et limites du tiers secteur », Roger Sue, « Du tiers secteur à l'économie quaternaire », *Transversales*, n° 57, mai-juin 1999.

17 Roger Sue (en collab.), Vers une économie plurielle : un travail, une activité, un revenu pour tous, coll. « Alternatives économiques », Odile Jacob, Paris, 1997 and Roger Sue, *La richesse des hommes : vers l'économie quaternaire*, Odile Jacob, Paris, 1999.

섹터의 대척점에 위치하는 것으로 제3섹터의 보편화와 제도화는 '사회적으로 수용 불가능'하고 '경제적으로도 정당화될 수 없다'. 그는 '시장을 시장에게 돌려주고' 우선은 기업의 시장 분야를 확보하자고 제안한다. 그렇게 하면 이들에게 주어지던 지원과 보조금을 4차 경제로 이전하고 사회적 지출을 동시에 '활성화'하고 '비활동성보다는 활동성을 위해 재원 조달을 해주게' 된다. 자원봉사와 시민지원제도[19] 덕에 4차 경제는 '새로운 부'의 생산을 담당하게 되는 건 물론이고 실업자들의 경제활동을 가능하게 해준다. '사회경제적 유용성'을 인증받은 단체들에게 주어지는 라벨은 재분배 금융 시스템에 접근할 수 있도록 해주고 자원봉사자들이 사회적 권리의 혜택을 받으며 수당을 지급받게 해준다. 그리고 이와 같은 인증을 받는 결사체들이 활동을 주도하게 된다. 2014년 7월 법은 사회연대경제의 범위를 확대하여 이 일부를 포함하게 된다.

연대경제

연대경제는 하나의 정의나 특정 지위로 한정되지 않는 다양한 부문을 포괄한다. 사용자들이 개입하고 시장 자원, 비시장 자원(기부금과 지원금)과 비화폐 자원(자원봉사)을 결합하는 다양한 시도를 가리키는 것으로 경제학자와 사회학자들이 점차적으로 쓰게 된 개념이다. 연대경제는 '두 개의 구성 요소'[20]를 내포한다. 경제의 민주화와 근린 공공공간의 조성이다. '상품화와 사회적 관계 추상화의 민주화를

---

18 Dominique Méda, « Risques et limites du tiers secteur », *op. cit.*
19 자원봉사와 시민지원제도의 차이에 관해서는 3장 참조.

위해, 파괴적인 효과를 완화하고자' 도입된 연대경제의 행동은 '서비스 사회, 특히 노동의 복합 형태에 의지하는 사회로의 진입'을 용이하게 한다. '시장 경제, 비시장 경제와 비화폐 경제 간에 기존에 존재하지 않던 연결 고리를 시도'하되 '하이브리드' 자원을 활용한다. '판매 수익에서 얻은 시장 자원 (…), 재분배에서 발생하는 비시장 자원 (…), 자발적 기여에서 얻은 비화폐적 자원'.[21] 또 다른 특징은 다양한 당사자(사용자, 노동자, 생산자, 소비자 등) 간의 결합이다. 이윽고 연대경제는 '결사체적 존재(Associative being)'와 연결되어 '경제 행동의 핵심에 연대의 개념을 세우게 된다'.

초창기 연대경제는 1990년대에 프랑스에서 순수 본연의 사회적 경제로 규정되었다. 장 루이 라빌(Jean-Louis Laville, 1954-. 프랑스 저술가)에 따르면, '연대경제는 사회적경제의 기원이 되는 사안들을 다룬다. 노동의 형태와 경제의 결합, 민주주의의 적합한 기관에 관한 다층적 논의에 대한 기여 등이다'. 사회적경제 기관의 역사적인 역할은 실제로 시민사회의 '민주화 요인'이 되는 것, 자유의 공간을 확대하고 수호하는 것, 일부 사회적 그룹에 필요하나 공공부문이나 민간부문에서 간과하는 활동들을 통해 연대의 형태를 재창조하는 것이다. 그러나 사회적경제는 복지국가의 수립과 더불어 시장으로 인해 다소 도구화되면서 정체성을 일부 잃게 되었다. 1990년대 말에는 두 개념이 가까워졌다. '정부와 기업 외의' 돈이 사회적경제에 있다

20 Jean-Louis Laville (dir.), *L'économie solidaire, une perspective internationale*, Pluriel, Paris, 2013 (1er édition Desclée De Brouwer, Paris, 1994).

21 Jean-Louis Laville, « Vers une économie sociale et solidaire? », *RECMA*, n° 281, juillet 2001.

는 점을 지적하며 리피에츠(Alain Lipietz, 1947-. 프랑스 공학자)는 둘이 가까워지는 것을 '중매결혼'에 비유한다. 쟝 프랑수와 드라페리(Jean-François Draperi, 1954-. 프랑스 저술가)는 '연대는 처음부터 사회적경제의 중심'이었으며 연대경제라는 것은 '공공정책'으로 축소될 수 없음을 강조한다.[22] 크리스토프 푸렐[23]은 '사회적경제는 그 역사 속에서 늘 새로워지고자 하는 과정을 거치면서 언제나 쇄신할 수 있었다'고 평가한다. 그에 의하면 연대경제는 '본연의 선구적인 가치를 살리면서 사람들의 새로운 사회적 기대에 부응하는 활동을 찾고자' 한다. 그런 의미에서 사회적경제와 연대경제는 같은 혈통이다. 연대경제는 연대의 차원을 우선시하는 '신흥' 사회적경제로 인식된다.

사회적기업가 정신

사회적기업은 프랑스나 그 외 유럽[24]에서 다음의 세 가지 특징을 만족하는 기업들로 간주된다. 복수의 목적성, 이해 관계자의 다양성(자원봉사자, 임금노동자, 기업가, 지자체 등), 자원의 다양성(시장, 상호성, 공공지원)이 그것이다. 사회적기업은 그 자체로 때에 따라 결사체(공익 추구를 강조하는 경우), 또는 협동조합(순수 경제 활동을 강조하는 경우)에 가까운

---

22 *RECMA*, numéro spécial « Économie sociale et/ou solidaire ? », n° 281, juillet 2001 (notamment).

23 Christhophe Fourel (dir.), *La nouvelle économie sociale : efficacité, solidarité, démocratie*, coll. « Alternatives économiques », Syros, Paris, 2001.

24 2005년 바르셀로나에서 열린 스페인사회적경제기업총연맹(CEPES) 유럽 세미나에서 발표된 마르티니 센교수의 연구; Jean-François Draperi, *Les entreprises sociales*, Fondation du Crédit coopératif, Paris, 2005 ; Tarik Ghezali et Hugues Sibille, *Démocratiser l'économie*, Grasset, Paris, 2010.

구성체이다. 이들의 '사회참여'는 지위보다 우선시되며 지위는 그다지 중요하지 않다. 이는 1970년대, 80년대의 '참여기업'들의 행보를 떠올리게 한다. 또는 '기업과 사회 간의 계약'[25]에 관한 헨리 포드 2세의 연설도 마찬가지다. 위그 시빌르에 의하면 오늘날 '사회적기업가 정신이' '프랑스에 정착하고 있다'[26]고 한다.

2014년 1월 16, 17일 이틀 동안 2,000명의 '사회적기업가'가 참석한 포럼에서 유럽연합 집행위원회는 최종 성명서에서 '사회적기업의 공통 특징'[27]을 다음과 같이 명시했다.

—경제적 활동에서 기인한 수입
—경제활동의 존재 이유인 사회적 목표 또는 공익적 사회적 목표. 종종 높은 사회적 혁신을 보여준다.

이들의 이익은 주로 사회적 목표를 실현하는 데 재투자된다.
조직 방식, 소유 제도는 이들의 임무를 반영하며 민주적인 거버넌스, 참여 원칙, 또는 사회적 정의 추구를 통해 이를 실천화한다.
이와 같은 선의의 특징은 이론의 여지 없이 사회연대경제에 부합하는 것이기는 하나 명확한 규칙이나 정관을 따르는 것은 아니다.
사회적기업의 가장 큰 장점은 그 정관이 어떻든 경제적인 위험

25 Harvard, 1969, Thomas Donalson, *Corporations and Morality*, Prentice-Hall, Englewood (N. J.), 1982에서 재인용

26 « Entrepreneuriat social, phase deux? », *Le Labo de l'ESS,* http://www.lelabo-ess.org/, 19 janvier 2015.

27 http://ec.europa.eu/social-entrepreneurs.

제 2 장
사회적경제의 가족 그리고 친척들

감수와 사회적 혁신을 결합하는 것이다.[28] 경제협력개발기구(OECD)
에서 규정한 정의와 많이 다르지 않다.[29]

사회연대경제에 관한 2014년도 프랑스 법(제1조와 2조를 둘러싸고)은
이와 관련하여 상하원에서 논쟁의 대상이 되었다. 결국 사회연대경
제에 속하는 것으로 인정받는 기업들이 '이윤의 공유 외' 다른 목적
을 추구하고 '출자자, 임금노동자, 이해관계자의 (…) 정보와 참여가
명시된 정관에서 규정하고 조직한 민주적 거버넌스'를 실천하고 '사
회적 유용성(utilité sociale)'을 쫓고 '분배 불가능한 비분할' 자산을 구
축하도록 하는 방향으로 '타협점'을 찾았다.

공동기업(entreprise collective)

공동기업은 국제 무대에서 정기적으로 대두되는 개념이다.[30] 루
이 파브로(Louis Favreau)에 따르면 집단적 기업은 다르게 기업하기 위
해 연합한 주체들의 사회적 목적과 경제적 목적 간 균형, 민주적 규
칙과 구조, 기업가적 성격의 집단적 구조에 기반을 둔다. 늘 사회적
경제기업과 긴밀히 연결되어왔고 일반적으로 사회적경제의 정의에
포함된다. 대부분 겹치는 개념인 것은 확실하다.[31]

---

28 Cf. Jacques Dufourny, « L'émergence du concept d'entreprise sociale », dans *Reflets et Per-
spectives de la vie économique*, 2004/3, tome XLIII, Éditions De Boeck, Louvain-la-Neuve.

29 Synthèse sur l'entrepreneuriat social, OCDE/Commission européenne, 2013.

30 Louis Favreau, Gérald Larose, Abdou Salam Fall (dit.), *Altermondialisation, économie et
coopération internationale*, Presses de l'Université du Québec, Québec/Karthala, Paris, 2004.

31 Louis Favreau, *Entreprises collectives*, PUQ, Québec, 2008 ; Thierry Jeantet et Jean-Dominique
Antoni, *Libre entreprise collective*, Association pour la libre entreprise collective, Paris, 1977.

'사회적시장경제(Soziale Marktwirtschaft)'라는 용어는 2004년 유럽 헌법 안에 편입되면서 재이슈화되었다. 2007년 12월 13일 서명한 리스본 조약에 이 문구가 수정되지 않았기 때문에 오늘날까지 유럽연합[32]의 목표(I. 제3조 3항)에 그대로 담겨 있다.

"유럽연합은 유럽의 지속가능한 발전을 추구한다. 이 지속가능한 발전은 균형 잡힌 경제성장과 가격 안정화, 완전 고용과 사회 발전으로 향하는 경쟁력 있는 시장의 사회적경제에 기반을 둔다…."

프란츠 오펜하이머(Franz Oppenheimer, 1864-1943)가 창안한 이 개념은 1949년에서 1963년까지 독일연방공화국의 당시 경제부장관이었던 루드비히 에르하르드 덕분에 유명해졌는데 다음 다섯 가지 원칙을 담고 있다. 지배적 소유 제도는 사유재산제라는 점, 화폐 및 금융 질서는 가격 및 화폐의 안정을 근거로 한다는 점, 경쟁은 야만적, 파괴적, 독과점이 되어서는 안 된다는 점, 사회적 질서는 연방 정부와 각 주(랜더)에 기반을 둔다는 점, 마지막으로 공동 결정은 노사 대화를 통한 기업가와 임금노동자 간에 협의로 이루어진다는 점이다.[33] 이와 같은 정책은 시장의 규칙과 노동자와 시민으로서 개인의 사회복지 간에 균형을 찾는 것을 목표로 한다. 독일연방공화국에서 처음 적용되었다가 후에 통일 이후에도 여러 진영의 정권을 거치면서도 유지되었던 이 개념은 국가, 기업, 노조 간의 관계에 대

---

[32] Traité sur l'Union européenne et traité sur le fonctionnement de l'Union européenne, Bruxelles, 30 avril 2008.

[33] Gérard Schneilin, Henri Ménudier et Jean Paul Cahn, *L'Allemagne et la construction de l'Europe : 1949-1963*, coll. « Questions de civilisation », Éditions du Temps, Nantes, 2000.

제2장

사회적경제의 가족 그리고 친척들

한 스웨덴식 구상을 떠올리게 한다. 새로운 적응 형태라 부를 수 있는 '책임 및 연대협약'[34]으로 프랑스에서도 논의의 중심으로 떠오르게 된다. 따라서 사회연대경제는 의미 있는 매개체가 될 가능성이 있다.

이 원칙은 사회적경제의 원칙과 교차되고 겹치면서 풍요로워지고 사회적경제의 위치를 다시 점검하도록 유도한다. 이들만이 아니다. 국제연합환경계획(UNEP)에 의하면 '환경 위험과 자원 고갈을 상당 부분 감소시키면서 인간의 복지와 사회 형평성을 개선'하는 데 기여하는 경제인 녹색경제(Green economy)는 몇 년 전부터 사회연대경제의 경쟁 개념이자 자극제이다.

오늘날에는 서로 다른 개념들이 사회연대경제의 개념을 명확하게 하기도 하고 흔들기도 한다.

협력경제 또는 공유경제

협력경제 또는 공유경제는 재화, 공간, 도구뿐 아니라 지식의 네트워크화가 특징이다. 레이첼 보츠만[35]은 다음과 같이 네 유형으로 분류한다. 협력적 소비(카풀, 카셰어링, 코리빙, 코워킹 등), 협력적 생산(Fab Labs, Maker Spaces, DIY 등), 협력적 지식(오픈 데이터, 열린 교육 등), 공동자금 조달(코파이낸싱) 또는 크라우드 펀딩이다.

협력경제 또는 공유경제의 기원은 사회적경제로 거슬러 올라간

---

34 « Le Pacte de responsabilité et solidarité, c'est pour les entreprises, pour les ménages », www.gouvernement.fr/pacte-responsabilite-solidarité

35 Rachel Botsman, *The Sharing Economy Lack a Shared Definition*, novembre 2013, http://fr.slideshare.net/collablab/shared-def-pptf

다. 사회연대경제 기업들에게 있어서 각별한 탈중개의 성격만 봐도 그렇다. 특히 주민협동조합, 독립자영업자협동조합, 카셰어링협회, 수단공유협동조합, 마이크로협동조합은행, 노하우공유네트워크, 대안화폐 등이 그 예다. 그러면서도 협력경제는 새로우면서 확장된 형태를 보인다(크라운드펀딩, 코워킹).

인터넷 덕분에 이와 같은 형태의 경제가 발전하고 대중화된다. 여기에는 새로운 시장 영역을 발견한 순수 영리기업들을 포함하고 있기 때문에 사회연대경제와 구분된다. 그러나 실제로 사회적경제의 새로운 장이 열린 것은 사실이다. 협력적 활동의 '결사체적(예를 들어 AMAP(농업을 유지하고 관리하는 네트워크))', 또는 협동조합적(라루브 협동조합), 또는 공제조합적(오픈소스) 성격과 각종 분야에서 이미 활동 중인 사회연대경제 기업과 협력적 스타트업 간의 동맹(MAIF에서 BlaBlaCar 서비스를 제공하고 Koolicar의 지분에 참여하고 OuiShare와 제휴, MACIF에서는 Deways를 관리, MMA에서는 LivUp과 Tripndrive를 맡고 있다) 때문에 가능해진 것이다. 코뮌에서 지원하는 건강 관련 집단계약 역시 협력경제의 일종이다. 예술 창작 분야도 빼놓을 수 없다(창작 프로젝트의 지원 및 운영 협동조합인 Smart Agence 참고).

목표와 가치의 공통점 때문에 사회연대경제와 협력경제는 많은 프로젝트가 공유된다. 그러나 협력적 시스템의 운영 방식은 사회연대경제의 일부인 경우도 있고 아닌 경우도 있다. 사회연대경제와 전통적인 민간 부문의 혼합형으로 파트너십이 만들어지기도 한다.

커먼즈 경제

공동재란 생명과 인간의 활동, 더 나아가서는 사회의 질을 위해 필수 불가결한 공동의 자원 또는 자산을 일컫는다. 공기, 물, 생명 윤리적 자본(capital bio-éthique), 에너지 등이 대표적인 공동재로 꼽힌다. 그러나 벵자멩 코리아[36]에 따르면 '커먼즈'는 세 가지의 요구 사항을 충족해야 한다. "공유하는 공통의 자원, 자원에 대한 접근 방식과 공유의 규칙, 자원의 거버넌스 방식"(인사이더와… 아웃사이더의… 권리와 의무 준수)이 그것이다. '집단적 행동이 없는 커먼즈'란 없다. 핵심은 소유권이다. "커먼즈는 권리 주체의 독점적 권리에 따른 소유권 행사에 대한 대안적 해결책이자 저항의 형태이다". 사회연대경제의 관점에서 봤을 때 바로 이런 점과 거버넌스가 관심을 끄는 것이다.

사회연대경제에서 소유권이란 여러 의미에서 '공동(전부 또는 부분적으로 분배 불가능)'의 성격을 지닌다. 출자자(sociétaire), 협동조합 또는 공제조합원들의 공동소유권에 대해서는 이렇게 정의될 수 있지만 커먼즈 경제에서의 소유권은 열린 개념이다(물의 경우가 그렇다). 프리웨어, 무상 종자, 또는 '위키위키(Wiki Wiki)'도 사회연대경제와 커먼즈 경제의 교차점에 있다. 그 이유는 사용자/설계자/재생산자가 규정되어 있긴 하지만 그 수는 언제든 바뀔 수 있기 때문이다. 유동적이기는 하나 구별되는 사람들에게 열린 공동소유제로, 일종의 국경 없는[37] 사회연대경제이다.

---

36 Benjamin Coriat, *Qu'est-ce qu'un commun?*, Attac, n° 5, hiver 2015. *Cf.* Jean Gadrey, « Des biens publics aux biens communs », blog du 24 avril 2012, *Alternatives économiques et Le retour des communs : la crise de l'idéologie propriétaire*, sous la direction de Benjamin Coriat, LLL/Les Liens qui Libèrent, Paris, 2015.

37 쟈크 모로의 표현을 응용. *Cf, Pour une économie sociale sans rivages*, hommage à Jacques Moreau, L'Harmattan, Paris, 2005

커먼즈 경제와 사회연대경제는 거버넌스에서 다시 한번 이어진다. 공공단체 또는 비영리단체, 그렇기에 사회연대경제에 포함되는 경제 단체 말고 어느 누구에게 커먼즈의 거버넌스를 맡길 수 있겠는가?

커먼즈 경제와 사회연대경제는 벵자맹 코리아가 '생산, 협력, 교류의 대안적 형태의 추구'라고 부르는 것의 교차점에 있다.

사회연대경제의 개념은 발전과 변화의 잠재적 요소인 세 개의 혁신적 개념(순환경제, 디지털경제, 실버경제)과 충돌한다.

순환경제

순환경제는 새로운 보상 경제이자 재생 경제이다. 어떤 의미에서는 재통합과 보상의 경제였던 사회연대경제와 기원이 같으나 분야에서 차이가 있다. 순환경제는 항해사인 엘렌 맥아더의 표현을 빌리자면 '다시 만들기 위해 만드는 체계'이다.[38] 사회적경제는 남성과 여성 모두 사회적으로 재편입하는 것, 다시금 인생의 주체가 되는 것을 가능하게 해주는 체계이다. 이와 같은 유사점을 넘어서 순환경제는 다수의 부수적인 목표를 갖는다. 학자에 따라 일곱 개를 언급하기도 한다. 보상, 재고용, 재사용, 재활용은 가장 '오래된' 것들이고, 기능주의, 에코 디자인, 산업생태학은 좀 더 혁신적인 것들이다. 이들 사이에 경계가 분명하지 않기 때문에 사회연대경제는 순환경제의 유일한 주체는 아니지만 중요한 주체이다(예를 들어 가구 재활

---

38 « L'économie circulaire : changement complet de paradigme économique? », avant-propos de Denis Stockkink, note d'analyse, novembre 2014, Bruxelles. '연대를 위하여' 싱크탱크에서 인용. Cf. www.ellenmacarthrfoundation.org

제 2 장
사회적경제의 가족 그리고 친척들

용 단체인 API'UP, 컴퓨터 및 통신장비를 재활용하는 단체 아틀리에 뒤 보카주 등).[39]

디지털경제

디지털경제는 디지털관측소[40]에 의하면 '정의하기 어려운' 개념
이다. 프랑스 통계청은 이 경제의 특징으로 디지털화를 꼽으며 정
보통신화와 연계시킨다. 디지털경제는 더 많은 생산자와 사용자를
포함하는 것으로 확장된다. ICT 생산 기업들(컴퓨터, 통신, 전자 등), ICT
통합 기업들(전자상거래, 온라인 서비스 등), 공동 생산자가 될 수도 있는
개인 사용자들(개인, 가계, SNS 등)을 포함하는 '확장 중인 경제' 유형인
것만은 분명하다.

사회연대경제도 디지털 경제가 시도하는 것들의 파급효과를 증
폭시키고 그 효과를 가속화할 수 있다는 점에서 연결되어 있다.
2008년 몽블랑포럼에서 설립된 국제프리웨어협회(AI2L)[41]는 사회연
대경제와 디지털경제가 교차하는 지점의 결과이다. 2013년 1월 '미
래 투자'의 일환으로 이루어진 사회연대경제 관련 정부의 사업 공
모는 디지털에 관한 것이었다.

실버경제

실버경제는 노년층 지원과 보호에 관한 사회연대경제의 전통적

---

39 *Cf.* Association des Régions de Frances et Avise, *Économie circulaire et innovation sociale*,
septembre 2014, études de cas.

40 재무부의 2011년 11월 23일자 조례로 설립된 단체, 홈페이지 http://www.observatoire-du-nu-
merique.fr/.

41 www.ai2l.org.

인 부문과 자연스럽게 겹친다. 평균 수명의 연장, 가족 구성의 변화, 더 나아가서 사회적 집단의 변화로 새로운 경제적 전망이 대두되는 데 특히 사회연대경제가 그렇다. 노년층의 필요에 맞는 사회적 기술적으로 새롭고 혁신적인 솔루션을 제안하는 것이다. 결사체, 재단, 건강 및 보험 공제조합, 은행 협동조합은 이미 기존 영역의 수평적인 날개로 간주되는 이 분야에 진출한 지 오래되었다.

따라서 사회연대경제를 포함하거나 그 주변에 위치한 여섯 개의 개념(제3섹터, 4차경제, 연대경제, 사회적기업가 정신, 공동기업, 사회적시장경제)은 협력경제 또는 공유경제, 커먼즈경제로부터 추월당하거나 경계의 대상이 되기도 한다. 순환경제, 디지털경제와 실버경제는 위협(충분히 고려되지 않았을 경우) 만큼이나 자극제로 부상한다.

정의하기: 기나긴 여정

다양한 개념으로 불안해진 사회적경제는 스스로 자신을 알리려고 했다. 1900년 샤를 지드[42]가 내린 정의에 따르면 사회적경제는 다음 세 가지 축으로 이루어진다. 결사체와 정부(공공 서비스), 후원기관(사용자의 자선기관)이다.

허나 현대적인 의미의 정의는 법(협동조합기업의 설립에 관한 1867년 법, 농업협동조합에 관한 1893년 법, 공제조합에 관한 1898년 법전, 농업공제보험에 관한 1900년 법, 결사체에 관한 1901년 법, SCOP에 관한 1915년 법, 또는 그 뒤 1992년에 개정된 협동조합에 관한 1947년 라마디에 법)으로부터 나왔다. 한편으로는 사회

---

42 Charles Gide, *Rapport sur le Palais de l'économie sociale*, Exposition universelle, Paris, 1900.

적경제의 각 조직군(협동조합, 공제조합, 결사체, 재단)에 관한 개별법으로
인해서 분산되고 서로 고립된 형태로 발달하게 된다. 오랜 기간 동
안 사회적경제의 법인은 상대적으로 파편화되어 있었다. 사회적경
제는 2차 세계대전 이후 각자 자기의 길을 걸으면서 프랑스를 비롯
해서 유럽에서 단일성을 찾는 데 오랜 시간이 걸리게 된다. 또한 각
구성 요소들을 분리하는 법적인 장치로 '파편화된 하위 집단의 분
석'[43]에만 연구가 국한되고 '기능주의적 적응의 논리'를 중심으로
사회적경제의 법적인 하위 분야들은 '서로 멀어지게' 되었다.[44]

  '사회적경제'라는 용어 자체는 오랫동안 잊혀 있었다. 1970년대에
프랑스에서 협동조합, 공제조합, 결사체들이 첫 '연락위원회 (공제조
합 협동조합 결사체 전국연락위원회(CNLAMCA)의 전신, 2001년에 사회적경제협
의회(CEGES)로 변경)'를 설립하고 나서야 비로소 용어가 다시금 알려졌
다. 1977년 교수이자 학자인 앙리 데로슈는 CNLAMCA에 사회적
경제기업을 위한 몇몇 가설 또는 종합보고서, 후에는 사회적경제의
역사[45]를 제출했고 장루이 지로도[46]는 그 시기에 사회적경제 뉴스
레터가 발행될 수 있도록 일조했다. 서로 다른 사회적 구성과 경제
적 활동, 법적 지위가 과거 이들의 정체성이었다면, 이때부터 이들
단체는 정부로부터 자신들의 공통점을 인정받기 위해 연대하기 시
작했다.

43 Claude Vienney, *L'économie sociale, op. cit.*

44 Jean-Louis Laville, *Une troisième voie pour le travail*, Desclée De Brouwer, Paris, 1999.

44 Henri Desroche, *Histoires d'économies sociales. D'un tiers état aux tiers secteurs, 1971-1991*,
op. cit.

46 *La Lettre de l'économie sociale*, 창간자이자 기획자이다.

1981년 말이 되어서야 당시 국토개발기획부 장관이자 사회적경제를 담당했던 미셸 로카르의 주도로 '사회적경제'라는 표현이 프랑스 법에 명시된다. 1981년 10월 15일 법령에서 사회적경제 담당 정책조정실 창설이 명시되고 사회적경제를 '협동조합, 공제조합과 결사체로 이루어진 집합'으로 처음 정의했다. 1983년 법(3장 참조)에서 그 표현이 처음으로 인정받게 된다. 사회연대경제는 프랑수아 올랑드 대통령의 공약[47]에 포함되어 당선 후 첫 내각의 사회연대경제 담당 장관[48]으로 브누아아몽이 임명되고 사회연대경제에 관한 법을 준비토록 했다. 이어 사회연대경제를 담당하게 되는 국무장관(발레리 푸르네롱, 카롤 델가, 마르틴느 펭빌)들이 그의 뒤를 이었다.

유럽연합 집행위원회에서도 1980년대 초에 이 개념을 인정하게 되었다. DG XXIII(기업총국의 전신)의 업무에 사회적경제를 포함하고 1990년대에 '유럽 협동조합 공제조합 결사체 재단 자문위원회'를 창설한다. 이 위원회는 2000년에 '협동조합 공제조합 결사체 재단 유럽상설회의(CEP-CMAF)'로 되었다가 2008년에는 '사회적경제유럽 (Social Economy Europe)' 조직(민간)으로 재탄생했다. 유럽연합 집행위원회는 사회적경제를 소외시키거나 여러 접근 속에서 희석시키려는 것으로 보인다.

스스로를 자각하기 시작한 사회적경제는 곧 사회연대경제로 자리 잡으며 점차 유럽 국가 내에서, 그리고 세계적으로 인지도를 넓혀갔다. 조지프 스티글리츠, 제레미 리프킨, 토마 피케티, 제임스 갤

---

47 프랑수아 올랑드 캠페인 사회연대경제 부서 아카이브 참조.
48 그 후에 사회연대경제와 소비.

브레이스 등 여러 경제학자들이 요구하는 '경제의 새로운 시대'[49]를 추구하는 것과 맥을 같이하게 된다. 몇몇은 저서에서 사회적경제나 제3섹터를 언급하기도 한다. 해외에선 프랑스보다도 더 빠르게 장관이나 담당장관이 임명되고 특별 기관(예를 들어 포르투갈)이 창설되었다. 프랑스보다 앞서 포르투갈, 스페인, 멕시코, 에콰도르, 퀘벡, 필리핀에서는 법률[50]을, 한국의 경우에는 국회에 사회적경제 법안이 제출되었고, 모로코나 브라질, 카메룬에서는 법안을 준비 중에 있다.

아직은 통일성을 찾거나(조직화가 부족한 독일에서처럼), 일반화되는 것을 피하기 위해 방어하거나(보수 정권에서 대규모 협동조합에게 그 위상을 포기하게끔 여러 차례 강요당한 일본), 다른 곳에서 일어난 것에 비추어 인정받는 일이 남아 있다.

다양한 공식적인 정의에 관한 개요

국제 동향을 보면 TFSSE(유엔기구 간 사회연대경제 태스크포스)에서는 다음과 같이 사회연대경제를 정의한다.

"사회연대경제에는 협동조합, 공제조합, 의료공제조합, 재단, 비정부 기구의 서비스업, 소액금융이나 연대금융, 상호부조 집단, 공동체 조직과 새로운 형태의 사회적기업들이 포함된다. 이들이 생산

---

49 2015년 4월 11일 토요일 르몽드 별지 21843호 « Cultures et Idées »에 실린 Antoine Reverchon 의 기사 제목.

50 Cf. Peter Utting, Nadine Van Dijk, Marie-Adélaïde Matheï, *Social and Solidarity Economy: Is There "New Economy in the Making?"*, Occasional Paper 10, Potential and Limits of Social and Solidarity Economy, UNRISD, Genève, août 2014.

하는 재화와 서비스는 활용되지 않았던 자원을 이용하고 공동구매를 활용하며 공동 자원을 관리하는 형태로 그동안 충족되지 않았던 필요에 부응하고자 한다. 사회연대경제는 또한 공정무역 조직이나 비공식 경제의 노동자 단체도 포괄한다. 최근에는 사회연대경제가 카풀이나 크라우드 펀딩과 같은 신규 디지털 기술이나 자원 덕에 가능해진 공유의 형태를 포함하는 것으로 확장되었다."

유럽에서는 사회적경제유럽(Social Economy Europe)이 2002년 선언문[51]에서 사회적경제의 일곱 가지 특징을 다음과 같이 언급한다.

—인간과 사회적인 목표가 자본보다 우위에 있을 것
—자발적이고 개방적인 가입
—구성원에 의한 민주적 통제
—공익과 구성원의 이익이 일치할 것
—연대와 책임의 원칙을 옹호하고 실행할 것
—자율적인 운영을 견지하고 공공기관에 대해 독립성을 지닐 것
—잉여 대부분을 지속 가능한 발전, 구성원과 공익을 위해 사용할 것

이와 같은 정의에 입각하여 사회적경제유럽은 2014년 5월 사회적경제를 '클러스터, 사회적기업가 정신'이라는 이름의 B2조직에 포함시킨 것에 대해 유럽연합 집행위원회에 우려를 표명한다.

---

51 CEP-CMAF, Déclaration finale commune des organisations européennes de l'économie sociale, 20 juin 2002.

유럽경제사회위원회(CESE)가 보기에 사회적경제가 제도적인 가시성이 떨어지는 이유는 부분적으로 정의나 적용 분야가 국내 회계 제도가 수용할 만큼 엄격하거나 명확하지 않기 때문이다. 따라서 유럽사회경제위원회는 사회적경제에 대해 다음과 같은 정의를 제안한다.

"자율적인 의사결정과 자유로운 가입이 보장되는 공식적인 구조의 민간기업의 전체. 재화를 생산하거나 보험, 금융 서비스를 제공함으로써 시장을 통해 구성원들의 필요에 부응하고자 설립된다. 각 구성원의 납입금이나 자본이 의사결정, 수익이나 잉여의 분배와 직접적으로 연계되지 않는 이상 모두가 하나의 투표권을 지닌다. 모든 행사는 민주적이고 참여적인 의사결정을 통해 결정된다. 사회적경제는 자율적인 의사결정과 자유로운 가입이 보장되는 공식적인 구조를 지닌 민간 단체들도 포함한다. 이들은 가계를 대상으로 비시장 서비스를 제공하고 잉여금 발생 시, 그 잉여금은 이를 산출하고 통제하고 재원을 마련한 경제 주체들에게 분배될 수 없다."[52]

이와 같은 접근법은 정확성이 떨어지는 것처럼 보이나 1980년 6월 CNLAMCA에 모인 프랑스 경제 주체들이 1995년에 개정안이 발표되기도 한 사회적경제헌장[53]에서 규정한 사회적경제의 기준에 부합한다. CNLAMCA에서 파생된 '사회적경제의 기업과 사용자와

52 *L'économie sociale dans l'Union européenne*, rapport d'information n CESE/COMM/05/2005 élaboré pour le Comité économique et social européen (CESE) par le Centre international de recherches et d'information sur l'économie publique, sociale et coopérative (CIRIEC), 2007.
53 *Charte de l'économie sociale*, Déclaration du Comité national de liaison des activités mutualistes, coopératives et associatives, 10 mai 1995.

집단화를 위한 위원회(CEGES)'는 "(사회적경제도) 시장 경제 안에서 사는 기업들이다. 그러나 인간을 위한 연대의 의지에서 설립된 기업으로 이윤보다는 봉사를 우선시하고 경제적 활동에 사회적인 면을 통합한다는 점에서 다르다"라고 명시한 문건을 근간으로 삼는다.

사회적경제헌장에 따르면 사회적경제는 인간의 다양한 필요를 충족한다. '낮은 비용으로 더 나은 재화와 서비스를 획득할 수 있게끔 자율적으로 작업 활동을 수행할 수 있도록 하고, 기업을 민주적으로 운영하기 위해 다른 이들과 손잡는 것을 가능하게' 한다. 뿐만 아니라 다양한 유형의 연대를 구현한다. '조합원들 간의 연대'뿐 아니라 '사회적 또는 직업적 (…), 또는 지역 간 (…), 국가 간, (…) 세계적 연대'이다. 자유로운 집단적 주도로 설립된 이들 기업은 '1인 1표'의 민주적인 규칙을 적용하고 서비스의 품질, 투명성, 운영, 노동자들과의 관계에서 형평성을 추구하는 윤리의식을 가진다. CEGES에서는 사회적경제를 '기업할 자유의 보장'이자 '지속 가능한 발전'의 요소, '투기적 움직임으로부터 보호' 수단, '협력과 경제적 민주주의 발전, 연대와 형평성의 시도'의 원천, '사회적 및 환경적 잉여'를 도입할 수 있는 방법으로 소개한다. 사회연대경제 프랑스 회의소에서는 2014년 7월 31일자 법에서 규정한 정의를 따르는 데 조건을 충족하는 사회적기업들 뿐 아니라 협동조합이나 결사체의 지위를 갖지 않은 노동통합기업들까지 포함한다.

에필로그: 업데이트된 정의

자발적인 주도, 민주주의, 해방, 연대, 공정성, 공동소유제, 환경

第2장
사회적경제의 가족 그리고 친척들

배려와 같은 용어는 '사회적경제'와 긴밀히 연결된다.

사회적경제는 본질적으로 연대적인 것으로, 공통의 목표와 원칙으로 규정된 하나의 총체, 움직임이다. 시장, 화폐, 비화폐 등 모든 분야에서 활동하며 국경이 없다.

- 사회적경제는 다음과 같은 특징을 지닌다.
- '프로젝트'를 중심으로 모이는 사람들의 **'자발적인 주도'**. 따라서 자본을 우선시하는 것이 아니며 자신의 출자금과 파트너나 민간 또는 공공 법인이나 자연인 당사자의 출자금을 같이 연계하기도 한다.
- 자연인은 **'이중 지위'**를 지닌다. 회원이자 임금노동자거나 회원이자 소비자, 또는 회원이자 자원봉사자이다. 여기에 설계자/발기인의 이중 지위도 포함시킬 수 있다.
- **'소유권은 공동으로'**으로 전체 또는 부분적으로 분할 불가 방식으로 정해진 구성원 전체에 속한다.
- 창출된 부, 이익은 '공평하게' '공유'된다. 예를 들어 생산자, 유통업자와 소비자 간에 분배된다.

사회적경제에는 원칙이나 목표가 '반영'된 다양한 위상의 유형이 있다. 협동조합, 공제조합, 결사체, 재단. 영미권 국가의 경우 자선단체, 중남미 같은 경우 민중 또는 공동체 조직 등이 있다. 상사회사들은 사회적경제의 원칙, 다시 말해 엄격한 조건을 받아들이면서 '사회적기업'이라는 분류로 들어갔다.

사회적경제는 프랑스에서처럼 법 또는 규제의 대상이 되거나 영

프랑스의 사회적경제 : 효율성에 도전하는 연대

미권 여러 국가에서처럼 계약법의 적용을 받거나 어떤 경우에는 비공식적인 경제의 경계에 머무른다.[54]

사회연대경제 : 다섯 개의 사조

사회연대경제는 지난 몇 년간 사회를 위한 경제를 발전시키고자 나타난 움직임의 총체를 일컫는 용어이다. 다음과 같은 다섯 개의 흐름이 있다.

가장 오래된 역사적인 흐름은 엄밀한 의미의 사회적경제다. 19세초에 나타난 사회적경제는 20세기에 상반된 발전 과정을 겪는다. 2차 세계대전 이후 프로젝트 기반 기업들이 널리 퍼지게 된다. 70년대부터 시작된 관행, 규칙, 원칙과 가치들을 재점검하는 움직임이 오늘날에 와서 새로운 형태의 협동조합, 공제조합, 결사체의 부상으로 나타났다. 대규모 조합을 포함하여 많은 협동조합과 공제조합의 조합원 수가 증가했다는 점, 사업고용협동조합(CAE)이 재활성화되고 공익협동조합의 지위가 도입되었다는 점은 새로운 부흥의 시기임을 보여준다. 하나의 사상의 학파로서 사회적경제는 회원들의 이중 지위가 비자본주의적 기업을 관통하는 원칙임을 강조한다. 회원(이나 출자 조합원)들이 민주적으로 경영인을 선출하고

---

54 Sandra Mayrink Velga, Daniel Rech et Francisco Whitaker, *Associações ; Como constituirso-ciedades civis sem fins lucrativos*, Federação de orgaos para assistência social e educacional (FASE), Rio de Janeiro, 2001.

이들이 기업의 생산이나 서비스의 수혜자가 되는 것을 의미한다.

두 번째 개념인 대안경제는 1970년대에 도약의 시기를 맞았다. 그 이후 이루어진 시도의 대부분은 전통적인 기업과 조직, 시장, 정부 등 사회적, 경제적 제도에 대해 재고하는 대안에 관한 것이다. 그 시기를 지나서 대안적 경제는 탈성장, '행복한 절제', 대중 소비 비판에 대한 성찰을 바탕으로 발전했다. 사회 및 환경 문제를 동시에 아우르며 비자본주의적인 발전 모델을 제안하고 변화의 원동력으로 유토피아를 주장한다.

세 번째 개념인 연대경제는 1980년대부터 지불 능력 조건을 충족시키지 못하는 공익 성격의 사업과 서비스를 일컫는다. 연대경제는 정부를 자극하는 역할도 하면서 정부와 보완적으로 공익을 위한 활동을 영위한다. 연대경제는 사회적 집단 간에 연대로부터, 공공의 부의 재분배로부터, 그리고 시장으로부터 자원을 축적한다.

네 번째 사조인 사회적기업은 사회적경제와 사회적기업가 정신과 중첩된다. 1990년대 초부터 쟈크 드푸르니와 그의 EMES(유럽사회적기업연구네트워크)팀에서 주장한 이 사조는 사회적 사업의 실천을 특징으로 삼는 유럽의 신규 결사체와 협동조합으로 시작되었다. 사회적기업은 주거, 노동 통합, 장애인 문제, 사회적 연대의 강화에 관한 해답을 찾는 데 기여한다.

사회연대경제의 최신 사조인 사회적기업가 정신은 전혀 다른 배경을 지닌다. 미국의 다국적기업 기반 재단으로부터 비롯되었기 때문이다. 벤처 기부는 기업가 정신을 통해 사회환경적(sociétal) 요구를 충족시키는 것을 목표로 삼는다. 벤처 기부의 특징은 경제적 수익성과 사회적 목적성의 추구를 결합하는 것이다. 사회적기업가 정신은 대기업 재단이나 다국적기업의 지원을 받는다. 이와 같은 협업으로 개발이 촉발하는 사회환경적 영향을 상쇄하고자 하는 동시에 사회적기업가들이 생산하는 사회적 혁신 덕분에 새로운 시장이 개척된다.

사회적경제, 대안경제, 연대경제, 사회적기업과 사회적기업가 정신은 유사한 질문을 공유한다. 그 중 가장 빈번한 것은 첫째, 참여(또는 민주주의)에 관한 질문이고 둘째, 이윤이 어디로 가는지(출자금이나 자본의 보상 문제 포함) 셋째, 행동(프로젝트)의 의미에 관한 문제이다. 첫 번째 문제는 사회연대경제와 여타 다른 유형의 경제를 구분하는 가장 본질적인 것이다. 근본적으로 의사결정에 민주적으로 참여할 수 있다는 것이 이 경제의 가장 중요한 특징이다. 특히 총회에서 '1인 1표'의 형태로 표현되는 참여가 이를 나타낸다. 그런 점에서 사회연대경제는 경제 부문에서 공화국이 정치계에서 지속시키려는 과제를 실천하려는 것이다.

▢ **장 프랑수와 드라페리**(Jean-François Draperi)
   CNAM(국립공예원)의 CESTES (노동과사회 사회적경제센터) 소장
   RECMA(사회적경제 국제저널) 편집장
   연락처 : draperi@cnam.fr/gestionnaire@cnam.fr

▢ 저자의 관련 도서
   Comprendre l'économie sociale, Dunod, Paris, 2° édi. 2014.
   L'économie sociale et solidaire : une réponse à la crise?, Dunod, Paris, 2011.
   La république coopérative, Larcier, Bruxelles, 2012.

프랑스의 사회적경제 : 효율성에 도전하는 연대

Économie sociale

3ᵉ édition

변화하는 형태와 위상

La solidarité au défi de l'efficacité

Des formes et statuts variables

프랑스의 사회적경제 : 효율성에 도전하는 연대

프랑스 5인조

사회연대경제법을 향해

　여러 해 동안 오랜 기다림 끝에 2014년 7월 사회연대경제법이 채택되기까지 활발한 논의와 협의가 선행됐다.[1]

2013년 1월 22일 채택된 경제사회환경이사회(CESE)의 의견

다르게 기업하기: 사회연대경제

2012년 10월 브누아 아몽 사회연대경제 담당장관의 요청으로 장 마르크 에로 총리는 사회연대경제에 대한 법안 준비를 위해 의견

---

[1] Francis Vercamer, député du Nord, Rapport sur l'économie sociale et solidaire, parlementaire en mission, Fabrice Pothier, rapporteur adjoint, avril 2010 ; Pour une loi cadre et de programmation de l'ESS. Les dix propositions de François Hollande pour l'ESS (archives du pôle ESS et communiqué du candidat du 2 mars 2012) ; Rapport du groupe de travail sénatorial sur l'économie sociale et solidaire présenté par Mme Marie-Noëlle Lienemann le 25 juillet 2012 ; Patrick Lenancker et Jean-Marc Roirant, Entreprendre autrement, l'économie sociale et solidaire, rapport du CESE, 18 janvier 2013 ; Rapport n° 1891 d'Yves Blein au nom de la Commission des affaires économiques de l'Assemblée nationale enregistré le 17 avril 2014 ; Rapport n° 84 de Marc Daunis, commission des affaires économiques du Sénat, 26 juin 2013, et texte de la commission n° 85, 16 octobre 2013.

을 제출하도록 유럽연합 경제사회환경이사회에 의뢰했다. 요청한 의견은 다음 세 가지 사항에 대해서이다(에로 총리가 2012년 10월 11일 자 CESE의 위원장에게 보낸 서신).

—사회연대경제에 관한 CESE의 기존 제안에 대한 종합 분석
—사원에 의한 기업 인수에 관한 분석 자료
—사회연대경제의 지역 발전 정책

이를 위해 CESE에서는 임시 위원회를 구성하고 협동조합 부문 보고관으로 CG SCOP(노동자협동조합총연맹) 회장 파트릭 레낭케, 결사체 부문 보고관으로 교사연맹 사무총장 쟝 마르크 루아랑을 임명했다.

우리는 임시위원회에서 개별 면담 형식으로 38명을 만났다.

임시위원회는 사회연대경제의 정의와 범위까지 고찰하기로 했다. 의견에 나타나 있듯이 사회적경제의 정의가 오랫동안 '당연한 것'으로 받아들여지곤 했으나 유사한 원칙을 내세우며 등장한 새로운 주체들로 인해 사회적경제를 결사체, 협동조합, 공제조합에만 한정시키던 정의가 흔들리게 됐기 때문이다.

따라서 새로운 접근법을 제안하면서 CESE는 현실에 적용하는 한편 혼란과 눈가림을 피할 수 있도록 다듬어 나가는 방향을 선택한다.

그 결과 '사회연대경제는 집단적 연대와 민주주의에 기반을 두는 인간 활동 조직의 형태'라고 재정의하게 된다. CESE에 따르면 사회연대경제는 합법적인 모든 인간 활동을 포함하는 것은 물론, 사

회적 목적을 빈곤층에 한정시키지 않는다. 이는 유럽사회적기업위원회의 정의와 분명하게 구분된다. CESE의 정의는 기준을 엄격하게 적용하면서 유럽의 정의를 포함하되 여기에 한정되지는 않는다.

CESE에서는 사회연대경제 기업들은 우선적으로 (따라서 정관으로만 규정되는 것은 아니다) 정관으로 자율 규칙을 정하고 결사체, 협동조합, 공제조합뿐 아니라 재단도 포함된다는 언급을 통해 이와 관련된 잠재적 논의를 잠재운다.

그러나 CESE는 여기에서 그치지 않고 지난 20년간의 변화까지 포괄한다. 사회연대경제의 신규 또는 기존 주체들이 상사회사 내에서 경제활동으로 인한 통합 사업을 전개하기도 하고, 공정무역을 선택하기도다. 또한 '더 형평성이 있고 규제가 이루어지는 경제 관계를 위해' 경제적 시민권을 주장하며 사회적경제를 자처하는 이들도 있다.

CESE에서는 이와 같은 변화를 받아들여 그들의 법적 지위가 어떠하든 모든 사회연대경제 기업에 적용될 수 있는 가치와 원칙을 다음과 같이 재확인했다.

—집단적 프로젝트와 공동 소유 기반을 두는 사람들의 기업들이다. 사회연대경제를 표방하는 상사회사들은 다음을 포함하거나 이런 방향으로 자신들의 정관을 수정해야 한다.
—구성원들 간의 연대
—민주적인 거버넌스
—공동소유자산의 비분배성

—공공기관에 대한 독립성

—비영리성 또는 엄격하게 제한되고 통제되는 영리성

이와 같은 제안은 법안에 상당한 영향을 미치게 되며 대부분 반영이 된다. 의견에는 사회연대경제 'ESS'의 인증마크(이미 이 분야는 지나치게 많은 각종 인가 제도와 다양한 검사 장치들로 포화 상태이다) 도입에 대해 반대하며 그보다는 '사회적 성적표(Bilan sociétal)'와 같은 투명성의 보장제도를 신설하거나 협동조합 재심사를 일반화하기를 권고한다. 법조문에서는 모범 사례 개선 매뉴얼과 협동조합에 국한되는 재심사(révision)의 일반화로 반영이 된다.

CESE의 의견에는 어려운 상황에 처한 기업뿐 아니라 재정 상태가 건전한 기업들도 사원들이 노동자협동조합(SCOP) 형태로 인수하는 것과 관련된 제안이 담겨 있다. 특히 기업 소유주로부터 인수 받을 때 사전 정보에 대한 권리, 우선 인수권, 인수 계획의 관리, 인수 노동자협동조합의 임시 위상, BPI(프랑스 공공투자은행)로부터 특별 재원 조달, 노동자저축 사용에 대한 것이 포함되어 있다. 그러나 소상공인을 비롯한 프랑스 사용자 단체의 적대적인 압박으로 정부는 권고 사항 중 일부만을 채택한다. 그 이후 다른 입법화 과정을 통해법을 '풀어보려는' 시도가 여러 차례 있었으나 다 성공에 이르지는 못했다.

사회연대경제의 지역 발전과 관련해서 CESE는 다음과 같이 권고한다.

—사회연대경제지역회의소(CRESS)의 역할을 세 개의 임무를 중심

으로 인정하고, 강화하고, 간소화하고 조율하기. 사회연대경제의 지역 발전을 지원하기, 사회연대경제의 홍보 활동 수행하기, 통계 데이터 만들기

─반면 CRESS가 경제 공공기관으로 변형이 된다거나 CRESS의 조율 기구가 국가 또는 유럽 차원에서 정치적인 대표성을 갖는 것에 대해 우호적이지 않으며 이와 같은 대표성은 국가 단위 주체들이 자발적으로 구성한 '사회연대경제 프랑스회의소(Chambre française de l'ESS)'가 가질 것을 제안한다.

─CESE에서는 CRESS가 모든 지역경제사회환경이사회(CESER)에 설치될 것을 권고한다.

─이와 같은 CRESS의 변화를 위해서는 사회연대경제의 사용자조합으로부터 인정을 받는 것이 수반되어야 하며 지역 단위를 포함한 네트워크 대표의 역할이 중요하다.

─CESE는 공공기관들이 기존의 다양한 지역 계획에 통합될 사회연대경제의 지역 발전 계획을 수립할 것을 촉구한다.

─마지막으로 CESE는 사회연대경제의 재원 조달이라는 반복되는 이슈와 지자체가 결사체에 제공하는 지원금의 법적 안정성과 관련된 안정적이고 영구적인 해결책을 모색할 필요성에 대해 강조한다.

짧지만 구체적인 본 의견(총 43쪽)은 법안 수립에 반영되었다.

□ **쟝 마르크 루아랑**(Jean-Marc Roirant)
　교사연맹 사무총장, CESE 내 '사회연대경제' 부문 위원장(2010-2015)

제3장

변화하는 형태와 위상

2014년 7월 31일자 제2014-856호 법은 이론의 여지 없이 사회연대경제를 법적으로 인정한 것이다. 이 법은 사회연대경제의 정의로 시작이 된다. 입법자에 따르면 '사법상 법인이 동조하는 모든 인간 활동 분야에 맞는 기업하는 방식과 경제 발전 방식'에 관한 것이다. 이들은 다음의 누적 조건들을 충족해야 한다.

　　—이윤의 공유 외에 다른 목적도 추구하기. 이윤은 주로 기업 활동의 유지나 발전을 위해 할애되어야 한다(1-I-3-a조). 상사 회사의 경우 이와 같은 제약으로 자본이나 출자금에 대한 투기가 제한되고 기업의 사회적 목적성을 인증받을 수 있게 된다.[2]
　　—기업의 성과와 관련하여 출자자, 임금노동자와 이해관계자의 참여와 정보 제공을 고려한 민주주의적 거버넌스를 보장하기. 이는 반드시 자본 출자와 비례해서 표현되는 것은 아니다. 민주주의적으로 기업하기를 의미한다.
　　—사업 발전을 중심으로 경영하기.

　　이와 같은 조건의 충족은 사회연대경제를 이루는 조직의 정체성을 보여준다. 정의 규정을 통해 사회연대경제의 DNA를 설명할 수 있으며 덕분에 진정한 제도적 정체성을 부여하는 기관을 설치하거나 강화할 수 있었다. 이들 기관 중에 사회연대경제고등위원회가 있다. 2010년에 설립되었으며 사회연대경제와 관련된 이슈들에 관해

2　Le guide « Ce que la loi ESS change pour vous », spéc. p.4 : http://mouves.org/Mouves2015/wp-content/uploads/2014/09/Ce-que-la-loi-ESS-change-pour-vous-CNEI-Mouves-septembre-2014.pdf. 참조

공공기관과의 협의를 담당한다. 2014년 7월 31일자 법으로 사회연대경제의 추이에 대해 알리고 방향을 설정하는 진정한 기관으로 탄생하게 된다. 프랑스 사회연대경제회의소나 CRESS와 같은 다른 기관들도 사회연대경제를 대변한다. 이와 같은 기관들은 사회연대경제 법인에 공통의 정체성과 역할을 부여하면서 사회연대경제법이 탄생하는 데 기여한다. 통일된 정의를 채택하고 사회연대경제의 조직과 조정에 관한 집단적 기관을 강화함으로써 사회연대경제 법인들의 통일성을 부각하는 것이 목적이다.

그러나 통일성의 추구로 사회연대경제 법인의 각 유형별 특성이 지워지는 것은 아니다. 전통적으로 네 가지 유형의 법인이 사회경제의 원칙을 정관에 반영한다. 바로 협동조합, 공제조합, 결사체와 재단이다. 2014년 7월 31일자 법 덕분에 한 개가 더 추가되어 사회연대경제 소속 규칙을 준수하는 상사회사도 여기에 포함되게 된다. 이들은 대체로 '사회적기업'이라고 불린다.

프로젝트에 따라 이와 같은 정관과 장치는 사원(생산협동조합)으로서 또는 사용자이자 소비자로서(소비자협동조합, 공제조합, 의료공제조합, 결사체) 개인 또는 기업가(농업, 어업, 장인, 소매상인 협동조합)들이 이용한다. 사회적경제의 정관은 법인이든 자연인이든 결집하게 해준다. 재단역시 선택한 정관에 의거 자연인 또는 법인들이 설립할 수 있다. 이와 같은 대분류를 넘어 여기에서 '파생된' 정관에 따라 서로 다른 성격의 자연인 또는 법인(공입협동조합의 사례) 주체의 결집이 허가되거나 사회적경제의 자연인이 다양한 형태로 결집하는 것(사회적경제연맹의 사례)이 가능하다. 이와 같이 사회적경제에는 다양한 정관의 스펙트럼이 가능하다.

제3장

변화하는 형태와 위상

그렇다고 사회적경제 법전이 존재하는 것은 아니다. 정관은 일련의 법과 규칙들로 정해지는데 이들은 다양한 법전(민법, 상법, 공제조합법, 보험법, 농촌어업법 등)에 의해 뒷받침되어 있다. 독창적인 정관이 있는 반면 일부는 상법(노동자협동조합이나 자영업자협동조합)과 연계되어 있다. 1983년의 역사적인 법으로 이들 간의 연결고리가 마련된 셈이다.

사회연대경제 기업

법적 근거

2014년 7월 31일자 법에서 혁신적인 부분은 '사회연대경제 기업'이라는 새로운 유형의 기업을 법적으로 인정했다는 데에 있다. 협동조합과 달리 사회적기업은 정관으로 구별하지 않는다. 사회적기업을 인정함으로써 2014년 7월 31일자 법은 사회연대경제 기업에 관한 소위 포용적인 정의를 제시한다. 정관에 구속되지 않고 기본 원칙을 중심으로 주체들을 결집하는 정의라는 점이 강조되었다. 이렇게 하여 '상사회사'가 사회연대경제에 포함될 수 있었던 것이다. 물론 이들의 운영 방식은 특정 조건을 충족해야 한다. 이와 같은 광의의 정의는 베네피트 기업[3]이 발달한 미국에서 관찰된다.

---

3 Bruno Dondero, « Vers la société-association? », *Bulletin Joly Sociétés*, Paris, 1er janvier 2012, p. 1.

사회적기업으로 인식되고자 하는 상사회사는 사회연대경제 소속 요건 외에도 법(2조항)에서 규정한 '사회적 유용성'을 추구해야 한다. 이와 같은 사회적 유용성의 개념은 다음의 세 조건 중에 하나만 충족하더라도 인정이 된다.

—기업의 목적이 취약 계층에게 사회적 또는 보건상의 지원을 하는 것이다.
—기업의 목표가 소외 및 불평등을 퇴치하거나 교육 및 시민의식에 기여하는 것이다.
—기업이 지속 가능한 개발, 에너지 전환이나 국제연대에 기여하되 회사의 활동이 상기 언급한 목표 중 하나와 연관된다.

법제

다양한 구조에 적용될 수 있는 기본 원칙 외에도 입법자는 상사회사들을 위한 다른 조건을 마련해 놓았다. 2014년 법의 1조항에서는 다음과 같은 운영 규칙을 명시했다.

—정관에 따라 이윤의 최소 20%에 해당하는 부분을 유보하여 '발전 기금'으로 불리는 의무 법정준비금에 할애한다. 법정준비금은 분배할 수도 없고 분할할 수도 없다.
—정관에 따라 이윤의 최고 50%에 해당하는 부분을 법정준비금과 임의적립금에 할당한다. 필요한 경우 이윤은 손실충당금으로 사용한다.

─상사회사의 경우 손실로 인한 이유가 아닌 이상 감자는 금지되나 사업의 지속성을 위해 필요한 경우에는 예외가 적용된다.

2015년 7월 31일자의 법령에는 사회연대경제 기업임을 공식적으로 밝히는 기업의 정관에 기재되어야 하는 내용이 담겨 있다.

첫째, 회사의 사회적 목적이 앞서 언급한 2014년 7월 31일자 법 제2조에 명시되어 있는 세 개의 조건 중 적어도 한 개에는 부합하여야 한다.

둘째, 회사 조직의 구성과 운영, 권한에 관한 조항. 이는 민주적인 거버넌스와 출자의 참여와 정보를 보장하기 위한 것이다. 여기에서 정보와 참여는 자본 출자나 지분에 비례하는 것은 아니다.

셋째, 사업 발전이나 유지라는 목적을 위해 수익의 대부분을 할당

넷째, 의무적립금의 분리, 그리고 비분할 성격

다섯째, 2014년 7월 31일자 법 제1조 2항 2호 c목에서 규정된 운영 원칙의 실행.

위 조건을 충족할 때 상사회사도 사회연대경제 기업임을 공식적으로 표방할 수 있다. 이때 법인사업자 명부에 표기된다. 사회연대경제에 관한 법에 따라 각각의 CRESS에서 적어도 1년에 한 번씩 그 지역에 본사나 지사를 소재지로 둔 사회연대경제 기업의 리스트를 발표한다.

이 리스트에 이름을 올리기 위해서는 사회연대경제 기업들은 상법 R. 123-222에 명시된 사항(자연인의 성, 이름, 법적 주소, 생년월일, 사명, 법적 형태, 사회연대경제 기업의 자격, 필요한 경우 전국협회명부 등록번호, 민법상 법인 본사)들을 사전에 전달해야 한다. 2015년 12월 22일자 법령 제2조(D.

2015-1732)에 따라 중요한 듯 보이는 이 문서들을 반드시 전달해야 하는 것은 아니다(현행 정관의 등본, 시청 신고 등본, 법인사업자 명부 발췌본, 필요한 경우 결합재무제표를 포함한 지난 회계년도와 관련된 재무상태표, 손익계산서 및 부록).

'사회적 유용성 연대기업(ESUS)' 인증

노동법 제3332-17-1조에 규정되어 있듯이 '연대 기업' 인증 제도는 사회연대경제 기업 발전에 기여한다.

2014년 7월 31일자 법 제11조에서 '연대 기업' 인증은 '사회적 유용성 연대기업(ESUS)'으로 명칭이 변경된다. 예전과 마찬가지로 현행의 인증제도도 동일한 세제 혜택을 받으며 저축기금에서 최소 5%에서 최대 10%까지 인가받은 기업에 투자할 수 있다.

노동법 L.3332-17-1 II에는 인증제도의 수혜자가 명시되어 있다. 우선은 2014년 7월 31일자 법 제1조에 속한 기업, 다시 말해 사회연대경제 기업들이 인증제도의 대상자이다. 일부 조직은 법으로 그 지위가 주어지기도 한다. 이들은 사회적 유용성 덕분에 국가와 협정을 맺은 기관들이다(아동사회복지국, 중개단체, 사회적노동숙박센터).

마지막으로 다른 기업들은 아래 조건들을 누적하여 충족해야 한다.[4]

— 회사는 사회적 유용성을 주요 목표로 추구해야 한다.

---

4 2015년 6월 23일자 법령의 제1조는 이러한 조건을 어떤 방식으로 평가해야 하는지를 상세히 규정하고 있다(법령 제2015-719호).
원문 Les titres de capital des entreprises ne sont pas admis aux négociations sur un marché réglementé – 옮긴이

―사회적 유용성의 목표로 발생하는 비용이 손익계산서나 회사
의 재정적인 수익에 유의미한 비중을 차지해야 한다.
―노동자와 경영진은 제한적인 보수를 받는다. 최고 액수를 받는
5인의 임금이 법정 최저임금이나 업계 최저임금의 일곱 배를
초과해서는 안 되며 최고 임금이 법정 최저임금이나 업계 최저
임금의 열 배를 초과해서는 안 된다.
―회사 자본의 주식은 규제된 시장에서의 교섭에 포함되지 않
는다.

결과적으로 사회연대경제에 속하는 모든 조직이 인증을 받을 수
있는 것은 아니다. 인증제도를 통해 사회연대경제 기업들 중에서도
강한 사회적 유용성을 지닌 기업들이 연대저축(Épargne solidaire)과 같
은 지원 체계의 혜택을 받을 수 있게 되었다.

2014년 7월 31일자 법이 발효되는 시점에 이미 '연대기업'의 구
인증을 받았던 기업들은 인증의 유효기간이 2년 이상 남은 경우 그
남아 있는 시점까지, 2년 미만인 경우 2년까지 신규 인증(ESUS)의 혜
택을 받을 수 있다(2014-856호 법 제97조).

협동조합

법적 근거

협동조합은 다양한 형태로 존재하기에, 오늘날 해당 분야를 규정
하는 법령 또한 그만큼 다양하다. 관련 법령은 네 가지 유형으로 나
뉜다.

우선 가장 핵심에 있는 법령은 협동조합의 지위에 관한 1947년 9월 10일자 법률 제47-1775호(1992년 7월 13일자 협동조합의 현대화에 관한 법률 제92-643호와 2014년 7월 31일자 사회연대경제에 관한 법률 제2014-856호에 의해 대폭 개정된 법률)이다. 관련 법제의 근간과 중심이 되는 이 법령은 협동조합 운영에 관한 기본 원칙을 정의하고 있으며, 몇몇 분야처럼 고유한 특별법이 존재하지 않을 경우 이를 적용하게 되어 있다.

두 번째로는 바로 다양한 협동조합들, 즉 소비자협동조합, 건설주택협동조합, 생산협동조합, 사업자협동조합, 노동자협동조합, 의사협동조합(2002년 법률 제2002-303호에 따라 의사들이 병원협동조합을 설립할 수 있게 함-옮긴이) 등을 종류에 따라 규제하는 특별 또는 개별 법령들이 존재한다.[5]

세 번째로는 회사에 관한 일반법의 몇몇 조항을 준용한다. 협동조합이 민사회사 또는 상사회사의 성격을 지니기 때문이다. 게다가 협동조합의 지위에 관한 법률은 협동조합이 어떤 법적 형태를 갖추어야 하는지 명시하지 않았다. 또한 개별 법령들도 이에 관해 별도로 규정하는 바가 없기에, 협동조합은 가변자본이나 불변자본으로 민사회사 또는 상사회사 형태를 선택할 수 있다. 하지만 일부 특별법은 특정 법적 형식을 규정하고 있다. 1978년 7월 19일자 법률 제78-763호의 제3조는 노동자협동조합(SCOP)을 주식회사(SA) 또는 유한책임회사(SARL) 형태의 가변자본 회사로 정의하고 있다. 1983년 7월 20일자 법률 제83-657호에 따르면, 수공업, 해양, 운송 분야 협

---

5 협동조합의 유형과 정관을 관장하는 법률에 관한 전체 목록이 궁금한 경우 협동조합고등위원회의 2007년 보고서 참조.

동조합도 마찬가지이다. 더 최근의 예로, 2001년 7월 17일자 법률 제2001-624호는 "공익협동조합은 해당 법의 별도 조항이 없는 한 상법의 규제를 받는, 가변자본의 주식회사 또는 유한책임회사이다"(1947년 9월 10일자 법률 제19조의 5, 2001년 7월 17일자 법률 제36조에 따라 신설)라고 명시하고 있다. 결론적으로, 농업협동조합을 제외한 모든 협동조합은 상법이 예고하는 여러 법적 형태를 띨 수 있다. 농업협동조합은 1972년 6월 27일자 법률 제72-516호가 규정한 특수한 지위를 갖는다. 해당 법률의 제3조에 따르면 농업협동조합은 상사회사도 민사회사도 아니며, 가변자본으로 구성된 '동업회사(société de personnes)'라고 정의하고 있기에 상법의 적용을 받지 않는다.

마지막으로, 자본의 가변성을 채택하는 주식회사 형태로 만들어진 협동조합의 경우 상사회사에 관한 1867년 7월 24일자 법률 제3편을 언급할 필요가 있다.

이 같은 네 가지 법적 근거를 결합하는 것은 까다로운 문제이며, 특히 서로 모순되는 조항이 있을 때 그러하다. 그래서 입법기관은 일반법과 특별법의 연계를 간략히 정리했다. 1947년 9월 10일자 법률 제2조(1992년 7월 13일자 법률 제92-643호에 의해 개정된 조항)에 따르면, "협동조합은 각기 해당하는 종류에 관한 특별법이 없는 한 [일반법의] 적용을 받는다." 따라서 특별법이 일반법보다 우선적으로 적용된다. 협동조합법의 고유한 조항들이 회사법의 통칙보다 우선적으로 적용된다.

설립 법적 원칙

1947년 9월 10일자 법률 제1조(2014년 7월 31일자 법률에 따라 대폭 개정)

는 협동조합에 대해 다양한 정관에서 열거된 그 이상의 정의를 제시하고 있다. 이 법에 따르면, 협동조합은 "여러 사람이 공동의 노력으로 필요한 수단을 공유하며 경제적 또는 사회적 욕구를 만족시키기 위해 자발적으로 모여 결성한 기업"이며, "인간 활동의 모든 분야에서 활동을 영위할 수 있으며, 다음과 같은 원칙을 지킨다". 즉, "누구에게나 열려 있어 자발적으로 가입할 수 있으며, 거버넌스가 민주적이고, 조합원이 경제적으로 참여하고, 조합원의 교육에 힘쓰며, 다른 협동조합과 협동한다." 앞서 열거한 원칙들을 완성하는 게 있다. 바로 조합원 출자자에 한해 적용되는 '1인 1표' 원칙과 잉여를 적립금에 우선 할당한다는 원칙이다.

이러한 정의는 여러 역사적 원칙들 중에서, 협동조합 운영 체계를 규정하는 동시에 협동조합을 일명 '자본주의적' 상사회사와 구분해주는 두 가지 원칙을 집중 조명한다.

첫 번째 기본 원칙은 이중 지위의 원칙으로, 협동조합 조합원은 출자자인 동시에 이용자일 수 있다. 다시 말해, 협동조합의 출자자는 법인이건 자연인이건 간에 조합이 생산한 서비스의 수혜자가 된다. 조합원 출자자는 자본 조성에 참여하는 동시에 자신을 협동조합의 고객 또는 공급자, 사원으로 삼는 사업에 참여할 수 있다. 이러한 원칙을 운영 규약에 준용하는 사례가 많이 있다. 전통적으로 이익잉여금(이 발생하는 경우) 배당은 보유 출자좌수에 비례해서가 아니라 제공한 노동에 비례하여 이뤄진다. 배당하지 않는 경우 잉여금은 준비금으로 적립하고, 사적으로 분배하지 않는다.

두 번째 기본 원칙은 민주적인 통제 원칙이다. 1947년 법률의 제4조에 따르면, "협동조합의 출자자들은 운영에 있어서 동등한 권한을 지니며, 가입 날짜에 따른 차별은 있을 수 없다". 평등의 원칙은 1인=1표 규칙으로 완성된다. 따라서 각 출자자는 자신이 보유한 출자좌수에 관계없이 총회에서 한 표를 행사할 수 있다.

이 두 원칙이 협동조합 운영의 골자를 이룬다. 하지만 입법기관은 특히 협동조합이 신규 투자자를 유치할 수 있도록 하기 위해 몇 몇 예외를 허용하고 있다. 이중 지위의 원칙에 위배되는 첫 번째 예외 사항은 협동조합이 자사 정관에 의거하여 비출자자 조합원(자원봉사자 조합원)이나 비조합원 출자자를 수용할 수 있는 가능성을 열어둔 것이다. 후자의 경우 해당 협동조합의 서비스를 이용하지 않으면서도 출자자로서 가입할 수 있다. 1992년 7월 13일자 법률로 신설된 이 조문의 목적은 협동조합 분야의 자본 유치를 수월하게 하는 것이다. 법률 제2014-856호가 제정되면서 1992년 법률 제3조의 2가 개정되었는데(제2014-856호의 24조) 이에 따르면, 조합원이 아닌 출자자들의 의결권 및 선거권은 상한선 35%를 넘지 않는 범위 내에서 비조합원 출자자들이 (타 협동조합법인이라면) 보유한 투표권 총 수의 상한선은 49%로 정했다. 게다가 비조합원 출자자들 또는 그들 중 일부 유형의 출자자들은 자신이 보유한 자본에 비례하는 투표권을 함께 가질 수 있다는 조항을 정관에 기재할 수 있다.

이중 지위 원칙에 대한 두 번째 예외 사항은 "보유자에게 특별한 혜택을 부여하는 우선출자를 발행할 수 있는 협동조합의 권한"과 관련이 있는데, 이는 출자자 간 평등 원칙에 위배된다. 협동조합의 정관은 "이러한 출자에 부여되는 혜택이 무엇인지를 협동조합 원칙을 준수하면서 정의한다." 협동조합의 운영에 더 큰 유연성을 도입할 목적으로, "의결권 및 선거권이 없는 우선출자"를 비조합원 출자자가 청약 또는 취득할 수 있게 하여 외부 투자자들을 유인할 수 있다. 같은 맥락으로 2014년 7월 31일자 법률은 노동자협동조합(SCOP)이 외부 출자자들(비조합원 출자자들)에게 최대 7년 동안 자본을 개방할 수 있게 허용했는데, 해당 기업의 사원들이 쉽게 인수할 수 있도록 하는 것이 목적이다. 이는 이른바 '마중물 장치'로, 다음 부분에서 다룰 것이다.

또한 협동조합은 참여증권(titreparticipatif)을 발행할 수 있다(⟨표 1⟩ 참조). 상징적으로, 1947년 9월 10일자 법률 제47-1775호의 제1조가 2014년 7월 31일자 법률(제24조)로 개정되었다. 이 역시 협동조합의 운영에 관한 사항으로, 2014년 입법기관은 수공업협동조합과 같은 일부 협동조합에 국한되었던 '협동조합 재심사'를 일반화했다(법률 제2014-856호의 제25조). 이제 법령이 규정하는 활동 기준을 초과하는 협동조합과 협동조합연합회는 5년마다 공인 심사관의 감독을 받아야 할 의무가 있다. 이러한 감독 행위의 목적은 해당 협동조합과 협동조합연합회의 조직 및 운영이 협동의 모든 원칙 및 규칙과 회원들의 이익에 부합하는지를 확인하는 것이다.

협동조합 법제

협동조합의 유형에 따라 여러 법제가 존재한다. 따라서 몇몇 협동조합의 법제를 종합적인 표를 통해 소개하는 방법을 택했다. 이를 위해 노동자협동조합(SCOP), 사용자협동조합, 사업자협동조합을 구분할 필요가 있다. 이렇게 크게 분류한 각 상위 범주마다 여러 종류의 협동조합이 존재한다. 예를 들면, 도로운송 또는 하천운송 협동조합, 해운업협동조합, 수공업협동조합은 모두 사업자협동조합이다. 이들 조합에 대한 법제는 공동 규칙의 적용을 받지만 몇 가지 점에서는 차별성을 띤다.

결론적으로, 협동조합의 다양한 유형만큼 다양한 법제가 존재한다. 이 같은 다양성이 범람하기에 모든 것을 총망라해 소개하는 것은 불가하다. 따라서 명료한 이해를 위해 상위 범주별로 가장 널리 보편화된 단 한 가지 유형만을 소개한다. 또한, 독창성을 띠는 세 가지 다른 유형의 협동조합 법제를 상세히 검토한다. 첫째는 공익협동조합으로 그 특징은 구성원의 다양성(사업자, 사원, 이용자 또는 자원봉사자)에 있다. 둘째는 농업협동조합으로 특수한 법제를 따른다. 셋째는 사회적경제연합회로 농업협동조합들을 네트워크로 조직하는 것을 목적으로 한다. 이러한 파노라마에 협동조합은행이 추가된다. 협동조합은행은 매우 많은[6] 독보적 법적 장치에 근거하며, 이로 인해 이들을 다른 협동조합과 비교하기는 어렵다.

---

6 일례로, 1938년부터 신용협동조합중앙금고를 조직하고 운영하는 데 두 개의 법률과 여덟 차례의 규칙 개정이 필요했다.

〈표 1〉 협동조합기업 유형별 적용 법제 비교

	생산협동조합 (SCOP)	사업고용협동조합 (CAE)	이용자협동조합 / 소비협동조합	사업자협동조합 / 수공업협동조합	공익협동조합 (SCIC)	농업협동조합	사회적경제연합회
예시							
목적	생산협동조합(SCOP)은 상사회사를 대상으로 하는 제한적 범위 내에서 모든 분야의 활동을 영위할 수 있다. SCOP의 관리와 경영은 조합원인 사원에게 맡긴다 (1978년 법률 제1조).	자연인 사업자들이 경제활동을 시작하거나 발전시키는 것을 자연적으로 지원한다. 자연인들에 대한 개별적 지원 및 공제조합 서비스를 제공한다(1947년 9월 10일자 법률 제26-41조, 개정 조항).	협동조합이 직접 또는 다른 협동조합들과 연합하여 구매 또는 제조한 소비재를 회원들에게 판매한다. 이익잉여금을 출자자 간에 분배하거나, 그 중 일부를 사회연대 사업에 할당한다 (1917년 5월 7일자 법률 제1조).	출자자들의 활동을 발전시키는 데 직간접적으로 기여할 수 있는 활동을 영위한다. 공동으로 영위하는 활동을 개별화한다(1983년 법률 제2조). 수공업협동조합의 경우, 새로 하기된 과업이 공동 영업정책 실행이다 (2014년 7월 31일자 법률 제44조).	사회적 유용성을 띠는, 공익적 성격의 재화와 서비스를 공급한다 (1947년 법률 제19조의 5).	'농업인들이 자신의 경제활동을 촉진 또는 발전시키며, 그러한 활동 결과를 향상 또는 증대시키는 데 필요한 모든 수단을 공동으로 사용한다'(농림해양수산법 제L.521-1조).	출자자들이 공동으로 이익 관리 및 이들의 활동을 발전시킨다. 공제조합 제3건 (2014년 법률 제55조, 제56조)에 규정된 새로운 연합회, 보건, 사회 및 문화 활동을 촉진하고 발전시키기 위한 연합회를 창설한다.
특별 근거 법령	1978년 7월 19일자 법률 제78-763호, 1947년 9월 10일자 법률 제47-1775호, 2014년 7월 31일자 법률 제2014-856호, 상법에서 주식회사 (SA), 유한회사(SARL), 자본 가변성과 관련된 조항.	1947년 9월 10일자 법률 제47-1775호, 2014년 7월 31일자 법률 제2014-856호.	1917년 5월 7일 법률, 1867년 7월 24일자 법률, 1947년 9월 10일자 법률 제47-1775호, 2014년 7월 31일자 법률 제2014-856호, 회사에 관한 일반법.	1983년 7월 20일자 법률 제83-657호, 1947년 9월 10일자 법률 제47-1775호, 2014년 7월 31일자 법률 제2014-856호, 회사에 관한 일반법.	2001년 7월 17일자 법률 제2001-624호, 1947년 9월 10일자 법률 제47-1775호, 2014년 7월 31일자 법률 제2014-856호, 회사에 관한 일반법.	농림해양수산법 제L.521-1조 및 이하, 1947년 9월 10일자 법률 제47-1775호, 2014년 7월 31일자 법률 제2014-856호.	1947년 9월 10일자 법률 제47-1775호(특히 19조의 2 및 이하), 2014년 7월 31일자 법률 제2014-856호.
지위	가변자본의 주식회사(SA)나 유한회사(SARL)(1978년 법 제3조), 2인(주식회사의 경우)(2014년 7월 31일자 법률 제3조).	SCOP(좌측 열 참조).	가변자본의 민사회사(협동조합이 비회원에게 물품을 판매하는 경우는 제외) 또는 상사회사(들의 주식회사(SA)).	가변자본의 상사회사, 유한회사(SARL) 또는 주식회사(SA)(1983년 법률 제3조).	가변자본의 상사회사, 유한회사(SARL) 또는 주식회사(SA)(1947년 법률 제19조의 5).	민사회사 및 상사회사와 구별되는 특수회사, 상업등기대장에 등록할 의무가 있고 동시에 완전한 효력이 발생하는 법인.	협동조합. 규정된 형태 없음. 합자회사, 유한회사(SARL) 또는 주식회사(SA).

제3장

변화하는 형태와 위상

	생산협동조합 (SCOP)	사업고용협동조합 (CAE)	이용자협동조합	사업자협동조합	공익협동조합 (SCIC)	농업협동조합	사회적경제기업연합회
발기인	조합원 사업자 사원	한 CAE의 출자자 사업자 사원	출자자 소비자	수공업자 출자자	사업자 사원, 사용자 또는 자원봉사자	조합원 출자자	사회적경제 관련 조직, 자연인 또는 법인
주요 출자자	기업의 사원. 사원이 아닌 투자자 (외부 출자자)(1978년 법률 제5조). 외부 출자자가 행사하는 투표 수가 최대 35%를 넘지 않는 범위 내에서 지분 보유 가능.	사업자 사원.	출자자 소비자. 출자하지 않고 가입한 회원 소비자.	출자자 수공업자, 수공업 사업자 대상에 등록한 자연인 또는 법인, 유럽연합(EU) 또는 유럽경제지역 (EEA)에 속하는 영토에서 사업하는 수공업자(1983년 법률 제5조 1조). 비조합원 출자자(제6.4조).	다음 이해당사자: 협동조합 사원, 수혜자, 조합 활동에 지원봉사 자료 참여하길 희망하는 자연인, 지방자치단체, 조합 활동에 기여하는 자연인 또는 법인 등(1947년 법률 제19조의 7). 공익협동조합(SCIC)은 최소한 세 가지 범주의 출자자를 포함해야 하며, 그 중에 조합 사원과 수혜자가 반드시 들어가야야 한다.	농업인 또는 임업인	협동조합, 공제조합의 적용을 받는 공제조합, 농업 공제조합 기구, 보험상호회사, 비영리집단, 자연인. 출자자의 최소한 65%는 위에 언급한 법인으로 구성되어야 한다.(1947년 법률 제9조의 2)
출자자 수	유한회사(SARL): 2~100명. 주식회사(SA): 최소 7명, 최대 제한 없음. 간이주식회사(SAS): 최소 1명.	SARL: 2~100명. SA: 최소 7명, 최대 제한 없음. SAS: 최소 1명.	민사회사: 최소 2명. SA: 최소 7명, 제한 없음.	SARL: 2~100명. SA: 최소 7명, 최대 제한 없음(1983년 법률 제7조).		최소 7명. 단, 동일 정비 공유 협동조합일 경우는 예외(최소 4명).	선택된 법적 근거에 따라.
출자자	현금 또는 현물 (1978년 법률 제6조)	현금 또는 현물 (1978년 법률 제6조)	현금 또는 현물	현금 또는 현물 (1983년 법률 제13조)	현금 또는 현물. 공공기관의 보유 자본 상한선이 지분금의 50%로 정해져 있다. (2014년 법률 제33조)	현금	현금 및 현물

프랑스의 사회적경제 : 효율성에 도전하는 연대

	생산협동조합 (SCOP)	사업고용협동조합 (CAE)	이용자협동조합	사업자협동조합	공익협동조합 (SCIC)	농업협동조합	사회적경제연합회
외부 자본 출자	있음. 비출자자 제3자가 의결권 및 선거권이 없는 우선출자에 청약할 가능성(1947년 법률 제13조의 2). 마중물 장치: 비조합원 출자자들이 최대 7년 동안 자본금의 반을 넘게 보유하는 것을 허용.	있음.	있음. 비출자자 제3자가 의결권 및 선거권이 없는 우선출자에 청약할 수 있는 가능성(1947년 법률 제13조의 2).	있음. 비출자자 제3자가 의결권 및 선거권이 없는 우선출자에 청약할 수 있는 가능성(1947년 법률 제13조의 2).	있음. 비출자자 제3자가 의결권 및 선거권이 없는 우선출자에 청약할 수 있는 가능성(1947년 법률 제13조의 2).	조합원이 자본금의 반을 넘게 보유한다는 조건 하에(제l.522-1조), 비조합원 출자자의 출자 청약 가능 (제l.522-3조).	있음. 비출자자 제3자가 의결권 및 선거권이 없는 우선출자에 청약할 수 있는 가능성 (1947년 법률 제13조의 2).
자본 금액	유한회사(SARL): 최소액 제한 없음. 주식회사(SA): 18,500유로. 간이주식회사(SAS): 최소액 제한 없음.	SARL: 최소액 제한 없음. SA: 18,500유로. SAS: 최소액 제한 없음.	민사회사 형태 협동조합: 최소 자본 없음(단,자금 공모의 경우 예외). 주식회사 형태 협동조합: 18,500유로 (단, 자금 공모의 경우에는 112,500유로).	SARL: 최소액 제한 없음. SA: 18,500유로(공모 모집의 경우에는 112,500유로).	SARL: 1유로. SA: 18,500유로.	초기 자본금에 대한 제한 없음. 요구조합 지금 공모의 경우, 최소액은 37,000유로 (제l.523-9조).	선택한 법적 근거에 따라(SARL: 최소액 제한 없음. SA: 18,500유로).
출자자 책임	출자액 한도 유한책임.	출자액 한도 유한책임. 사용고용협동조합은 출자 직원(사업자가 개발한 경제활동의 범위 내에서 제삼자와 맺은 계약에 대해) 책임이 있다.	민사회사 형태 협동조합: 자본금에 대한 지분 보유율에 비례하는 무한책임. 주식회사 형태 협동조합: 출자액 한도 유한책임.	출자액 한도 유한책임. 단, 책임 최대 조합이 있을 때는 예외로 하며, 이 경우 보유 지분의 세 배에 해당하는 금액 한도 내에서 책임.	출자에 한도 유한책임.	각 조합원은 출자지본의 두 배에 해당하는 금액 한도 내에서 책임을 진다 (제l.526-1조).	선택한 법적 근거에 따라.
의결권 및 선거권	직원 1인 = 1표. 직원투자자가 최대 35%까지 투표권을 보유할 수 있다.	직원 1인 = 1표. 직원투자자가 최대 35%까지 투표권을 보유할 수 있다.	조합원 1인 = 1표.	조합원 1인 = 1표. 이 원칙은 모든 출자자에게(조합원이건 아니건 간에) 적용된다.	조합원 1인 = 1표. 출자자들을 소그룹으로 나눌 수 있으며, 이때 총회에서 동등한 투표 수를 갖는다(1947년 법률 제19조의 8).	조합원 1인 = 1표. 조합원의 참여에 따라 투표권에 가중치를 적용할 수 있다 (L.524-4조).	

민주주의:	생산협동조합 (SCOP)	사업고용협동조합 (CAE)	이용자협동조합	사업자협동조합	공익협동조합 (SCIC)	동업협동조합	사회적경제연합회
직원 권한	있음.	있음.	있음	가능.	있음.	금융기관 또는 비조합 원 출자자를 가질 수 있으며, 이들이 총회의 투표권의 최대 20%를 넘지 않는 선으로 제한한다(제L.522-3조).	없음.
사용자 권한	없음.	없음.		있음.	있음.		있음.
통업자 권한	있음(위에 명시한 범위 내에서)	있음(위에 명시한 범위 내에서)		가능.	있음.		가능.
권한 조직	각 사원은 출자자이다. 모든 신규 출자자는 공동사업자가 될 수 있다.	각 사원은 출자자이다. 모든 신규 출자자는 공동사업자가 될 수 있다.		동일 권한. 출자자가 보유한 지분이 얼마이건 간에 차별 없음.			가입자의 수나 연합회에서 수행하는 사업의 중요도에 비례하는 투표 수를 각 출자자에게 부여하도록 정관에 기재할 수 있다(1947년 법률 제19조의 2).
단체 운영	유한회사(SARL): 업무 집행자. 주식회사(SA): 이사회, 또는 감독위원회 관리 하의 경영진(1978년 법률 제6조, 제L조). 간이주식회사(SAS): 사장, 필요에 따라 이사회.	SARL: 업무집행자. SA: 이사회, 또는 감독 위원회 관리 하의 경영 진(1978년 법률 제6 조, 제L조). SAS: 사장, 필요에 따라 이사회.	사원총회를 통해 선출 및 해임이 가능한 대표 (1917년 5월 7일자 법률 제7조). 인사회사 형태 협동조합: 업무집행자. 주식회사 형태 협동조합: 감독위원회 의 관리 하에 선출된 사원들로 구성된 이사회.	SARL: 업무집행자. 출자자가 20명이 넘고 업무집행자가 3명 미만 일 경우, 업무집행자는 감독위원회의 관리 하 에 둔다(1983년 법률 제19조). SA: 이사회, 또는 감독 위원회 관리 하의 경영 진.	SARL: 업무집행자. SA: 이사회, 또는 감독 위원회 관리 하의 경영진.	대안(제L24-1조). 출자자 총회를 통해 선출된 이사회, 또는 감독위원회 관리 하의 경영진.	선택된 법적 근거에 따라.
공익사업에 자산 귀속	예	예	예	예	예	예, 동업 또는 협동조합의 공익 목적 사업인 경우.	

	생산협동조합 (SCOP)	사업고용협동조합 (CAE)	이용자협동조합	사업자협동조합	공익협동조합 (SCIC)	농업협동조합	사회적경제연합회
공공조달 참여	예	예		예	예	예(제L.551-2조)	
이익 배당	적립금에 대한 이익 출자금에 대한 이익 배당액은 직접 할당액을 초과할 수 없으며, 참여 비율에 따라 각 사원에게 지급하는 금액(이익금)은 최소한 25%도 넘어서는 안 된다. 1947년 법률 제14조에 규정된 상한선은 적용할 수 없다(1978년 법률 제33조).	적립금 조성. 출자금에 대한 이익. 이익 배당액은 직접 할당액을 초과할 수 없다. 참여 비율에 따라 각 사원에게 지급하는 금액(이익금)의 최소한 금액(이익금)의 최소한 25%도 넘어서는 안 된다. 1947년 법률 제14조에 규정된 상한선은 적용할 수 없다(1978년 법률 제33조).	적립금 조성. 출자금에 대한 이익.이익배당액은 인건회사 사채의 평균 수익률을 한도 내로 한다. 사회연대사업에 할당. 초과 징수액 환불.	자본 불가 적립금 특별 계정 조성에 최소 15% 배정. 출자금에 대한 이익.이익여금 배당. 출자자가 행한 활동에 비례하여 초과 징수액 환불(1983년 법률 제23조).	출자금에 대한 이익여금 배당액은 인건회사 사채의 평균 수익률을 내로 한다. (지분 받은 보조금은 출자자에게 분배할 수 없다).	1992년부터 출자금에 대한 이익여금 배당액을 인건회사 사채의 평균 수익을 한도 제한할 수 있다.	정관에 해당 규정이 있는 경우, 출자금에 대한 이익여금 배당을 제한할 수 있다.
적립금/ 준비금	15% 법정적립금에 배정(1947년 법률). 일부를 정관에 규정된 비분할 적립금인명 '개발자금'에 할당 (1978년 법률 제33조). 2014년 법률을 비조합원 출자자들의 보유 자본을 인수하는 데 적립금을 사용하는 것을 하용한다(총회 의결에 따라)(해당 법률 27조).	15% 법정적립금에 배정(1947년 법률. 일부를 정관에 규정된 비분할 적립금인명 '개발자금'에 할당 (1978년 법률 제33조). 2014년 법률을 비조합원 출자자들의 보유 자본을 인수하는 데 적립금을 사용하는 것을 하용한다(총회 의결에 따라)(해당 법률 27조).	최소 15%를 법정적립금에 배정 (1947년 법률).	의무적	최소 15%를 법정적립금에 배정 (1947년 법률 제16조 2항, 최소 50%를 정관에 규정된 할당(1947년 법률 제19조의 9).	의무적	의무적

	생산협동조합 (SCOP)	사업고용협동조합 (CAE)	이용자협동조합	사업자협동조합	공익협동조합 (SCIC)	농업협동조합	사회적경제연합회
비분할 적립금	예	예	예	예	예	예	예
재원	회사 지분. 비분할 적립금. 보조금. 신규 출자자를 모집해 증자할 수 있는 가능성 (1978년 법률 제36조).	회사 지분. 비분할 적립금. 보조금. 신규 출자자를 모집해 증자할 수 있는 가능성 (1978년 법률 제36조).	회사 지분. 비분할 적립금. 보조금. 신규 출자자를 모집해 증자할 수 있는 가능성.	회사 지분. 비분할 적립금. 신규 출자자를 모집해 증자할 수 있는 가능성.	회사 지분. (법정 및 정관 규정) 비분할 적립금. 지방자치단체의 보조금 (1947년 법률 제19조의 10). 신규 출자자를 모집해 증자할 수 있는 가능성.		
출자 형식	유기명(1978년 법률 제21조). 사원이 독점적으로 청약할 수 있는 출자를 발행할 수 있는 가능성 (1978년 법률 제35조).	유기명(1978년 법률 제21조). 사원이 독점적으로 청약할 수 있는 출자를 발행할 수 있는 가능성 (1978년 법률 제35조).	유기명(1947년 9월 10일자 법률 제11조).	유기명(1983년 법률 제11조).		유기명. 분할 불가능하고 조건부로 양도 가능.	유기명
참가증권	예(제228-36조)	예(제228-36조)	예(제228-36조)	예(제228-36조)	예(제228-36조)	참가증권(1966년 7월 24일자 법률 제283-6조, 제283-7조), 사채 발행 가능성 (제285조)	
조합투자증권	특별 규정이 없는 한, 허가(법률 제87-416호의 제19조 및 이하)	특별 규정이 없는 한, 허가(법률 제87-416호의 제19조 및 이하)	특별 규정이 없는 한, 허가(법률 제87-416호의 제19조 및 이하)	특별 규정이 없는 한, 허가(법률 제87-416호의 제19조 및 이하)	특별 규정이 없는 한, 허가(법률 제87-416호의 제19조 및 이하)	특별 규정이 없는 한, 허가(법률 제87-416호의 제19조 및 이하)	특별 규정이 없는 한, 허가(법률 제87-416호의 제19조 및 이하)

프랑스의 사회적경제 : 효율성에 도전하는 연대

	생산협동조합 (SCOP)	사업고용협동조합 (CAE)	이용자협동조합	사업자협동조합	공익협동조합 (SCIC)	농업협동조합	사회적경제연합회
세제	직원출자자가 보유한 자본이 자본의 최소 50%에 이를 경우, 토지세 면제. 과세소득, 배당준비적립금 및 투자준비금에 대한 세금 공제.	과세소득, 배당준비적립금 및 투자준비금에 대한 세금 공제 가능성.		예외적 세제 규정: 법인세 감면. 단, 비조합자인 제삼자를 상대로 행한 활동은 제외 (1983년 법률 제25조).	예외적 세제 규정 없음.	예외적 세제 규정: 협회를 상태로 한 활동, 그리고 현흐름의 단순한 운영과 관련된 경우 제삼자를 상대로 한 활동으로 법인세 감면 범위를 제한. 기업의 토지세 면제 가능.	일반법(초과 징수액을 출자자 간에 환불하는 것을 조건으로)
해산	청산 잉여금은 다른 활동조합이나 공익사업에 귀속 (1947년 법률 제19조).	청산 잉여금은 다른 활동조합이나 공익사업에 귀속 (1947년 법률 제19조).	청산 잉여금은 다른 활동조합이나 공익사업에 귀속 (1947년 법률 제19조).	청산 잉여금은 다른 활동조합이나 공익사업에 귀속 (1947년 법률 제19조).	청산 잉여금은 협회, 협동조합 또는 지방자치단체에 귀속.	제L.526-2조: 제L.523-1조에 규정된 조건에 따라 증해한 회사 자체에 대해 순자산의 초과분이 발생한 경우, a)자본 불가 적립금에 해당하는, 순자산의 일부를 행정당국이나 지방자치단체 또는 증여 공공기관(해당하는 경우 그 조직)의 동의 하면 농업적 공익 기관이나 사업에 귀속할 수 있으며, 또는 다른 농업협동조합이나 연합회에 귀속할 수도 있다. b) 이 순자산의 잉여금은 행정당국의 동의와 정관에 기재된 규정에 따라 조합원 출자자들 간에 분배할 수 있다.	

제3장

변화하는 형태와 위상

공제조합

건강공제조합과 보험공제조합의 두 유형을 구분할 필요가 있다. 각각 고유의 법적 장치를 지니긴 하나 공제조합적인 특수성을 공통분모로 갖고 있기 때문에 공통의 법제가 추후에 적용될 수도 있다.

건강공제조합(mutuelle de santé)

법적 근거

1985년 7월 25일자 법률과 이후 2001년 4월 19일자 명령으로 대폭 개정된 공제조합법의 적용을 받는다. 2014년 7월 31일자 법률로 다시 한 차례 수정되었다. 가입자 간의 강한 유대를 근간으로 하는 공제조합 성격상 1992년 11월 10일 이사회의 92/96/CEE의 지침을 비롯하여 유럽연합의 보험 관련 지침이 적용되지 않는 것으로 간주됐었다. 그러나 유럽공동체 사법재판소는 1999년 12월 16일 프랑스를 의무 불이행국으로 판결했다. 그 결과 1992년의 유럽 지침 일부를 2001년 4월 19일자 명령과 이로 인해 개정된 공제조합법에 의거하여 프랑스의 공제조합에 적용하게 되었다.

건강공제조합의 정의와 대상

공제조합법 L. 111-1조에 의하면 공제조합이란 '비영리 목적의 사법인'이다. '공제조합원의 회비로 이들과 권리 소유자를 위해 조합주의, 연대, 상호부조의 활동을 수행한다'. 조합원들의 '문화적, 도덕적, 지적 및 신체적 발전'과 '더 나은 삶의 조건을 만드는 데' 기여하는 것을 목적으로 한다. 공제조합의 사회적 목적성은 정관에 기재되어 있으며 그 목표는 다음과 같다.

—사고나 질병으로 인한 신체적 상해를 보장하기 위한 보험 활동, 대인 법적 보호 또는 부조 활동, 실업으로 인한 소득의 손실 위험 보장.

—신체적 상해의 위험으로부터 예방 및 산모, 아동, 가족, 고령자, 의존성 노인, 장애인의 보호.

—사회적 활동 실천 또는 위생, 사회적, 문화적 활동의 관리. 사회적 활동의 개념은 공제조합에서 위생, 의료, 사회적 또는 문화적인 성격의 서비스나 시설을 설치하고 직접적으로 운영하는 것을 의미한다.

—건강 및 출산 보험의 법적 제도를 운영하는 데 참여하고 국가 또는 기타 공공단체를 대신하여 사회적 활동의 운영을 담당한다.

전문성의 원칙을 적용하여 한 공제조합에서 보험 사업과 위험 예방 및 사업 운영 활동을 동시에 수행할 수 없다. 건강공제조합의 활동은 회원과 그 가족을 위한 조합주의와 연대의 사회적 활동이다. 이 활동은 재화가 아닌 개인을 대상으로 한다. 그런 의미에서 보험법의 적용을 받는 보험공제조합이나 사회보장금고와 같은 의무보험기관들과 구분된다. 공제조합 가입이 선택적인 성격을 지닌다는 점에서도 그러하다.

공제조합은 민법상의 비영리법인이다. 공제조합은 이윤을 추구하지 않는다는 점에서 상사회사와 근본적으로 차별화된다. 그렇다고 해서 운영 이익이 발생하지 않는다는 것은 아니다. 그러나 이윤을 우선적으로 추구하지 않고 운영 이익이 발생한다고 해도 준비금으로 유보되거나 사회 사업 착수나 운영과 같이 조합원을 위해 사용된다. 다시 말해 사회 사업 자체에 재투자된다는 의미다. 각 조합원은 계약으로 공제조합에 속하게 되며 총회에 참가함으로써 운영에 참여하게 된다.

2014년 7월 31일자 법률에서 자연인 특별회원에 대한 규정이 명시되어 있다. 제56조에 의거, 비금전적인 갹출금도 인정된다. 공제조합에서는 금전적인 갹출금에 '대응하는 서비스'를 제공하는 자연인을 특별회원으로 인정하기 때문이다.

법제

공제조합은 총회에 자발적으로 모인 자연인으로 결성된다(공제조합법 L.113-1 C. 조). 총회에서 공제조합의 정관을 채택하고 초대 이사회를 임명한다. 정관은 공제조합 조합원들의 권리와 의무를 비롯하여 운영 규칙을 명시한다.

참가 조합원의 가입을 규정하는 조건은 정관에서 자유롭게 결정하면 된다(L.1141-1 C. 조). 공제조합 가입은 대부분 선택적이다. 가입 조건은 정관에 기재된다. 주소지 또는 직업, 연령(나이 제한이 있을 수 있다)에 관한 조건이다. 조합원들이 모여서 총회를 구성한다. 공제조합이 연합체(여러 공제조합의 집합체: L.111-2조)나 연맹(여러 공제조합 또는 연합체의 집합체: L.111-5조)을 구성하기도 한다.

2014년 7월 31일자 법 제55조에서 보건, 사회적, 문화적 활동을 조율하여 발전시키고자 하는 공제조합법 제3권의 적용을 받는 새로운 연합체에 대해 명시한다(공제법 L.111-4-3조 삽입).

자금은 조합원의 갹출금으로 조성한다. 그 대가로 각 조합원은 공제조합에서 보장하는 (공제)급여를 누릴 권리를 갖는다. 급여 산정에 관해서는 정관에 상세하게 규정되어 있다. 예방 및 사회적 활동을 수행하거나 보건, 사회, 문화적 사업을 운영하는 공제조합은 소득이나 가입 기간, 주소지, 권리자의 수, 참여 가입자의 연령에 따라서만 갹출금의 금액을 조정할 수 있다(L.제112-1 C. 조). 공제주의적인 원칙에 따라 사전 심사나 건강 상태에 따른 갹출금의 조정이 엄격히 금지된다. 갹출금은 고정 또는 변동일 수 있다. 마찬가지로 급여비 역시 납부 갹출금이나 수혜자 가족의 상황에 따라서만 조정 가능하다.

공제조합법 상 공제조합은 고유의 세제가 적용된다. 특별히 법인의 사회연대 분담금이 공제되고 아울러 행정명령에 따라 모든 보험사에게 통상 적용되는 금융기관 분담금이 면제된다. 마지막으로 법인세 감세의 혜택을 받거나 소득의 일부(주식 배당금, 자본 소득)에 대해서 세금이 감면된다. 공제조합에서 사전 심사를 시행하지 않음으로 인해 전통적인 보험사들 보다 더 많은 위험을 감수하는 만큼 프랑스공제조합전국연맹(FNMF)에 따르면 이는 정당한 조치이다.

보험공제조합(mutuelle d'assurance)

법적 근거

건강공제조합과 달리 보험공제조합은 보험법의 적용을 받는다.

현재로서는 상호보험회사라는 유일한 법적인 형태만 존재하나 제322-26-4조에서는 다음과 같이 세 개의 특별한 형태를 소개한다. 보험공제회사, 톤틴회사, 농업상호보험 및 재보험 회사 또는 금고이다. 마지막 유형의 경우 어업 및 농촌법 제1235조의 적용을 받으나 농업 시장의 쇠퇴로 비농업적 위험까지 보장 영역을 넓히게 되었다.

상호보험회사에 관해서는 보험법(1989년 12월 31일자 법률 제89-1014호) 제322-26-1조에 정의되어 있다. 이들은 민사회사이다. 비상사적[7] 목적으로 '조합원의 위험을 보장하기 위해' 결성되며 공동자본(capital social) 없이 운영된다.

주요 활동 영역은 주로 손해(화재, 자동차, 민사 책임 등) 보험이나 생명 보험공제조합도 있다. 보험공제에서는 사회적 서비스나 사업을 창설하거나 운영할 수 없으며 공제조합에 열려 있는 사회적 행동을 주도할 수 없다. 공제조합법의 적용을 받는 공제조합과 같은 규칙에 따라 보험공제조합도 운영된다.

영리성을 전혀 띠지 않는다는 것이 가장 큰 특징이다. 반면에 수입 잉여금이 있는 경우 보험 가입자 간에 분배가 가능하다는 것이 공제조합법의 적용을 받는 공제조합들과 가장 큰 차이다. 공제조합법의 적용을 받지 않는 집합체의 경우 'mutuelle(공제조합)', 'mutualité(상호)', 'mutualiste(상호주의의)'를 상호에 기재하는 것이 엄격히 금

---

7 1989년 보험법 개정 시 상호공제보험조합그룹(GEMA)에서는 법인등기소에 등재하지 않을 것을 요구했다.

지된다(공제조합법 L. 112-2조). 따라서 예외적인 조항에 의거, 보험법의 적용을 받는 조직이 사명이나 상호에 보험과 'mutuelle(공제조합)'을 같이 쓰도록 허용하는 것이다. 보험공제회사와 공제조합 형태의 회사를 구분해야 한다.

법제

건강공제조합과 마찬가지로 보험공제조합도 총회로 모인 자연인이 자발적으로 결성하는 것이다. 총회에서 공제조합의 정관을 채택하고 1대 이사회를 구성한다.

마찬가지로 2014년 7월 31일자 법률에서 특별회원을 규정하는 조항 역시 보험공제조합에 그대로 적용된다.

1989년 12월 31일자 제89-1214법으로 보험공제조합의 운영이 간소화되었다. 총회에서 임명하고 최소 5인으로 구성된 이사회가 경영을 담당한다. 그러나 정관에 의거 경영진이나 감독위원회가 이사회를 대신하기도 한다. 출자조합원은 누구든 이사회에 직간접적으로 참여할 수 있다. 이와 관련하여 1989년 12월 31일자 법에서 상호보험회사의 운영을 민주적으로 변모시킨 바 있다. 따라서 미납 갹출금이 없는 조합원은 누구든 이사회에 선출될 수 있는 자격을 지닌다(보험법 L. 322-26조). 높은 갹출금을 지불하는 조합원에게 특혜를 부여해주던 '납부액에 따른 차등적' 피선거권은 폐지되었다. 이사회 구성원 중 한 명 또는 그 이상을 조직 사원이 선출하는 것으로 법에 보장한다.

2014년 7월 31일자 법 제58조에 의거 정부는 의회에 보고서를 제출하도록 되어 있다. 보고서는 민간부문의 노동자거나 공공부문의 공무원인 상호보험회사의 이사에 관한 공제조합법 L. 114-24에 기재되어 있는 조치와 유사한 조항을 보험법에 삽입하는 규정에 관해 논한다.

보험공제조합에서는 가입자가 지급하는 갹출금과 설립 기금(창립자들의 출자금 또는 채권 발행으로 조성된)을 보유한다. 사업 운영을 위한 자본금을 대출받기도 한다. 적립금과 준비금 조성 후 수입의 잉여금은 정관에 명시된 조건에 따라 출자 조합원 간에 배당되기도 한다.

주식회사 형태든 상호보험회사 형태든 모든 보험회사는 동일한 세제 규칙을 적용받기 때문에 법인세와 기업토지부담금을 지불하게 된다. 보험사에 부과되는 금융기관의 사적회부담금의 경우 보험공제조합에는 부과되나 건강공제조합은 감면받는다.

공제조합증권(certificat mutualiste)

2014년 7월 31일자 법 54조에 따르면 공제조합은 설립 자본을 마련하기 위해 공제증서를 발행할 수 있다(보험법 제322-26-8조와 제322-26-9조). 재난공제회에서 발행하는 증권과 동일 격인 공제조합 증권은 공제조합주의의 원칙을 준수하면서 자기자본을 증자하는 데 활용된다.

공제증권 발행은 공인 농업공제보험 및 재보험 금고에서 관장할 수 있다. 계약자 회원이나 특별회원인 출자조합원, 동일 보험 그룹에 속한 자회사의 보험 가입자 또는 출자조합원, 공제법 제2권의 적용을 받는 상호보험회사, 상호보험그룹회사, 공제조합과 연합을 대상으로 증서를 발행한다.

출자조합원 총회에서 주요 발행 조건에 대해 정한다.

공제조합증권은 분할 불가능하며 소지자는 동일한 권리를 갖는다. 협동조합 증권와 달리 양도 불가능하기 때문에 발행인이 재인수하는 형태로만 양도가 진행될 수 있다. 이때 2년의 기한 내에 재양도가 가능하다(보험법 L-322-26-9조).

공제증권은 발행인 파산 시에만 우선채권자의 채무를 완전히 청산한 후 액면가로 상환 가능하다. 증권 배당금은 총회에서 매년 정하는데 가변적이다. 발행인은 액면가로 증권을 장부에 등록한다.

청약 이전에 매수자에게 증서의 성격과 투자의 잠재적 위험에 대한 정보가 제공된다.

재난공제증권 또는 공제조합증권에 관한 2015년 2월 23일자 2015-204호 법령에서 발행의 조건과 공제 계약의 보상에 관해 명시했다.

결사체(민간단체)

법적 근거

결사체의 설립과 운영에 관한 근거 법령은 1901년 8월 16일자 시행령으로 보완이 된 1901년 법률이다. 이는 프랑스 결사체의 권리를 규정한 근거 법령으로 2014년 7월 31일자 법률에서 일부 개정되었다. 결사체에 관한 법은 이 근거 법령을 넘어 인권선언문을 기초로 한다. 기본법으로서 결사의 자유는 헌법으로 보장되며 입법기관만이 이를 규제할 수 있다. 유럽 차원에서는 기본권 및 인권 수호협정(제11조)과 리스본 조약에 통합된 유럽연합 기본권 헌장에서 결사의 자유를 기본권으로 보장한다.

뿐만 아니라 결사체의 권리상 특수하나 중요한 법적 규칙들이 여러 법령에 산재되어 있다. 가령 결사체에 대해 법인세와 부가세를 면제해주는 세제일반법 제206-1조의 2와 261조가 그러하다. 상법에는 경제활동을 수행하는 결사체에 관련된 조항이 있다. 그런 경우 엄격한 회계 규칙이 적용된다(상법 L. 612-1조 이하). 지자체 일반법에서는 지원금을 지급하는 지자체와 결사체 간의 관계를 규정한다 (L. 1611-4조).

설립 원칙

1901년 7월 2일자 법 제2조에 의하면 결사체는 '2인 이상의 사람들이 항구적으로 이윤 공유 외 다른 목적으로 지식이나 활동을 함께 하고자 맺는 협정이다. 계약 및 의무 시행령은 일반원칙의 적용을 받는다'. 이와 같은 정의에 입각하면 적어도 두 개의 법적 원칙을 생각해볼 수 있다.

첫 번째 운영 원칙군은 결사의 자유 원칙에서 파생된 것들이다. 실제로 법적으로 봤을 때 결사체는 '결사의 계약'이라 부르는 계약으로 그 목적과 목표는 결사의 자유라는 이름 하에 발기인들의 선택에 달려 있다. 그렇지만 그 자유는 다음과 같이 제한된다. 우선 결사체의 목표가 '이윤배분 외의' 것이 되어야 한다. 정의상 결사체는 비영리여야 한다. 필요한 경우 별도로 구성된 위원회에서 재심사가 가능하다. '법에 반하여 불법적인 사유로, 또는 국가의 존속이나 미풍양속, 정부의 공화국 형태를 해치는 모든 결사체는 무효하다(1901년 법률 3조와 더 광범위하게는 민법 제1108조).'

결사의 자유가 보장되기 때문에 정관 작성은 발기인들과 회원들의 자유이다. 따라서 결사체 구성은 허가제가 아니라 신고제이다. 도청이나 구청에 정관을 등록하는 것 역시 결사체 계약의 조건은 아니다. 따라서 설립에 어떠한 공식적 절차도 따르지 않는 임의단체도 존재한다. 이런 결사체에는 법인격이 부여되지 않는다. 그러나 정관을 제출하고 일부를 관보에 게재하는 결사체에는 법인격이 부여된다. 국사원(프랑스 최고 행정법원-옮긴이)의 명령에 의거 공익성을 인정받은 결사체만이 더 온전한 시민적 역량을 갖게 된다. 또한 결사의 자유라는 이름 하에 조직의 운영에 대해서 법에서 규정하는 것은 없다. 그저 편의상 총회와 이사회, 사무국이 설치되어 있는 것이다.

두 번째 운영상의 규칙은 비영리성이다. 앞서 언급한 바와 같이 결사체는 회원에게 배당금을 지급할 수 없다. 활동으로 수입이 발생하는 경우 결사체의 비영리적인 목적을 실천하는 데 쓰여야 한다. 결사체의 비영리적인 성격은 단체의 목적일 뿐만이 아니라 회원의 활동에도 적용이 된다. 이들의 참여는 일시적인 활동, 기부금, '지성적 참여' 등 다양한 형태를 띠며 다음과 같은 조건을 충족해야 한다.

―첫째, 어느 정도 지속성이 있어야 한다.
―둘째, 결사체에서 수행하는 활동에 대한 보상이 있어서는 안된다. 자원봉사는 결사체의 설립 원칙 중 하나이다.
―마지막으로 자원봉사의 원칙이 있기에 당연히 결사체 활동은 물질적이든 지적이든 종속 상태에서 수행될 수 없다는 필연적인 상황을 낳는다.

설립

결사체는 봉사자인 '활동가'들의 계획으로 설립된다. 최소 2인 이상, 법적으로 최대 인원에는 제한이 없다. 회원은 법인 또는 자연인일 수 있다. 결사체를 설립하는 데에는 어떠한 자본 출자도 필요하지 않다. 다시 말해 사회자본이 없다. 1901년 법 제2조에 의거 결사체를 구성하는 데 정해진 절차는 없다. 보통은 조직 이름, 목적, 주소지, 가입 절차, 회비, 탈퇴, 자원의 유형 등을 명시하는 정관을 먼저 작성하는 것이 관례이다. 이런 의미에서 정관은 결사체 운영의 토대이다.

결사체가 법인격을 갖고 법적 능력을 발휘하기 위해서는 결사체 사무소의 주소지가 있는 도청에서 적정 절차를 밟아야 한다(1901년 법 제5조). 단체의 이름과 목적, 소재지, 관리를 맡은 회원의 이름과 직업, 주소지, 국적, 정관이 명기된 등록 서류를 작성해야 한다. 이와 같은 절차를 갖추면 비영리단체는 법정에 출정하고, 수교(手交, don manuel) 기부, 공익 시설 기부 등을 수취할 수 있게 된다. 등록 비영리단체는 회원의 회비를 관리하고 단체 운영과 회의에 필요한 장소와 단체의 목적에 부합하는 건물을 유상으로 매입, 소유할 수 있다.

등록 결사체와 임의 단체 외에도 공익성을 인정받은 결사체가 있다(1901년 법 제10조). 등록 결사체는 요청이 있을 시 최소 3년의 시험 기간[8]을 거쳐서 국직원 명령으로 공익단체로 인정받을 수 있다. 공

---

8 결사체의 재무구조 상 향후 3년간 재무 상태가 균형을 이룬다고 전망될 때 이 기간은 단축 가능하다.

익단체로 인정받게 되면 기부와 유증을 증여받을 수 있다(민법 제910 조 및 1966년 6월 13일자 법령).

주체

결사체의 활동 주체는 다음과 같다. 자원봉사나 후원, 급여를 받는 형태 또는 결사체에 참여하고 활동하는 회원과 임원이다. 1901 년 법에서는 결사체의 행정적인 부분에 대해서 규정해놓은 조항이 없으나 대부분의 경우 비슷한 조직도를 갖는다. 모든 회원이 속한 총회에서 이사회를 선출하고 이사회에서는 회장, 사무총장, 회계로 구성된 사무국을 선출한다.

회원

결사체는 자유롭게 회원 가입 조건을 정할 수 있지만 일반적으로 정관에서 다양한 유형을 규정한다. 결사체를 설립한 창립 회원, 명성으로 결사체를 위한 활동을 펼치는 유명 인사와 같은 홍보 회원, 결사체의 활동에는 더 이상 참여하지 않는 전임 임원인 명예 회원, 서비스나 회비에 크게 기여하는 후원 회원, 결사체의 활동에 참여하고, 회비를 내고, 총회에서 한 표를 행사하는 일반 회원이 있다. 창립 회원들은 특히 총회에서 투표권과 관련하여 각자의 권리를 정관에 명시해야 한다. 회원 간에 기본적으로 동등한 대우의 원칙이 적용된다. 회비 산정 방식, 징계 조치, 총회의 운영, 사무실 운영 시간 등과 관련해서는 내규로 정관을 보완하게 된다. 회원들은 총회로 소집된다.

자원봉사자(bénévoles)

일반적으로 자원봉사자는 결사체의 회원으로 자발적이며 무상으로 노동을 제공하는 자이다. 대가를 바라지 않고 스스로 결사체의 활동에 참여한다. 따라서 이중 지위의 급여를 받는 사원과 다른 위상을 지닌다. 자원봉사자는 종속의 관계가 아니며 보상을 받지는 않으나 활동 중에 지출한 비용에 대해서는 결사체에서 사후 정산해준다.[9] 이때 실비 이상의 금액을 지불할 수 없는데 이는 자원봉사자의 법적 지위가 존재하지 않기 때문이다. 그런 이유로 오늘날에는 지원자 제도(Volontaire, 프랑스에만 있는 특별한 제도-옮긴이)가 발달하게 되었다.

지원자(volontaires)

활동가와 달리 지원자는 급여를 받지는 않으나 법적 지위가 있다. 지원 제도는 지원자 계약의 틀 안에서 이루어진다(결사체 지원자 제도와 교육 관련 2006년 5월 23일자 2006-586 법률). 뒤이어 2010년(2010년 3월 10일자 2010-241 법률)에 도입된 시민 서비스가 실패하면서 2014년 7월 31일자 법에서 제도의 수정이 이루어졌다. 결사체 지원자 제도가 재도입(제64조)되었는데. 이 제도는 25세 이상을 대상으로 하며 기간은 6개월에서 24개월까지이다(국가서비스법 L. 120-1조 개정 조항). 한 명당 지원 제도의 누적 기간이 36개월을 초과해서는 안 된다(국가서비스법 L. 120-3조 개정 조항). 결사체 지원자 제도는 2014년 법을 입법할

---

9 활동가가 지출하는 비용 환급에 대해서는 2002년 1월 29일자 파기원 사회부의 결정 참조 (Droit social, 2002, p. 499, observation de Jean Savatier).

때 결사체의 활동을 독려하고자 하는 의지가 강했음을 보여준다. 사회연대경제[10] 부문 고용에서 결사체가 차지하는 비중이 상당하기 때문에 이들에게 우호적인 조항이 여럿인 것은 당연지사일 것이다 (2014년 7월 31일자 62조에서 78조).

임원

정관에서 규정한 방식으로 지명한다. 정관에서 임원의 수, 임명 조건, 기간 등을 명시한다. 임원으로 선정할 때 선택이 온전히 자유로우나 일부 활동을 겸직하는 것은 불가능하다. 가령 공무원이라면 결사체 임원으로서의 자격이 국가 중립성의 원칙과 상충되지는 않는지 살펴봐야 한다. 결사체의 대리인으로서 임원은 민법 제1984조 이하의 조항이 적용된다.

1992조에 따르면 경영상의 실책에 대해서 책임을 진다. 결사체의 법적 청산이나 법정 관리 또는 임원들의 보증을 제외하고는 임원들이 제3자에 대해 책임을 지지 않는다. 대규모 결사체의 경우 급여 사원들과 관련하여 어려움이 발생하기도 한다. 이사회에 급여 노동자들이 포함될 수 있으나 선출 대표 자격으로만 가능하다. 단 이사회 구성원 4분의 1을 초과해서는 안 된다. 주요 관리 기구에서 중요한 역할을 차지해서는 안 되며 따라서 사무국의 일원이 될 수 없다.

---

10 Céline Laronde-Clérac, « Loi n° 2014-856 relative à l'économie sociale et solidaire : principales dispositions relatives aux associations », *Droit des sociétés*, n°11, novembre 2014. 저자는 재정경제부의 통계를 인용하여 결사체 형식의 조직이 사회연대경제 고용의 80%를 차지한다고 주장한다.

사원

결사체 고용 바우처의 설치에 관한 2003년 5월 19일자 제2003-442호 법으로 급여노동자의 채용이 용이해졌다. 결사체의 고용 바우처 제도는 전일제로 최대 9인 이상의 사원[11]을 고용하는 비영리 결사체에서 활용할 수 있다. 사원들에게 급여를 지불하고 회비와 기여금 관련 신고와 납부를 간소화할 수 있게 되었다. 이는 사회보장 체제, 농업노동자 사회보장 의무체제, 실업보험체제, 재난공제 및 퇴직보충제도에 입각한 것이다.

운영

결사체는 기본적으로 비영리이다. 다시 말해 결사체의 자원은 임무를 수행하는 데 쓰여야 한다는 것이다(장비 구입, 공간 임대, 급여 지급 등). 성과가 발생하는 경우 사회적 목적을 위해 사용되어야 한다. 결사체의 자원은 결사체에 따라 다양하며 회비, 동산 출자, 수교 기부를 수취할 수 있다. 일반인 후원도 받을 수 있는데 몇몇 경우 법으로 정한 규칙을 따라야 한다(1991년 8월 7일자 제91-772호). 공익성을 인정받은 결사체만이 기부와 증여를 수취할 수 있다(1991년 법 11조). 부동산 출자금은(신고 결사체만 해당) 결사체의 임무를 수행하는 데 필요한 금액으로만 제한된다(1901년 법 6조 및 11조).

법인격을 지닌 등록 결사체만이 공공단체(국가, 지방자치단체, 유럽 기구)가 지급하는 보조금을 받을 수 있다. 보조금은 조건부로 지급되

---

11 이와 같은 상한선(과거에는 3인)은 노동법 제1272-1호를 개정한 2008년 4월 16일자 2008-350호 의 법으로 도입되었다.

기도 해서 공동체에 직접적인 이익이 되는 프로젝트에 대해 지원할 수도 있다. 보조금 지급은 지역 주민의 필요와 발전에 사용이 되어야 한다.[12] 공공조달시장과 보조금을 분명하게 구분하여 공공시장에 대한 과도한 의존도를 막기 위해서 2014년 7월 31일자 법(59조항)은 보조금을 다음과 같이 정의한다.

"보조금은 (…) 행정 당국과 산업 및 상업 공공 서비스 운영을 담당하는 기관에서 결정한다. 공익성을 인정받고 행동이나 투자 계획 실현을 위하며 이를 수취하는 민법상 조직의 사업 발전이나 전반적인 재정에 기여하는 모든 형태의 선택적 기여금이다. 수취 기관에서 이 행동이나 사업 또는 계획을 주도하고 규정하고 실행한다." 아울러 법에서는 '이 기여금은 당국이나 기관의 필요를 충족하는 개별화된 서비스에 대한 보상을 대신할 수 없다'고 규정하면서 보조금에 대한 개념을 구체화한다.

허가 받은 모금 활동(먹거리, 골동품, 중고품, 로또, 복권, 자선 행사나 후원 행사)도 결사체의 수입을 이룬다. 이렇든 수입원이 다양하기 때문에 회계규제위원회에서는 결사체의 특수성을 염두에 둔 규칙을 채택하기에 이른다(1999년 2월 16일).

마지막으로 비영리 조직이긴 하나 '민간단체 증권(titre associatif)'이라고 불리는 일종의 채권을 발행할 수 있다. 2014년 법으로 민간단

---

12 보조금 지급 방식에 관한 2006년 10월 11일자 조례에서 결사체의 재무 투명성에 대한 요구 사항을 명시한다. 재무제표에 대한 보고는 '보조금 대비 지출에 대한 회계상의 기록'이다. 이는 특히 규모가 작은 결사체의 입장에서는 충족하기 까다로운 조건이기도 하다. 프로젝트별 관리회계, 사업별 예산에 대한 관리를 수행해야 하기 때문이다. 재무보고와 관련해서는 조례 참조(관청과의 관계에서 시민권과 관련된 2000년 4월 12일자 법 10조에서 명시한 재무보고에 관한 2006년 10월 11일자 조례, *Journal officiel* n° 239 du 14 octobre 2006, p. 15620, texte n°10).

체 채권의 수익성이 강화되었으며 법적으로 장부 기입이 가능하다. 이들 채권은 '민간단체 증권'이라 불린다. 2014년 법 제30조로 개정된 통화금융법 제L. 213-9조에 따르면 채권 발행 계약 상 발행일 이후 자기자본이 액면가에 달하면 상환할 수 있으며 최소 7년의 기간이 만료되는 시점부터만 가능하다. 통화금융법 제L. 213-14조에 의거하여 법적 또는 사실상의 임원은 직접적이든 간접적이든 채권을 보유할 수 없다. 채권을 발행하는 목적은 단체의 자금조달과 발전을 위한 것이지 청약자들에게 운영 상의 잉여금을 배당하는 것이 목적이 아니기 때문이다. 혹여 이를 위반한다면 채권의 청약 및 이전은 절대적으로 무효화된다.

결사체의 자기자본 출연과 운전자본을 충당하기 위해 2014년 법에서 민간단체 자본 출연을 위한 보증기금 설치를 허가한 바 있다(77조). 결사체 자본 출자에 대한 회수를 보증하는 데 그 목적이 있다. 출자자는 만기 시점이 되었을 때 결사체의 재정 상황이 어떻든 출자금을 회수할 수 있게 된다.

재원 조달 방식의 다원화로 결사체의 재정 투명성이 개선된다. 상법 제612-4조에 따르면 전체 금액이 법령에서 정한 한도액을 초과하는 연간 법정 보조금을 수령한 결사체는 재무상태표, 손익계산서, 주석을 포함한 회계 장부를 작성해야 하며 이를 공개할 의무가 있다. 2014년 7월 31일자 법에 이와 같은 법적 의무를 다하지 않는 임원들에 대한 징계 조치가 마련되어 있다. 주식회사를 대상으로 하는 상법 상의 처벌이 결사체 임원에게 적용이 되는 것이다(제2014-856 법 78조). 아울러 당사자의 요청이 있을 시 회계 공개를 위해 이행명령 소송을 제기할 수 있다.

세제

1998년 세제 개혁은 결사체의 법적 상태를 심층적으로 변화시켰다.[13] 대상이 된 결사체는 특히 경제활동을 영위하는 민간단체이다. 1998년 9월 15일자의 행정규칙은 2000년 1월 1일자로 효력을 갖게 되었다. 다음의 두 원칙을 중심으로 개혁이 단행되었다. 우선은 과세의 단일성으로 법인세, 부가세와 기업 토지부담금이 공통으로 적용된다. 다시 말해 상기 언급된 세 세금이 전부 면제되거나 전부 적용됨을 의미한다. 두 번째의 원칙은 결사체 활동의 비영리성이다. 경제활동을 영위하는 결사체의 경우 여러 문제점이 야기되기에 1998년의 행정명령은 이와 같은 규칙을 정하기 위해 만들어졌다.

원칙적으로 결사체에는 사업세(Impôts commerciaux)가 부과되지 않으나 영리 활동을 영위하는 경우만 예외로 한다. 이는 조달 시장에서 불공정 경쟁을 방지하고자 형평성의 원칙에 입각해서 부과되는 것이다. 결사체에 어떠한 세금이 부과되는지에 대해서는 사전에 정해진 순서로 적용되는 여러 기준에 대해 행정규칙에서 정한다. 우선은 '기업과 우선적인 관계를 유지하는(행정규칙 제2장)' 결사체는 사업세를 납부한다. 기업을 위해 연구 및 조사를 관장하는 사업을 영위하는 단체가 이에 해당된다. 판시에 따르면 이런 경우 결사체의 주된 목적사업이 회원으로 하여금 비용 절감과 수익 증진을 실현하게 해주는 것이기 때문이다.[14] 그 외의 결사체의 경우 사업세 부과 여

---

13 결사체의 세제에 관한 포괄적인 소개는 2006년 12월 18일자 세금관보 208호 참조(http://www.11.minefe.gouv.fr/boi/boi2006/4fepub/textes/4h506/4h506.pdf). 본 문서는 비영리 단체 전반의 세제를 소개한다.

14 그 외의 사례는 1998년 행정규칙 제2장 참조.

부는 결사체가 얼마나 사심 없이 운영되는가에 달려 있다. 그런 경우 사업세가 부과되지 않는다. 이에 대해 세금일반법 제261-7-1°-d조에 다음과 같이 나타나 있다.

— 사업 결과에 대해 직접적이든 간접적이든 이해관계가 없는 자들이 봉사의 형태로 조직을 운영할 것.
— 어떠한 형태로는 수익에 대해서 직간접적으로 분배하지 않을 것.
— 출자금의 인수권에 관한 별도의 조항이 없는 한 회원 및 권리 승계자가 자산의 일부에 대해 양수인이 될 수 없다.

즉, 이는 〈그림 2〉와 같이 정리할 수 있다.

이와 같은 기준을 살펴본 후 결사체가 사심 없이 운영되지 않는다면 사업세가 부과된다. 반대로 사심없이 운영되고 있다면 위에 언급한 행정규칙으로 도입된 기준을 살펴봐야 한다. 먼저 기업과 경쟁하는가이다. 이 경쟁 구도는 면밀히 평가해야 한다. 궁극적으로 공공기관에서 영리 또는 비영리 조직인 것과 무관하게 사업을 할 수 있는지를 보는 것이다. 이를 위해서는 조직의 지리적인 상황도 함께 고려 대상이 되어야 한다. 경쟁 상황이 아니라면 사업세가 부과되지 않는다. 다만 경쟁 구도라고 입증이 되면 다음 기준을 고려해봐야 한다. 결사체가 활동을 수행하는 조건이 기업의 조건과 유사한지 점검해야 한다. 이에 답하기 위해 행정규칙에서는 '4P' 규칙을 도입했다. 4P 규칙이란 각각의 지표를 다양하게 결합하는 것이다. 여기서 지표는 결사체가 제공하는 제품(product), 대상(public), 가격(price), 홍보(publicity)이다. 행정적으로 가장 중요하게 인식되는 제품

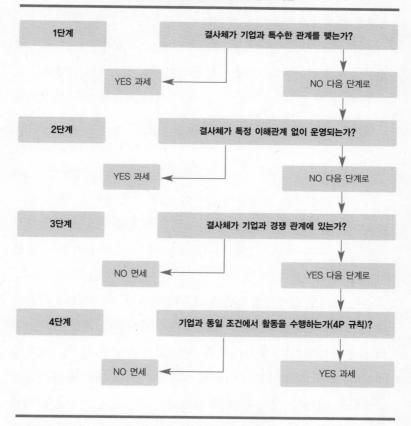

과 대상 지표는 사업의 사회적 효용성에 관한 것이다. 이 지표에 입각하여 결사체의 사업이 기업과 동일 조건에서 이루어진다고 판단되면 사업세가 부가된다. 마지막 단계는 각각의 세금에 대해 면제되는 특수한 결정이다. 가령 닫힌 형태의 결사체로 회원에게만 서비스를 제공한다면 부가세와 법인세는 면제되고 기업 토지부담세

만 납부하게 된다. 또한 사업 수입이 6만 유로 이하로 부수적인 경우에도 사업세가 부과되지 않는다.[15]

행정규칙이 비록 결사체의 세제에만 관련된 것처럼 보이나 그 파급력은 이를 넘어선다. 어떠한 세제가 적용될 것인지는 결사체의 활동 유형, 조직 방식(직원 채용 여부 등)에 따르기 때문에 결국 결사체에 관한 전반적인 규제의 틀을 이룬다.

결사체의 해산

다양한 방식으로 결사체의 해산이 진행된다. 행정적 해산(1901년 법 제3조), 법적 해산(1901년 법 제7조), 총회의 결정에 따른 자발적 해산이다. 결사체의 자산은 1901년 법 제9조에 의거 회원이 아닌 비영리 기관에 귀속된다.

해산 외에도 결사체의 합병과 분할이 가능하다. 1901년 법 제9조의 2에서는 이와 관련하여 다양한 방식을 제시한다. 가령 여러 단체의 합병에 대해서는 정관에서 요구하는 조건에 따라 심의를 거쳐 결정된다. 분할 역시 마찬가지다. 합병과 분할은 청산을 거치지 않고 해산되는 것이다. 이 경우 수혜 결사체가 최종일을 기준으로 재산을 승계하게 된다. 결사체에서 받은 행정적 허가, 인가, 가입, 자격이 추후 어떻게 되는지에 관해서 알아볼 수 있는 장치가 법적으로 마련되어 있다.

2014년 7월 31일자 법 제83조에 의거 해산이나 신규 법인의 설립 없이 공익성을 인정받은 재단으로 변모하는 것이 가능하다.

---

15 행정규칙 제4장 참조.

재단

1987년 7월 23일자 제87-571호 법에서 처음으로 재단에 대한 법적인 정의가 수립되었다. 이때까지 어느 결사체이든 스스로 '재단'으로 명명할 수 있었으며 이는 기부자들의 혼란을 야기해왔다. 1987년 메세나(mecenat)에 대한 관심이 높아지면서 법적인 정립이 요구되었고 재단이라는 명칭은 공적 유익성을 인정받는 기관에만 쓰일 수 있게 되었다. 그럼에도 불구하고 기업 메세나의 특수성에 대해서는 규정이 부족하기 때문에 1987년 법은 여전히 많은 논란의 중심에 있다. 그런 이유로 1990년 7월 4일자 제90-559호 법이 채택되었다. 본 법으로 기업 재단을 창설할 수 있게 되었으며 또한 재단의 법적 제도를 수정할 수 있게 되었다. 메세나, 결사체, 재단에 관한 2003년 8월 1일자 제2003-709호 법은 공익성을 인정받은 재단과 개인이든 기업이든 후원자들의 세제에 대한 개선을 다룬다. 이 외에도 국사원에서 재단의 공익성 인정과 관련된 판결을 내리면서 발생하는 많은 규칙들 역시 재단의 근거 법령을 이룬다.

설립 법적 원칙

재단은 '1인 또는 그 이상의 자연인이나 법인이 자산 또는 권리, 자원을 공익과 비영리 사업 실현에 최종적으로 할당하는 법적 행위'이다(1987년 7월 23일자 법 18조). 재단은 기존의 법인이나 신규 만들어질 법인에게 제안하는 기부이다.

공익의 개념은 진화한다. 공동체가 어떤 효용성을 누리는지에 따라 다르기 때문이다. 자선사업, 예술, 보건과 같은 다양한 분야가 있다. 어느 경우든 설립자들만의 이익을 추구할 수 없다. 비영리성을 추구하기 때문에 설립자들이 잉여금을 분배할 수도 없다. 따라서 기부금은 재단의 목적을 실현하는 데 쓰여야 한다. 아울러 재단의 해산 시에도 순자산은 '유사 기관'에만 이전된다. 물론 이윤이 발생할 수 있는 영리 사업도 영위할 수 있지만 이 또한 공익 목적을 위한 수단이거나 부수적인 것이어야 한다. 현재 재단에는 두 가지의 유형이 있다.[16]

  —공익성 인정 재단: 1인 또는 그 이상의 사람들이 공익 사업을 위해 재산을 할애함으로써 만들어지는 비영리 법인
  —기업 재단: 민사회사나 상사회사, 상공업 공공기관, 협동조합, 공제조합만이 공익 사업 실현을 위해 만들 수 있는 비영리 법인(1987년 7월 23일자 법 제29조)

몇몇 재단은 특별한 중요성을 갖는다. 공익성을 인정받은 '연구 재단'이 이에 해당하는데 국사원에서는 새로운 유형의 정관을 채택한 바 있다. 공익성을 인정받은 재단과 결사체 모두 비영리 공익 사업을 실현하는 법인이다. 차이점은 결사체가 사람들의 집합체라면 재단은 재산의 집합체라는 것이다.

---

16 대학의 자율과 책임에 관한 2007년 8월 10일자 제2007-1199호 법 덕분에 독립 대학들이 대학 재단이나 협력 재단을 설립할 수 있게 되었다.

공익성 인정 재단

재단은 법인을 포함 1인 또는 그 이상이 전문성을 원칙으로 만들수 있다. 모든 재단은 설립 초기부터 임무를 수행할 수 있는 재산, 권리, 자산을 보유해야 한다. 재산은 다양한 동산이나 부동산이 될수 있다. 권리는 부동산 권리나 저작권 등을 포함한다. 최소 출연금은 정해져 있지 않다. 출연금은 관보 게재 일을 기준으로 최대 10년간 분할하여 납부할 수 있다(1987년 법 제18조, 2003년 8월 1일자 제2003-709법으로 개정). 이는 설립을 용이하게 해주는 일대 혁신이다. 국사원에서는 기부금으로 재단이 장기적인 공익 사업 영위를 가능하게 해주는 안정적이고 규칙적인 수입을 보장해야 한다고 강조한다.

재산 마련은 기부든 유증이든 다 가능하다. 1987년 법의 발효 이후 재단은 유언에 포함될 수 있다. 구체적으로 법에 따르면 '상속 개시 시점에서 아직 존재하지 않는 재단이 유증의 수취자가 될 수 있다(제18-2조)'. 설립자들이 정관 안(국직원 작성 정관 참조)을 작성하되 여기에는 어떤 재산으로 이루어지며 목적사업이 무엇인지, 재단에 필수 기관인 이사회의 초대 구성원이 누구인지 명시되어야 한다. 법인격, 따라서 법적 능력의 획득은 공익성의 인정에 따라 다르다. 이는 국사원의 결정 후에 명령으로 부여된다. 공익성의 인정은 재단 설립에 관한 여러 조건, 즉 기부금의 규모, 설립자들에 대한 재단의 독립성, 정관의 내용(재단은 국사원에서 정한 표준 정관을 채택하도록 권고받는다)의 준수 여하에 달려 있다. 공익성 인정은 국사원의 결정 이후 명령에 의거 철회될 수 있다. 그런 경우 재단의 순자산은 유사 기관에 귀속된다.

이사회에서 재단의 운영을 담당한다. 이사회 규칙은 재단 정관에서 정하며 정부의 승인을 받아야 한다. 국사원에서 운영 관련하여 몇몇 규칙을 규정한 바 있다. 또한 공익성을 인정하는 결정을 내릴 때 각 구성원들 간에 균형이 유지될 것을 강조한다. 정관에서 이사회 구성원의 임기를 자유롭게 정한다. 이사회 구성원 중에서 사무국이 구성된다. 이사회, 사무국, 재단 이사장 간의 권한 분배는 정관에서 규정한다.

전문성의 원칙에 입각하여 여타 법인과 마찬가지로 재단 역시 정관에 규정된 목적사업에 부합하는 활동만 영위할 수 있다. 이를 위한 다양한 자원을 보유한다. 우선은 초기 기부금을 보유하며 자신의 투자와 관련하여 재정 거래를 할 수 있다. 공익성을 지니기 때문에 국가 보조금을 수령할 수 있으며 특별 세제가 적용되는 기부를 수취할 수 있다(아래 참조). 기부금은 수교 기부를 제외하고는 행정적인 허가를 받은 이후에만 수취 가능하다. 잉여금이 발생하는 경우 재단의 사업에 재투자되어야 한다. 공익성 인정 재단에 대한 세제 원칙은 다음과 같다.

— 재단 기부금에 대한 세액 공제. 메세나에 관한 원칙에 입각하여 개인의 기부금에 대해 소득세 감면 혜택을 받는다. 기부자 과세소득의 20%의 한도 내에서 기부액의 66%(세금일반법 제200조, 2015년 6월 3일 제2015-608호 법령)까지 공제받는다. 기업도 직접 기부를 할 수 있으며 이때 매출액의 0.5% 한도 내에서 기부액의 60%까지 공제된다.

— 재산세. 2004년 12월 30일자 제2004-1484법에 의해 공익성 인정 재단의 재산 소득에 대해 세금 공제.

— 경제활동으로 인한 소득. 원칙적으로 기업 재단의 비영리성 추구로 민사 또는 상사 활동이 금지되거나 이윤 발생이 금지되는 것은 아니다. 이익의 분배만이 금지된다. 이 경우 재단에 사업세(보통법의 과세율로 법인세, 부과세)가 부과된다. 상업 활동이 부수적인 것에 그친다면 감면을 받을 수도 있다. 결사체와 동일한 법적 감면의 혜택을 받을 수 있으나 비영리 목적과 분리 불가능한 사업으로 발생한 이익에 대해서는 할인율이 적용된 법인세를 면제받는다.

별도의 언급이 없는 경우 공익성 인정 재단의 기간은 무기한이다. 해산에는 두 가지의 경우가 존재한다. 하나는 공익성 인정 철회이고 다른 하나는 정부에서 승인한 자발적인 해산이다.

기업 재단

공익성 인정 재단에 비해 더 유연한 기업 재단 세제는 기업과 중기 메세나에 적합하다.

유연함을 유지하고 기업재단의 설립을 촉진하기 위해 설립자들은 초기 출연금을 마련하지 않아도 된다(1987년 법 제18-1조, 2003년 8월 1일자 법으로 개정). 그러나 정관에 규정된 다개년 행동 계획에 대응하는 금액을 지급할 것을 약속해야 한다. 정관 안은 사서증서 인증으로 작성될 수 있다. 공익성 인정을 대신하여 기업 재단은 관할 도청에서 허가를 받아야 하며 이를 기준으로 법적 능력을 부여받는다.

기업 재단은 이사회로 운영된다. 이사회의 운영 규칙은 정관에 명시되며 따라서 도지사의 소관이다. 이사회 내에 유자격자가 있어야 한다는 점에서 기업 재단과 공익성 인정 재단은 유사하다. 반면 공공단체를 대표하는 자들이 없다는 점에서 큰 차이가 난다.

기업 재단의 자원은 법으로 정해져 있다(1987년 법 제19-8조, 2003년 8월 1일자 법으로 개정). 이는 무엇보다 설립자의 출연금, 정부나 지자체 보조금, 초기에 출연이 되었다면 초기 자본금 수입으로 구성된다. 다른 재단과 달리 기업 재단은 기부나 유증을 수취할 수 없다. 기업 재단의 세제 관련 규칙은 다음과 같다.

— 출연금 세액 공제. 기업 재단을 위한 출연금은 회사 매출액의 0.5%의 한도 내에서 공제 가능하다. 공제는 재단의 비영리 성격에 연동된다.
— 재산세. 기업 재단은 비영리성의 기준을 충족하는 조건 하에서 세금일반법 제206-5조와 제219조의 2에서 규정한 법인세 감세율을 적용받는다. 그러나 공익성 인정 재단이 받는 재산세 관련 15,000유로의 감액 혜택을 받지는 못한다.
— 기업 재단의 수입과 활동. 영리 활동을 영위하는 기업 재단은 사업세, 특히 법인세 납부의 의무를 지게 된다(부수적 활동의 면제에 관한 별도 조항이 없는 경우).

기업 재단의 특징이라면 기한이 제한적이라는 것이다. 기업 재단 설립의 이유는 다양하면서 기간도 서로 다른 기업 전략에 따른 것이다. 재단의 초기 지속 기간은 5년 미만이어서는 안 되며 만기가 돌아오면 출연자들은 최소 3년 연장에 대해 결정할 수 있다. 연장이 되지 않는 경우 기간 만료로 해산되거나 설립자들의 철수나 허가 철회로 합의 해산하게 된다.

기부기금 (Endowment fund)

경제 현대화에 관한 2008년 8일자 2008-776호 법의 140조로 설립된 기부기금은 메세나 자금조달 기관이라고 보면 된다. 결사체와 재단의 장점을 더한 것으로 둘의 중간 형태이다. 법인격을 지닌 기부기금은 민간 기금을 모금하여 공익 사업을 수행하거나 초기 자본금을 조성한다. 2015년 1월 31일을 기준으로 현재 2,000개 이상의 기부기금이 있으며 2015년 초부터 월 30여 개의 신규 기부기금이 설립되고 있다.*

2014년 7월 31일자 법으로 다음과 같이 개정되었다.

— 설립자들은 3만 유로를 초과하지 않는 선에서 규정에 정해진 금액만큼 최소한의 초기 자본금을 출연해야 한다(2014-856호 법 85조). 기부기금에 관한 2015년 1월 22일자 제2015-49호 법령에서는 최소 금액을 15,000유로로 규정한다.

— 기부기금은 해산이나 신규 법인의 설립을 거치지 않고 공익성 인정 재단으로 전환될 수 있다(2014-856호 법 제87조).

* 수치는 http://www.economie.gouv.fr/daj/fonds-dotation 참조.

정관 유형에 따른 소개는 법적 및 규제의 구분과 포개지기 때문에 필요한 부분이었다. 관련된 법적 조항이 회사법, 농어업법, 공제조합법, 보험법 어디에 있든 유사한 부분이 상당 부분 있는 것이 사실이다. 가령 주식회사, 유한책임회사 등 다양한 자본회사의 '법인' 내에서 민주적인 운영, 회원, 출자자, 조합원의 이중 지위, 협동조합 포함 자기자본에 관한 엄정한 역할 부여가 그렇다. 회사법에 사회적경제라는 용어를 처음으로 도입하게 된 1983년 법 덕분에 협동조합, 공제조합(건강공제이든 보험공제이든), 결사체가 지닐 수 있는 사회적경제연합회라는 특별한 지위가 신설된다. 사회적경제 법인의 다양한 조직군 내에 존재하던 연결 고리가 더 튼튼해질 수 있게 된 것이다. 결사체에서 시작해서 노동자협동조합으로 전환할 수 있듯이 그 이후에도 이와 같은 연결 고리는 더 촘촘해진다.

〈표 2〉 사회적경제 법인 관련 법과 민사/상사 회사 법의 비교

	민사/상사 회사	사회적기업	협동조합*	공제조합	결사체	재단
목적		모든 인간 활동에 적합한 기업 방식과 경제 개발 방식 이익의 분배만이 아닌 다른 목적 추구; 민주적인 거버넌스 보장; 사업 개발 중심의 운영	회원 공동의 노력으로 회원을 위해 중간 매개인(이들이 있다면 원가 부담)의 역할을 감수하여 원가 절감, 필요한 경우 판매가 인하	보험공제: 출자자의 위험 보장하기 건강공제: 기업가의 문화적, 도덕적, 지적, 육체적 개발에 기여하고 삶의 조건을 개선할 수 있도록 공제, 연대, 부조의 행동	1인 또는 그 이상의 사람들이 이윤 분배 외의 목적으로 지식과 활동을 항구적으로 함께하는 협정	공익 사업 실현을 위해 철회 불가능한 재산의 출연
지위	민법 및/또는 상법	협동조합, 결사체, 공제조합, 재단, 상사회사	민사 또는 상사회사	보험공제: 특별 지위를 갖는 보장상 민사회사 건강공제: 공제조합의 위상 (비영리 민법 상의 법인)	결사체의 지위	영리적인 목적이 없는 민간 기관
법제	민법 및/또는 생법	사회연대경제에 관한 2014년 7월 31일자 법률 제2014-856호 1조	일반제도: 협동조합 지위에 관한 법률 제47-1775호, 성립 및 민법	보험공제: 보험공제 지위에 관한 법률 제89-1214호 1989년 12월 31일 건강공제: 1985년 7월 25일자 법률 1992년 11월 10일과 18일자 이사회의 CEE 92/49호와 92/96 지침 2001년 4월 21일자 법령 제2001-350호	1901년 법률	1987년 7월 23일자 법률 제87-571호, 1990년 7월 4일자 법률 제90-559호, 1991년 9월 30일자 법령 제91-1005호, 1990년 7월 4일자 법률 적용. 메세나, 결사체, 재단에 관한 2003년 8월 1일자 법률 제2003-709호
발기인	전통적인 기업가	선택 지위에 따라	조합원	각출금을 납부하는 가입자	조합원 출자자	개인 또는 기업

	인사/상사 회사	사회적기업	협동조합*	공제조합	결사체	재단
출자	현금 또는 현물 (인사회사)	선택 지위에 따라	현금 또는 현물	회비	없음	수교 기부, 유증, 기부
책임	인사회사: 채무 대비 규정 없음, 자본 대비 출자금에 비례 상사회사: 확대 가능범위 관리, 청산, 출자금에 한정	선택 지위에 따라	선택 지위에 따라 (인사 또는 상사 회사)	보험공제: 출자자의 경우 회비 금액에 한정 임원의 경우 인사 및 행사 책임 건강공제: 임원의 경우 인사 책임	경영 상의 실책을 제외하고는 제한적 (1993년 11월 30일자)	이사장 책임
의결권 및 선거권	사회 자본 내 출자자의 비중에 따라	선택 지위에 따라	조합원 1인1표	1인1표		
단체 운영	인사회사: 업무 집행자 상사회사: 정관에 따라	선택 지위에 따라	선택 지위에 따라	총회에서 임명하는 이사회		이사회
이익 배당	자본 보유자 간에 분배	사업 개발과 유지를 위해 이익금의 대부분 재투자	적립금으로 야보 민간회사의 사체 평균 수익의 한도 내에서 출자금의 이익 사회연대 사업에 배당 초과 정수액 환불	보험공제: 적립금과 준비금 조성 후 가입자 간에 분배 건강공제: 인간의 수명과 연계된 사업 및 자본금: 기술 및 재정 잉여금에 대해 가입자 참여	목적 사업	목적 사업
재원		분배 불가능한 비분리 의무 적립금	사회 자본금, 비분리 적립금, 보조금	보험공제: 회비, 가입금, 설립 기금, 보증(제한적), 보조금 건강공제: 회비, 기부 및 유증, 동산 및 부동산	사업 출자금, 동산 출자, 부동산, 현금 기부 및 유증(제한적), 보조금, 사업 소득	초기 자본금, 수교 기부, 유증 및 기부, 주식 투자

민사/상사 회사	사회적기업	협동조합*	공제조합	결사체	재단
해산	청산 잉여금은 다른 사회연대경제 기업이나 보통법의 조건 하에서 귀속	청산 잉여금은 협동조합이나 공익 사업에 귀속 (1947년 법률 19조)	**보험공제:** 다른 보험상호회사나 공익 결사체에 잉여금 귀속 **건강공제:** 청산 잉여금은 다른 공제조합, 연합회, 연대공제행동기금 또는 보증기금에 귀속	정관에 입각하여 또는 총회에서 정한 규정에 따라 자산 귀속	비활동 자원이나 초기 자본금은 공공기관 혹은 공익성 인정 기관에 귀속

* 각 협동조합 고유의 특수성에 관해서는 이전 내용 참조. 이 장에서는 협동조합기업이 현대화에 관한 법률 제92-646호로 심층 개정된 1947년 9월 10일자 법률 제47-1775호의 일반 제도에 국한해서 다룬다.

제3장

변화하는 형태와 위상

혁신 및 쟁점

매우 혁신적인 두 제도

다행히 2014년 7월 31일자 법률로 간소화된 공익협동조합(SCIC)의 지위에 다음과 같은 두 개의 혁신적인 제도가 더해진다.

노동자협동조합(SCOP)에 적용 가능한 마중물 장치

일명 사회연대경제 법이라 불리는 2014년 7월 31일자 법률 제2014-856호로 오늘날 노동자협동조합으로 명명된 노동자협동조합 기업의 지위에 관한 1978년 7월 19일자 법률 제78-763호 49조의 3을 삽입하면서 마중물 장치가 도입되었다. 이들 기업에 준용되는 마중물 장치는 7년간 비조합원 출자자들이 노동자협동조합 자본의 절반 이상을 보유하도록 한다.

이는 제3자가 기업을 인수하여 보통법 회사가 생산협동조합으로 전환된 이후 늦어도 7년 이후에는 출자 조합원에게 점진적으로 넘기는 계약대리(portage)[17] 제도처럼 이해될 수 있다. 목표는 사원이 충분한 자본을 보유하지 못해도 기업 인수를 용이하게 하도록 하는 것이다. 이를 위해 사회연대경제 법에서는 7년 동안 비조합원 출자자가 자본의 50% 이상을 보유하는 것을 허용한다.

2014년 12월 31일자 시행령 제2014-1758호에서는 비조합원 출

---

17 David Hiez, « La richesse de la loi Économie sociale et solidaire », *Revue des sociétés*, n° 6/2015, p.147, spéc. Note 49.

자자들이 출자 조합원에게 이들의 지분을 양도하도록 하는 정관 조항을 삽입할 것을 의무화한다. 세금일반법 조항의 적용 방식에 대해서도 명시한다. 세금일반법에서는 출자 조합원이 최소 50% 이상의 자본을 보유한 노동자협동조합에만 한정되었던 세제 혜택을 '착수 노동자협동조합(SCOP d'amorçage)'으로 확대 적용한다. 한 명 또는 그 이상의 비조합원 출자자의 약속을 명시한 노동자협동조합의 신규 정관은 세무 당국에 접수해야 한다.

이름에서 알 수 있듯이 마중물 장치는 임시 장치이다. 2014년 법에서 비조합원 투자자들은 직원 또는 발행 회사가 자신들의 지분을 인수하는 형태로 지분을 양도할 것을 규정한다. 이를 가능하게 하기 위해 노동자협동조합으로 전환된 이후 7년 이내에 적립금으로 비조합원 출자자들의 지분을 인수하는 것을 총회에서 결정할 수 있도록 법으로 허용한다.

사업고용협동조합(CAE)

1995년에 도입되었으며 2014년 7월 31일자 법률 제2014-856호 47조와 48조로 심층적으로 조정된 사업고용협동조합은 법적 구조가 독특하다. 발기인에게 사업고용협동조합원 사원으로서의 자격을 보장해주면서 협동조합 안에서 안전한 방법으로 개인 사업을 발전시킬 수 있게 해준다. 1947년 9월 10일자 법률 제47-1775호에 26-41조가 통합되면서 사업고용협동조합은 법으로 규정된다. 노동법 L. 733-1조 이하와 2015년 10월 27일자 법령 제2015-1363에 더 구체적으로 규정이 명시되어 있다.

자연인 사업자의 경제활동 창업 및 발전 지원에 관한 법(1947년 법률 제26-41조 1항)으로 사업고용협동조합의 주요 목적성이 규정되면서 그 독특함이 보장된다. 2항에 의하면 '자연인과 상호 공제 서비스에 대해 맞춤형 지원' 서비스를 실현한다. 노동법 R. 7331-2조항에 따르면 '사업고용협동조합의 정관은 사원사업자 개인별 또는 단체별 지원을 위해 제공되는 상호공제 서비스를 결정한다'. 동일 조항에서 '매년 총회는 사원사업자의 개인 및 집단 지원에 필요한 행동과 이를 이한 자원을 심의한다'고 명시한다. 협동조합 덕분에 우호적인 조건에서 발기인들이 제품이나 서비스를 시험할 수 있도록 공동체가 구성되는 것이다.

법은 협동조합의 지원을 받는 사업자 조건을 명시한다.

개인 사업자의 자율성은 지니되 명칭은 직원사업자이다(L. 7331-2 조 1항). 다음의 두 가지 조건을 따라야 한다.

— 개인 사업자는 출자자가 되기 위해 경제활동을 새롭게 창조하고 개발한다.
— 협동조합과 체결하는 계약서에는 달성해야 하는 목표, 사원 사업자로서의 최소 활동에 관한 의무 사항과 경제활동을 지원하고 통제하기 위해 협동조합에서 활용하는 수단이 포함되어 있다.

따라서 사업자는 노동법 L. 73331-3조에 따라 3년 내에 협동조합의 출자자로 전환되어야 하는 의무가 있다. 그렇지 못한 경우 계약은 종결된다.

여러 조항에서 사업자의 보호에 관해 명시한다(노동법 R. 7331-1의 조항으로 보완되는 노동법 L. 7332-2조에서 L. 7332-5조). 사원사업자에 대해 사업고용협동조합은 노동시간, 휴가 및 휴일, 건강, 근무 현장에서의 안전에 관한 규칙의 적용에 관한 사용자의 의무를 갖는다. 아울러 사업자가 사업 발전의 차원에서 제3자와 맺은 약속에 대해 협동조합이 책임을 진다.

사회연대경제법의 풍요로움

사회연대경제 부문은 인간의 사회 경제 욕구에 맞는 도구를 개발하는 능력으로부터 설계되었다. 초기에는 다른 분야와 마찬가지로 실재가 법을 앞서며 경험적 장치가 만들어졌다. 경제적 및 사회적 관계는 단계별로 실증 규범의 원재료가 되게 된다.

모든 사회 및 경제 기관은 같은 뿌리를 가진다. 배당금을 공유하는 것 외의 목적으로 인간 사회 내에서 스스로 조직해서 상호공제와 상호부조를 하고자 하는 의지에서 나온 결과이다. 처음으로 태동된 곳은 하(下)이집트로, 석공들이 만든 구제기금이 그 시초이다. 그리스의 정치 문예 단체나 로마의 상조 단체들도 그 중 하나이다. 중세에는 같은 직종에 종사하는 사람들끼리 특정 규칙을 준수하고 함께 일하면서 상부상조를 하고자 하는 콩프레리, 길드, 동업조합과 같은 다양한 집단이 만들어진다.

르샤플리에 법이 도입된 이후 19세기와 20세기에는 오늘날 우리가 알고 있는 주요 세 범주가 모습을 드러낸다. 바로 공제조합 조직군, 협동조합 조직군, 결사체 조직군이다. 공제조합은 다시 보건

의료 복지를 다루고 건강과 장래 예비 분야에서 대인 보장을 맡은 공제조합과 상호보험회사로 구분된다. 협동조합 부문 역시 세분화된다. 1947년 9월 10일자 법에서 강조된 기본 지위를 중심으로 소비협동조합, 임대주택건설협동조합, 농업협동조합, 수산업협동조합, 수공업협동조합, 소매상협동조합, 운송협동조합, 협동조합은행, 최근에는 사회경제연합회와 공익협동조합들이 있다. 결사체 부문에는 단순 신고 결사체, 공익성 인정 결사체, 수도회, 공익성 인정 재단 또는 기업 재단, 대학교, 기부기금 등의 다양한 형태가 있다.

사회연대경제는 그만큼 복합적이며 다양한 분야이다. 사회경제 활동의 다양한 분야에 개입하는 만큼 더욱 그러하다. 시간이 지나면서 영리 추구 사업자들의 등장으로 경쟁이 강화되자 자신들의 비즈니스 모델을 재고하게 되었으며 신규 환경에 적응하고 가입자들의 욕구를 충족시키기 위해 내부 협력을 강화하게 되었다.

2014년에 사회연대경제에 관한 7월 31일자 법이 채택되면서 법적 체제가 더욱 탄탄해졌다. 이 법은 사회연대경제의 기본 원칙과 영역을 규정했다는 점에서 중요하다. 배경에는 지난 30년간 이윤 분배의 목적 외에 사회적 효용성을 추구하는 상사회사가 어려움에 처한 대중의 사회통합 부문에 등장하고 발달했다는 사실이 있다. 사회적 효용성은 2조에 명시되어 있듯이 소외 퇴치, 시민 교육, 사회 유대 발전, 넓은 의미의 지속 가능한 개발이다. 사회적경제는 일부의 의견과는 달리 연대경제로 더욱 발전하게 된다.

사회연대경제법으로 특별 자금 조달을 가능하게 해주는 사회연대경제 인증 제도를 도입할 수 있게 된다. 지역 단위나 국가 단위에서 사회연대경제의 하위 부문을 재조직하고 프랑스 사회연대경제 회의소를 설치하게 된다. 법에서는 또한 보조금과 사회 혁신에 관해 정의를 내린다. 회사 양도 시 사원에게 알려야 하는 정보 제공의 의무를 도입하고 각 하위 부문별로 신규 개발 장치를 마련한다. 협동조합 부문에서는 1947년 법이 현대화되고 마찬가지로 협동조합 각 형태 고유의 개별법도 현대화된다. 공제조합 및 보험법은 공동보험 관행을 보장하는 조항으로 보완이 된다. 공제조합과 상호보험회사의 경우 공제증서를 발행할 수 있게 된다. 공제조합법(돌봄 서비스와 상호 서비스 운영사-SSAM) 제3권에 명시된 공제조합과 연합회는 제2권에 명시되어 있는 공제조합이나 연합회 또는 재난공제회나 보험회사들과 더불어 협동조합이나 결사체, 재단, 제3권에서 관장하는 공조연합회 등을 설립할 수 있다. 이는 조직군 내의 협력을 촉진하는 토대가 되긴 했지만 오래전부터 논의했던 조직의 도입은 아직 요원하다. 꼭 협동조합 형태는 아니나 사회연대경제 주체들인 건강공제조합, 상호보험회사, 장래예비조합, 협동조합은행이나 공제은행이 진정한 의미의 집합을 이루어 가입자들에게 배당금이나 이윤의 분배 외의 목적을 가지고 다양한 제품과 서비스를 제공하는 조직 말이다. 입법자는 이 점을 포착하여 정부가 관련 보고서를 제출하도록 요청한 상태이나 이 글을 쓰는 현재까지도 아직 보고서가 제출되지 않았다.

결사체 부문에서는 법으로 민간단체 고등위원회가 설치되었으며 국가서비스법은 민간단체 지원제도로 더욱 활성화되었다. 1901년 7월 1일자 법과 재단 관련 1987년 7월 23일자 법은 각각 합병과 분할에 관한 장으로 보완되었다. 이는 적용 가능한 세제를 보장하기 위한 조치이다. 마지막으로 신고한 지 3년 이상이 되었으며 공익 사업을 수행하는 결사체는 확장된 민사적 능력을 가진다. 앞으로 는 생전 또는 사후의 기부를 수취할 수 있으며 이전까지는 공익성 인정 결사체나 재단, 자선단체에만 국한되었던 능력이었던 건물의 무상 소유를 함께 누리게 된다. 공제조합 부문에서는 새로운 기한 이 도래하고 있다. 2015년 4월 2일자 명령으로 상환 능력 2(Solvency 2)에 관한 지침이 프랑스 법에 도입되면서 지위에 상관없이 보험회 사에 적용 가능한 건전성 규제를 보험법 안에 통합했다. 이와 병행 하여 FNMF(프랑스공제조합전국연맹)와 GEMA(상호공제보험조합그룹)는 두 조직군에 공통적인 공제조합법 작성에 착수하기로 했다. 이는 유럽연합의 압박으로부터 공제조합법을 가능한 한 보존할 수 있는 시도가 될 수도 있다.

□ **티에리 길루와** 변호사

새로운 법적 쟁점

2014년 7월 31일자 법은 보완되어야 한다.

실제로 1조에서 명시된 법인 전체에 횡적으로 적용될 수 있었던 여러 조항들이 부분적으로 또는 개념적으로 다뤄지는 데 그쳤다.

—가령 협동조합증서가 따로 있음에도 공제조합 증서는 공제조 합에만 별도 적용된다.

—민간단체 증권은 여러 변화를 거쳐 개선되었지만 참여 증권은 그러지 못했다. 지난 몇 년간 사회적, 환경적, 시민적 성과에 따라 이와 같은 증권의 보상[18]을 달리하는 규칙을 도입하자는 제안이 있어왔다. 사회성과연계채권(social impact bond)[19]에 관한 최근의 논의를 틈타 새로운 유형의 지나친 자본화를 피할 수 있는 조건(가령 보상률에 상한선이나 범위 도입)을 규정해서 이러한 제안에 대해 다시금 고찰해볼 수 있는 기회가 될 수도 있었다.

—사회연대경제의 금융 자산은 다듬어서 현대화하고 통일화할 필요가 있다.

—사회적경제그룹에 관한 법제는 여전히 보류 중이다. 물론 법률에는 노동자협동조합 그룹의 권리에 관한 조항이 포함되어 있다. 물론 SGAM(상호공제보험그룹회사)도 있고 보험공제를 위한 SGAM의 SGAM을 설립할 수도 있다. 건강 공제의 경우 그룹 공제연합회(UMG)도 있다. 아울러, 은행보험감독기관(APCR)에서 공제그룹회사의 개념과 감독그룹의 개념을 유럽연합의 새로운 지침과 일치시키는 작업을 진행해왔다. 그러나 사회연대경제 기업 그룹과 관련한 법에 대해서는 전무한 상태이다.

—2014년 5월 7일 하원에서 진행된 논의 당시 여러 의원들이 개정안(또 다른 개정안을 제출한 지 며칠 후에)을 발의한 바 있다. 사회적

---

18 Thierry Jeantet, « Parts et titres, la valorisation » *in L'économie sociale européenne ou la tentation de la démocratie en toutes choses*, CIEM, Paris, 1999.

19 « Social Impact Bonds : Our initiative » 참조.
홈페이지 https://data.gov.uk/sib_knowledge_box/home; *Comment et pourquoi favoriser des investissements à impact social? Rapport du Comité français sur l'impact social* (collectif), http://ladocumentationfrancaise.fr/rapports-publics/144000580/2014.

경제연합체에 관한 법을 근간으로 하여 '가맹 협정'이라는 것을 통해 사회연대경제 기업의 '그룹'을 창설하자는 것이었다. CG SCOP(노동자협동조합총연맹) 회장인 파트릭 르낭케가 강조했듯이 여러 해가 지난 만큼 '협동조합, 공제조합, 결사체 (⋯) 간에 상호 협력이 촉진'[20]되기를 기다릴 필요가 있어 보인다. 하원의 주장은 다음과 같았다.

현재로서는 법적 형태와 활동 분야에 따라 사회연대경제 기업별 특정 집합화만이 가능한 상태이다.

— 보험공제조합의 경우 SGAM
— 공제조합법과 보험법 적용 공제조합의 경우 UMG(그룹공제조합연맹)와 UGM(공제조합그룹연맹)
— 사회연대경제 법안 제16조, SCOP의 재편성
— 사회연대경제 법안의 제37조에 의거 설립된 보건, 복지, 문화 사업을 위한 연합회. 공제조합법의 공제조합들이 의무적으로 투표권의 대다수를 보유해야 한다.

제출된 개정안은 사회연대경제 기업 그룹의 보편적인 형태를 제안한다. '사회연대경제 기업의 연합회를 도입함으로써 (⋯) 특히 결사체와 재단을 포함하는 사회연대경제 기업의 일관성 있는 집합이 만들어질 수 있다. 이로 인한 법적 안정성 덕분에 사회연대경제를

---

20 2015년 5월 6일자 저자와의 면담.

발전시키고, 사회연대경제를 구성하는 기업들의 가치를 높이는 데 기여한다'. 법에 따르면 정부가 이에 관해 의회에 보고서를 제출하도록 되어 있다. 2015년 12월 31일까지 제출되었어야 하지만 아직 이를 기다리는 상태이다.

사회연대경제의 유럽 법제는 현재 기능하지 못하는 상태이다.

물론 유럽에서 협동조합의 지위는 존재한다. 그러나 공제조합 또는 협동조합 재단에 관한 유럽 지위 프로젝트는 집행위원에서 연기를 해놓은 상태이거나 단념한 상태이다. 따라서 분명 필요는 있다. 사회연대경제(FNAF의 회장인 에티엔느 카니아르가 2015년 FMACF 대회에서 보고)는 새로운 전략을 세워야 한다. 일부의 주장대로 회원국 간의 직접적인 협약이나 다른 이들의 주장과 같이 유럽의회와 유럽경제사회이사회의 지원을 바탕으로 해야 할 것이다.

사원에 대한 정보 제공과 기업 양수: 후퇴 중인 장치

일각에서는 상업기금이나 고용 회사의 사회적 권리에 관한 사원들의 우선매수청구권을 요구했지만 2014년 7월 31일자 제2014-856호 법은 사원에 대한 정보 제공권을 도입하는 데 그쳤다. 덕분에 대리인이 아닌 사원들이 정보의 수신자가 된다.

2014년 7월 31일자 법으로 주기적인 정보의 권리가 도입되어 250명 이하의 사원을 거느리는 상사회사는 적어도 3년에 한 번씩 사원들의 기업 인수 시 법적 조건, 장점과 어려움 및 지원 제도에 대해 알려줄 의무가 있게 되었다. 목적은 회사 인수 가능성에 대해 사원들에게 알리는 것이었다. 2016년 1월 4일자 제2016-2호 법령에서는 정보의 내용에 대해 다음과 같이 구체적으로 명시한다.

1. 회사 인수 계획의 주요 단계, 사원과 양도인의 입장에서 장점과 단점
2. 사원의 회사 인수 시 컨설팅이나 교육을 제공할 수 있는 기관의 리스트
3. 사원의 회사 인수 시 법적인 요소에 관한 일반적 사항
4. 사원의 회사 인수 시 지원 및 재정적인 보조 장치에 관한 일반적 사항
5. 회사 가치 유지의 주요 기준, 자본 구조와 추이에 관한 일반적 사항
6. 필요한 경우 회사의 자본 거래의 조건과 배경에 관한 일반적 사항에 대해 사원에게 제공

정기적인 정보 제공 말고도 일회성으로 사원들에게 정보를 제공해준다. 상업자금이나 출자 지분, 주식이나 유가증권 양도로 회사 사회자본의 과반수가 되는 경우를 위해 마련된 사전 정보 제공(법률의 용어를 따르면 '예상' 정보)은 기업 매각 시로만 그 범위가 축소되었다(일명 '마크롱법'이라 불리는 2015년 8월 6일자 제2015-990호 법). 본 제도는 사원들의 기업 인수를 촉진하기 위함이다. 50인 이하 사업장인지 50명 이상 249명 이하 사업장인지에 따라서 실행 조건이 달라진다. 50인 이하 사업장의 경우 사용자는 매각 두 달 전, 또는 노사협의회가 있다면 매각 의향에 대해 의사 타진이 이루어지는 시점에

동일하게 정보를 제공해야 한다. 또한 법에서는 노사협의회가 설치된 중소기업의 경우 사용자가 협의회와 정보를 공유하는 그 시점에는 적어도 사원들에게 정보를 제공해야 한다고 명시한다. 사원들은 제공된 정보에 대해 비밀을 유지할 의무가 있으며 인수 제안 시 제3자의 지원을 받을 수 있다.

본 장치가 효율적으로 작동하기 위해 입법기관은 강력한 제재 조치를 마련해두었다. 사원에 대한 정보 제공의 의무를 준수하지 않은 상태에서 양도 작업이 진행되는 경우 그 양도는 무효화될 수 있다. 위헌 판결을 받은 본 제도는 '마크롱법'의 틀 안에서 수정되었다. 앞으로는 '책임성에 대한 소송이 제기되는 경우 법원은 검찰의 요청 하에 인수 금액의 2%를 초과하지 않는 한도 내에서 민사상 벌금을 부과할 수 있다'. 이 같은 후퇴는 사원들의 기업 인수 촉진에 대한 입법기관의 소심한 태도를 반영한 것이다.

　　　　프랑스의 사회적경제 : 효율성에 도전하는 연대

Économie sociale

3ᵉ édition

재화와 서비스 생산에 대한 특별한 기여

La solidarité au défi de l'efficacité

Des contributions spécifiques
à la production de biens et de services

프랑스의 사회적경제 : 효율성에 도전하는 연대

프랑스의 사회적경제는 복합적인 양상을 띠기 때문에 그 규모는 정확히 알려져 있지 않다. 모든 경제 부문에서 협동조합, 공제조합, 결사체, 재단이 있으나 그 규모는 고르지도, 비슷하지도 않다. 따라서 전체적인 접근법만큼 부문별 접근법도 필요하다. 또한 2014년 사회연대경제 법의 의미 대로 사회적기업도 고려 대상이 되어야 한다.

전체 배경

프랑스의 통계는 출처가 다양한 만큼 신중하게 고려해야 한다. 프랑스 국립통계청의 통계자료에는 사회적경제에 관한 위성계정은 아직 없다. 표3은 1983년 이후 동일한 출처의 정보를 반복하고 보완[1]하면서 수차례[2] 작성된 것이다.

---

1 Daniel Rault (DIES), 국립 기관(사회연대경제 프랑스 회의소의 전신인 CEGES, GNC, FNMF, GEMAm CNMCCA, CPCA, USGERES…), 파리 제1대학(사회경제연구소), ADDES(사회경제 데이터 조사 단체), 사회적경제지역회의소(CRESS)의 작업.
2 저자인 내게 모든 책임이 있음.

• 사회적경제가 프랑스에서 차지하는 비중

프랑스 국립통계청에 의하면 2012년 기준 사회적경제는 프랑스[3]
의 총부가가치의 5%(1,000억 유로)를 차지하면서 상당한 경제적 비
중을 보인다. 같은 연구에 따르면 166,000개의 기관이 사회연대경
제에 속해 있다. 이는 사회연대경제가 GDP의 10%를 차지한다고
추산하는 정부의 수치와는 차이를 보인다.[4]

• 가입자

결사체의 경우 15세 이상 가입자가 2,300만 명이며 CREDOC(생활
조건연구조사센터)에 의하면 이는 성인 인구[5]의 45%이다. 1988년에
이 수치는 40% 미만이었다. 프랑스 국립통계청의 추산치는 다소
달라 2008년 가입자를 1,600만 명, 2013년에는 2,100만 명으로 발
표했다.[6]

4,000만 명 이상의 사람들이 재해공제조합, 지역보건공제조합, 업
종공제조합이나 농업공제의 보장을 받는다.[7]

---

3 « L'économie sociale, des principes communs et beaucoup de diversité », *Insee Première*, n°
1522, novembre 2014 et Anne-Juliette Bessone, Sébastien Durier et Geoffrey Lefevbre, « L'é-
conomie française », *Comptes et dossiers*, 2013.

4 http://www.economie.gouv.fr/ess-economie-sociale-solidaire.

5 Edith Archambault et Viviane Tchernonog, *Repères sur les associations en France,* Centre d'é-
conomie de la Sorbonne, CNRS, Université de Paris I Panthéon-Sorbonne, mars 2012.

6 « Le 'tiers secteur', un acteur économique important », *Insee Première*, n°1342, mars 2011 ;
« Trente ans de vie associative », *Insee Première*, n°1580, janvier 2016.

7 Observatoire national de l'ESS, *L'économie sociale et solidaire en France, chiffres clés 2013,*
CNCRES, octobre 2013.

협동조합은행의 경우 출자자가 2,200만 명 이상, 협동회사의 경우 47,000명이다.

보험공제(농업 포함) 가입자가 2,110만 명이다.[8]

● 임금노동자

국립통계청에 의하면 사회적경제의 임금노동자의 수는 2014년에 230만 명으로 전체 급여 고용의 10.2%를 차지한다. 임금 총액은 전체의 8%로 600억 유로에 이른다. 임금노동자의 약 190만 명이 결사체 종사자이다.[9] 경제 위기에도 불구하고 2012년까지 고용 인원은 안정적인 수준을 유지하거나 조금 증가 추세였다. 사회적경제 부문의 임금노동자 수는 2008년 총 180만 명, 1984년에는 124만 명이었다. 즉 30년 만에 사회적경제 부문의 급여 고용이 거의 두 배로 증가했지만 시간제 노동을 고려하면 어느 정도 감안해서 그 규모를 파악해야 한다.

사회적경제 부문별 임금노동자의 분포는 다음과 같다.

프랑스협동조합연합(Coop FR)에 따르면 2012년 협동조합기업 내 노동자 수는 약 110만 명이다.

우리의 추산에 따르면 보험공제는 92,000명, 건강공제는 102,000명 이상이다.

국립통계청에 따르면 결사체의 임금노동자 수는 190만 명이며 프랑스 재단 관측소에 따르면 2011년 재단의 임금노동자 수는 59,120

---

8 *Panorama national ESS*, 2012, CNCRES.

9 *Insee première*, n°1522, *loc. cit.*

명이다.

● **기관의 수**

협동조합기업 23,860개, 세 개의 거대 은행 그룹[10]

건강공제회 450개[11]

'활동 중인' 결사체 130만 개, 재단 2,200개.

프랑스 경제에서 사회적경제가 차지하는 비중

프랑스 협동조합연합에 따르면 현재 세 개의 거대 은행 그룹(크레디 아그리콜, BPCE(크레디 코페라티브, 저축금고를 비롯 방크 포퓰레르), 크레디 뮤추엘)을 제외하고 23,000개 이상의 협동조합기업이 있다. 건강 및 보험공제조합의 수는 2000년 초까지만 해도 800개였던 것이, 2016년에는 250개를 넘지 않는 상황이다. 프랑스 재단 관측소에 따르면, 2014년 재단의 수는 2,773개였으며 결사체의 수는 대략 130만 개였던 것으로 추정된다. 최근 연구에 따르면,[12] 2005년에서 2011년까지 매년 37,000개 이상의 결사체가 설립되었다(결사체 설립과 해산 정산 후 순수치).

---

10 *Insee première*, n°1522, *ibid.*

11 FNMF 수치.

12 V. Tchernonog, *Le paysage asociatif français – mesures et évolutions*, 2ᵉ édition, Dalloz Juris éditions, Paris, 2013.

〈표 3〉 프랑스의 사회적경제 (2012-2013)

	조직 유형	출자자 (명)	구조 (개)	사원 (명)	관리자 (명)	매출액 (10억 유로)
협동조합	농업 (1)	농민 가입의 4분의 3, 450,000	기업 2,750 / 농기계협동조합(CUMA) 11,545	160,000명 (지회사 포함)		84.8 (지회사 포함)
	수공업 공동수공업	59,000	협동조합과 집합체 425	집합체: 3,500 / 가입자: 130,000		1.2
	상인 (2)	30,935	집합체: 84 / 판매점: 42,677 / 상호매장: 148	중앙회: 30,960 / 가입자: 485,150		가입자: 141.9
	소비자 소비자협동조합	2,000,000	협동조합 35 / 기관: 1,000	13,000		3 (3)
	교육 학교협동조합	4,860,000 (학생, 교사, 교육 주체)	협동조합 53,100	무의미		무의미
	주거 서민임대주택협동조합	출자 사용자 56,296	171	999		1억 8,200만 유로 (2011년 활동 수입 전체) 건설 단위: 공공임대주택 6,900개, 영구임대 주택 1,300개
	공동소유 협동조합	주택 200만 호 이상				
	소규모 어업		협동조합 134 / 준기업 1,230	협동조합 1,800 / 준기업 4,400		1.2
	노동자협동조합 (4)	47,820	2,372 / SCOP 2,040 / SCIC 322	45,800	지배구조기관 구성원 1,000	3.9
	운송	프랑스운송협동조합연맹의 출자조합원 816	프랑스운송협동조합연맹 46 / 협동조합 180	프랑스운송협동조합연맹 1,655 / 직영 및 조합원 16,000	지배구조기관 구성원 1,000	0.145 (2010년 기준)

제4장

재화와 서비스 생산에 대한 특별한 기여

조직 유형	출자자	구조	사원	관리자	매출액 (10억 유로)
협동조합 은행 BPCE: 방크포퓔레르와 저축금고	고객 3,600만 명 대비 8,800,000	저축금고 17 서민은행 18 은행 지점 8,000	115,000		2013년 당기순이익: 2.9 결산: 1,123.5
서민은행 (방크포퓔레르) (5)	고객 890만 명 대비 3,900,000	지역은행 19 지점 3,300	31,054	270	은행 순수익: 6.4
그 중 크레디코페라티브 (2014년 수치) (6)	고객 314,600명 대비 42,300	은행 네트워크: 2 준 기관: 13 지점: 73 BTP 네트워크 지점: 40	1811		은행 순수익: 0.41 결산: 15.5
저축금고	2,600만 명 고객 대비 4,700,000	저축금고: 17 지점: 4,200	네트워크 37,740		은행 순수익: 7
크레디아그리콜 그룹 (농협중앙회)	광역 금고: 21,000,000 고객 위해 8,200,000 중앙회: 50,000,000	지역금고: 2,489 광역금고: 39 지점: 6,990	광역 금고 73,000명 포함 140,000	31,500	순이익: 4.9
크레디 뮤추엘	연합금고의 고객 680만 명을 위한 7,400,000 전체 30,400,000	가입금고: 1382 연맹: 11 광역은행: 18 지역 금고: 2,104 지점: 3,137 프랑스 내 청구: 5,313	78,482 (3)	24,200	당기순이익: 2.7 결산: 658.6 고객: 3040만 (7)
소계	고객 8800만 명 위해 24,000,000 이상	지점: 18,137	334,000		
공제조합 2015년 초 기준 상호공제 보험조합그룹(GEMA)	취하 연령 수혜자 300만 명 위해 26,200,000 생명보험 가입자 5,300,000	프랑스에 52개 포함 가입 회사 53	58,000		대물책임보험: 17.9 대인보험: 13.3, 그 중 11.3은 생명보험
Groupama (2014년에 GEMA 가입)	출자자와 고객 13,000,000	광역 금고: 11 특수 금고: 2 지역금고: 3,300	34,000	44,000	13.7

프랑스의 사회적경제 : 효율성에 도전하는 연대

조직 유형		출자자	구조	사원	관리자	매출액 (10억 유로)
공제조합	농업공제조합 (MSA)	수혜자 5,400,000	광역 금고 35	16,650	강통(역주: 선거구역) 위원 24,064 임원 1,071	지급 사회 급여: 27.4
	건강공제조합 (FNMF)	38,000,000 보장	건강공제: 450 공제지원봉사서비스: 2,500	의료 전문인 15,000명 포함 85,000		건강보충분담금: 17.8 장래 예비: 3.5 돌봄 및 지원 매출: 3.2
결사체		회원 23,000,000	1,300,000	직원: 1,800,000 (ETP 100만) 자원봉사자: 16,000,000 (ETP 100만)		누적 예산: 70 (GDP의 3.5%) (9)
재단 (10)			2,265	직원: 59,126		누적예산: 14.3

(1) 2014년 수치
(2) 2014년 1월 1일자 기준. 출처 : 프랑스상업협동조합연합회
(3) 출처 : 프랑스소비자협동조합연합회, COOP FR, 부문별 종합, 2014.
(4) 출처 : www.les-scoop.ccop, CG SCOP.
(5) 2011년 수치.
(6) 크레디 코페라티브 그룹은 BPCE 그룹의 회원 기관으로 2003년 1월 1일부터 모회사 중 하나이다.
(7) 크레디 뮤추엘 그룹의 수치.
(8) 수치로 본 프랑스 공제조합, 프랑스공제조합의 인터넷 홈페이지, 2014년 10월.
(9) 2011년 수치
(10) 2011년 수치

도표 출처 : Coop. FR. Les entreprises coopératives, panorama sectoriel des entreprises coopératives et top 100, édition 2014

제4장

재화와 서비스 생산에 대한 특별한 기여

사회적기업, 경제활동을 통한 통합기업(IAE)

이제 사회연대경제법 안으로 통합이 된 사회적기업에 관한 전체적인 통계는 여전히 구체적이지도 다양하지도 않다. 2014년 유럽집행위원회에서 발간한 '사회적으로 기업하기'라는 문서에 의하면 사회적경제는 프랑스 경제활동인구의 3.1%를 차지하는 반면 영국은 5.7%, 벨기에는 4.1%, 이탈리아는 3.3%이다. 프랑스, 벨기에, 핀란드의 경우 전체 기업의 3분의 1이 사회적경제 유형에 속한다. OECD의 사회적기업 하기에 관한 종합 보고서(OECD/유럽 집행위원회, 2013)에서는 본 저서의 표가 인용되어 있다. 상당히 겹침에도 불구하고 '협동조합, 결사체, 공제조합, 재단'의 범주에 포함되지 않는 것도 있기 때문에 이 수치는 신중하게 고려되어야 한다.

경제활동을 통한 사회통합, 즉 노동통합기업(IAE)의 특징은 어려움에 처한 사람들이 추후에 노동시장에 진입할 수 있도록 필요한 자격을 갖출 수 있는 경제활동과 개별화된 복지 지원을 결합하는 것이다. 현재 증가 추세로 2003년 기준 총 965개 기업이 노동통합기업이었다. DARES(통계조사연구소)[13]에 따르면 2012년 기준 3,800개의 기관이 경제활동을 통한 통합 분야에서 활동하는 것으로 나타났는데 이는 2003년에 비해 1,700개가 증가한 수치이다. 2012년 말 1,871개의 노동통합 공장과 작업장, 944개의 노동통합기업이 있는 것으로 조사되었으며 이는 2010년 노동통합기업이 999개였던 것에 비하면 하락한 상황이다. 중간단체가 746개, 노동통합 임시노동기업은 252개가 있다. 이들 조직은 매달 평균 128,000명을 고용하고

---

13 « L'insertion par l'activité économique en 2012 », *DARES Analyses*, n°79, octobre 2014.

있으며 이들 중 3분의 1은 노동통합 공장 또는 작업장에서 일하고 나머지는 통합기업 또는 노동통합 임시노동기업에서 일한다. 2012 년에 이들 조직에서 142,000명 이상이 신규 채용되었다.

이 외에도 중소기업 창업 지원 네트워크(경영 부티크 네트워크, 프랑스 이니셔티브 네트워크의 지역 이니셔티브 플랫폼이나 프랑스 액티브 단체)나 대안경 제(Cigales, Epicéa 등)도 포함시켜야 한다.

이와 같은 수치에 입각하여 사회적경제는 프랑스 경제에서 중요 한 비중을 차지하며 특히 프랑스의 경제활동과 고용에서 차지하는 비중이 증가하는 추세로 지난 몇 년간의 흐름을 반영하는 것이라 할 수 있다.

위기에서의 사회적경제: 탄탄한 조직군

2008년 경제 위기 이후 사회연대경제의 조직은 비록 조직군 간에 차이가 존재하기는 하지만 전반적으로 전통적 기업보다 더 잘 버텨 냈다.

경제 후퇴에도 불구하고 노동자협동조합(SCOP)의 경우 계속해서 고용 창출(2013년에 비해 1,859개 창출)에 성공한 것을 봐도 알 수 있다. 저 축금고에 의하면 2008년에서 2010년까지 프랑스 100대 협동조합 에서 76,000개의 고용을 창출하면서 사원이 674,000명에서 750,000 명으로 증가했다. 고용이 늘어나면서 매출액도 동기 대비 4% 증가 했다. 협동조합 모델의 경제적인 견실성을 뒷받침하는 수치이다. 경 제 둔화와 경기의 불확실성에도 불구하고 이 기조는 유지되었다. 실 제로 2010년에서 2013년까지 신규 창출, 구제 고용의 62%가 새로 운 노동자협동조합과 공익협동조합(SCIC)에서 나왔으며 38%는 기존의 협동조합에서 이루어졌다.[14] 주목할 점은 신규 고용의 46%가 어려움에 처한 기업의 인수와 연계되어 있어서 고용 유지에 노동자 협동조합이 어떤 역할을 하는지 잘 보여준다. 두드러지는 성장세를 보이고 있는 부분은 바로 상업협동조합(commerce associé)과 공정무역 이다.

결사체 부문은 대조적인 양상을 보인다. 2008년에서 2010년까지 잘 버텼음에도 불구하고 2010년에서 2011년에 11,000개의 일자리가 사라졌다.[15] 공공적자 감축 정책으로 결사체에 제공되던 지원(본 장의 결사체에 관한 부분 참조)이 삭감되면서 이와 같은 어려움에 봉착하게 된 것이다. 2014년 11월 20일 의회 의장에게 제출한 의회 보고서[16]에서 공공재정 지원의 축소로 인해 발생하는 문제들과 이로 인한 결사체들의 어려움에 대해 언급한다. 그로 인해 2011년 이후부터 고용이 정체 현상을 보이고 전망도 부정적이다. 가장 타격을 많이 입은 결사체는 고용 직원이 있으나 공공재정 삭감에 맞설 만한 재정적인 여력이 없는 중간 규모의 조직이다.

집중화의 기조 속에서 공제조합 부문은 위기에도 불구하고 입지를 유지할 수 있었다. 상호공제보험조합그룹(GEMA)의 공제조합에는 2007년 이후 추가 인력 4,500명이 채용되었다. 2014년 Groupama

---

14 « Bilan 2013, les Scop confirment leur progresion », *Participer*, septembre-octobre-novembre 2014, p. 16.

15 출처: Cécile Bazin et Jacques Malet (dir.), « La France associative en mouvement », *Recherches et solidarités*, 10e édition, octobre 2012 (site http://www.recherches-solidarite.org/).

16 Alain Bocquet et Françoise Dumas, *Rapport fait au nom de la commission d'enquête chargée d'étudier les difficultés du monde associatif dans la période de crise actuelle*, 20 novembre 2014.

의 가입을 제외한 별도의 수치이다. 건강공제의 가입자 수는 동일한 수준으로 유지되었으며 2007년에서 2013년까지 이들의 경제적인 비중은 10억 유로 증가했다. 동기간에 직원의 수는 급격히 증가하여 추가 일자리 6만 개가 창출되었다.

전국적 접근

사회적경제 운동은 사회연대경제지역회의소(CRESS)를 통해 전국적 네트워크를 갖는다. 이는 현실을 더 잘 파악할 수 있게 해주고 지역 내 사회적경제의 비중을 이해하는 데 도움을 준다(163쪽 지도 참조).

사회적경제의 국가 조직

2001년 10월 사회적경제를 자처하는 여러 운동이 1970년에 설립된 '공제조합 협동조합 결사체 전국연락위원회(CNLAMCA)'의 연장선에서 만들어졌다. 1901년 법의 적용을 받는 이 위원회는 회원 간에 상시적인 협의를 지속해왔으며 사회의 주요 문제에 대해 공통의 입장을 견지하며 이를 지역, 국가, 유럽 기관들에 맞서서 표현하고 옹호해왔다. 이를 통해 기업하기의 다양한 형태와 관련된 논의 속에서 대표성을 갖고 사회적경제의 입장을 대변할 수 있었다. 사회적경제그룹과 기업협의회(CEGES)는 프랑스의 사회적경제 부문의 전국적 기관들을 포함한다. 2014년 5월 21일에 선출된 로제블로가 장루이 카브레핀느의 뒤를 잇게 된다. 카브레핀느는 2년 반의 임기 동안 사회연대경제에 관한 법안이 빛을 보기까지 CEGES가 기여하도록 도왔다. 로제블로의 임기 초반에는 CEGES의 뒤를 잇게 될 사회연대경제 프랑스 회의소(CFESS)가 2014년 말 창설되었다.

사회연대경제법에 마련된 바와 같이 CFESS의 목표는 사회연대경제의 구성 요소들을 한 데 모아서 공공기관을 상대하는 대변자의 역할을 하며 시민 대화에 참여하는 것이다. 초기 설립 회원은 협동조합을 대표하여 Coop FR, 공제법에 속하는 공제조합을 대표하여 FNMF, 보험공제조합을 대표하여 GEMA, 결사체운동, 프랑스기금재단센터, 사회적경제지역회의소 전국위원회(CNCRES)와 사회적기업가운동 (Mouves) 일곱 곳이다. CFESS는 그 뒤 사회연대경제의 다양성과 역동성을 대변하는 정회원을 받아들인다.

새로운 지역(Region)에서의 사회연대경제 관련 고용과 기관

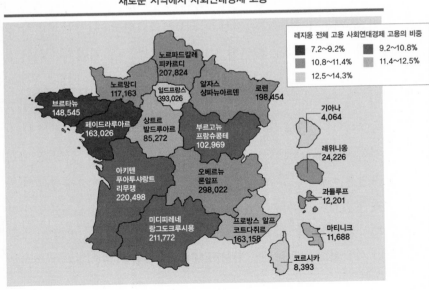

새로운 지역에서 사회연대경제 고용

프랑스의 사회적경제 : 효율성에 도전하는 연대

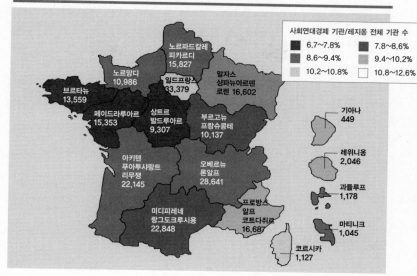

출처: 전국사회연대경제관측소-CNCRES, INSEE CLAP 2013.

Mouves의 회원인 '사회적기업' 다섯 곳

—Vitamine T 그룹: 경제활동을 통한 통합 기업을 한 데 모은 단순
 주식회사, 자회사 14곳 직원 2,500명.

—세 개의 설립 결사체가 감독하는 SOS 그룹: 소외 퇴치 활동,
 350개의 기관, 사원 12,000명.

—Equiphoria: 결사체, 승마치료센터.

—Génération Plume (Hamac 브랜드): 단순 주식회사.
 100% 프랑스 제작 천 기저귀.

—연대 경비, 유한책임주식회사. 경제활동을 통한 통합 기업.

제4장
재화와 서비스 생산에 대한 특별한 기여

가입자 6,000명, 협력 업체/서비스 제공업체(사회연대경제) 150곳.

이 다섯 곳은 사회적 연대적, 더 나아가서 사회 윤리적 및 환경적 약속을 강조한다. 또한 혁신 공정, 제품, 서비스에 집중한다. 이들 중 많은 곳들이 사회연대경제의 가치를 직접적으로 언급하고 있다.

* www.mouves.org

사회적경제의 부문별 접근

사회적경제는 이제 거의 모든 활동 부문에 진출해 있으며 프랑스의 사회경제에 미치는 영향이 상당하다.

〈표 4〉 사회연대경제의 활동 부문

1차 산업	2차 산업	3차 산업	4차 산업
농업 어업	수공업 생산 가공 농식품 주택 건설	은행 보험 건강, 복지 유통 및 소비 경영 및 공간 임대 운송 관광 문화, 홍보 스포츠	대인 서비스

프랑스의 사회적경제 : 효율성에 도전하는 연대

생산 및 가공의 사회적경제

노동자협동조합은 다양한 부문을 포괄한다.

⟨표 5⟩ 부문별 노동자협동조합의 분포 (2014년 기준, %)

부문	고용	협동조합 수
서비스	36	46
건설	24	18
산업	17	14
교육, 건강, 사회복지	11	9
상업	3	9
운송	6	2
환경	3	1
농업	0.5	1

출처: CG Scop, site http://www.les-scop.coop/sites.fr/les-chiffres-cles.

농업과 어업

농업 부문 사회적경제는 생산, 농업 장비, 가공 협동조합, 건강보험공제회, 가족 및 농업 결사체로 구성되어 있으며 논의의 여지없이 견실한 성공을 보인다. 어업 부문 사회적경제는 수산업협동조합들로 이루어져 있으며 이들 덕분에 19세기와 20세기 그리고 21세기 초반까지 가속화된 경제 변화에 적응할 수 있었다. 환경 및 사회의 변화에 맞서 이들의 민주적인 운영 방식과 전국적인 네트워크는 큰 강점으로 작용한다. 프랑스협동조합연합 회장인 필립 망젱에 의하면 농업협동조합은 '현세대와 미래세대에 경제적 환경적 사회적 자산을 전수하고 가치를 드높일 만한 주요 강점을 보유'하고 있다.

농업 수산업 생산소비 협동조합에 대해서는 본 장에서 다루고 다른 농업 분야에 대해서는 추후에 다루기로 한다.

2013년 농업협동조합은 2,800여 개의 협동기업, 연합회, 농업공익기업(SICA)을 결집했으며 전체 매출액은 848억 유로, 임금노동자의 수는 16만 명이다. 이렇듯 프랑스의 농업, 농식품, 농산업 분야에서 절대적인 비중을 차지한다.[17] 여기에 농기구협동조합(CUMA) 11,545개를 추가해야 한다. 전체 농민 중 절반 가까운 수(30만 명)가 CUMA 조합원이다. 이들은 농업의 기계화와 배수 관련 전 분야에서 활동한다.

수산업협동조합은 회원들의 요구에 부합하는 서비스를 제공함으로써 어업 활성화에 기여한다. 2012년에 134개로 사원이 1,800명이며 매출액은 12억 유로에 달한다. 프랑스 해외도를 포함하여 전국 해안에 진출해 있다.

최근 몇 년간 수산업 조직은 근소하게 감소(2002년에 165개)한 반면 임금노동자의 수는 대폭 감소했다(2002년에 2,500명).[18] 글로벌 경쟁, 일부 어종에 대한 어획량 감축 조치, 조직 간의 통폐합, 사업 전수의 어려움 등이 원인이다.

협동조합은 설립 당시 농산품의 공급, 수집, 상품화에 특화되었으나 점차 농식품 가공 등의 후방 산업으로 진출하게 된다. 전체의 45%가 자회사 형식으로 산업 활동을 영위하고 있으며 이들은 프랑

---

17 *Coop de France, Chiffres clés 2014*, http://www.coopdefrance.coop/fr/16/une-reussite-economique-et-sociale/

18 *Panorama sectoriel des entreprises coopératives et top 100*, édition 2014, http://www.entreprises.coop.

스 농식품 산업의 40%를 차지한다.

농업협동조합은 기업의 규모나 지리적인 분포도 면에서 상이한 양상을 보인다. 성공 사례는 중간 규모의 농업협동조합에 가장 많다. 그러나 통합 움직임 또한 두드러진다. 실제로 매출의 4분의 3이 전체 조직의 10%에서 나온다. 50개 이상의 협동조합 매출액이 3억 유로를 상회한다.[19] 이와 같은 추이는 합병이나 외적 성장을 통해 임계 규모를 추구하는 것으로 설명이 가능하다. 이들의 목적은 강력한 협동조합 리더를 창조하여 점점 가속화되는 세계 경쟁에 맞서고 해외 성장을 꾀하는 것이다. 2014년에 이와 같은 움직임이 둔화되기는 했으나 5년 전부터 농업협동조합의 매출액을 유지하는 데 이 집중화가 기여한 바 있다.

〈표 6〉 프랑스 농업협동조합의 주요 그룹

순위	기업	2014년 결합 매출액 (백만 유로)
1	InVivo	5,668
2	Sodiaal	5,427
3	Tereos	4,697
4	Terrena	4,683
5	Agrial	4,233
6	Viescia	3,984
7	Axéréal	3,097
8	Groupe Even	2,160
9	Triskalia	2,100
10	Cooperl Arc Atlantique	2,000

---

19 Coop de France, *La coopération agricole et agroalimentaire 2014, poids économique et social.*

순위	기업	2006년 결합 매출액 (백만 유로)
1	Terrena	3,100
2	InVivo	2,837
3	Tereos	2,277
4	Sodiaal	1,995
5	Socopa	1,940
6	Agrial	1,520
7	Coopagri Bretagne	1,453
8	Unicopa	1,400
9	Cecab	1,313
10	Champagne Céréales	1,103

출처: Coop de France, communiqué de presse du 11 décembre 2014, *Poids économique et social des coopératives agricoles et agroalimentaires : une croissance ralentie,* à partir des rapports annuels ; conférence de presse du 3 décembre 2015.

농업협동조합을 대표하는 곳은 CNMCCA(전국농업공제금융협동조합연합회)와 Coop FR(프랑스협동조합연합, CFCA가 전신)이다. 수산업협동조합은 CMCM(수산업협동조합)을 중심으로 조직된다.

수공업

필요에 따라 다양한 형태의 협동 조직이 가능하다. 조합원들이 합리적으로 구매, 재고와 공급을 관리하게 해주는 공동 구매, 홍보 수단을 최대한 활용하여 글로벌 전략을 세우고 주요 시장에 진출하도록 해주는 공동 영업, 소기업들이 생산 도구, 투자와 일부 3차 서비스를 상부상조할 수 있도록 해주는 공동 생산 및 서비스가 그 예다. 이와 같은 협동조합이나 공동 조직은 가입자들이 경쟁력을 높이고 더 큰 시장에 진출하고(고립된 기업의 경우 고위험 시장) 공동의 마케팅 전략을 개발하고 지식과 수단을 공유하도록 해준다.

2013년 기준 수공업협동조합과 공동 조직은 총 424개로 사원은 3,500명이며 매출액은 12억 유로이다. 59,000개의 기업이 공동 조직에 가입 상태이며 약 13만 명의 임금노동자를 고용한다.

〈표 7〉 수공업협동조합

부문		협동조합의 수	협동조합의 %
건물	전체	264	62.3
	건설 + 서비스	206	
	구매	58	
식품	전체	35	8.3
	정육 돈육가공품	24	
	제과 제빵	9	
기계	전체	20	4.7
	농업	6	
	자동차	13	
택시		29	6.8
서비스		51	12.0
기타		25	5.9
계		424	100

출처: FFCGA, *Les sociétés coopératives artisanales au 31 décembre 2013*, mars 2014.

여러 직군(건설, 미용, 택시, 정육, 제과)에 파고든 수공업협동조합 덕분에 건설 분야를 비롯하여 수공업자들은 거대 기업의 경쟁에 맞설 수 있게 되었다. 치기공협동조합, 예술인협동조합, 산업하청협동조합, 그리고 대인서비스협동조합 등 다양한 부문에서 협동조합이 발전한다.

　현재 건설 부문과 같은 몇몇 부문들이 겪는 위기에 맞서 협동 조직은 대안을 제시하기도 한다. 비용을 절감하기 위해 공동 구매하기, 적절한 제안을 통해 공공조달 시장에 진출하기, 또는 ICT 기술을 도입하여 혁신을 주도하기이다.

　수공업협동조합을 총괄하는 조직으로는 프랑스수공업협동조합단체연맹과 수공업협동조합전국단체, 전국수공업협동조합심사단체가 있다.

제조와 가공

　2013년 말 기준으로 임금노동자 43,676명을 고용하는 노동자협동조합이 2,040개로 전체 매출액은 39억 유로이다.[20] 여기에 2,123명의 임금노동자를 고용하는 공익협동조합 332개가 더 있다.

　경제 위기에도 불구하고 노동자협동조합 창설의 역동성은 사그라들지 않고 2013년 신규 설립된 노동자협동조합과 공익협동조합이 263개이며 추가 창출된 고용은 1,859개이다. 지난 15년간 고용은 꾸준한 성장세를 보이며 협동조합 모델의 견실성과 적응 능력을 증명해왔다.

　이와 같은 성과는 대부분은 신설(전체 설립의 65%)로 인한 것이다. 나머지는 결사체나 협동조합의 전환 또는 어려운 상황에 처한 기업의 인수나 건전한 기업의 전수로 인한 것이다.

20　CG SCOP, chiffres clés, http://www.les-scop.coop/sites/fr/les-chiffres-cles/

〈표 8〉 생산협동조합, 19년 간의 고용창출

연도	고용 수
1995	29,800
1997	29,084
2000	32,300
2002	34,613
2007	38,156
2010	39,600
2013	43,500
2014	47,600

출처: CG Scop

노동자협동조합은 전 부문에 걸쳐 진출해 있지만 지난 몇 년간은 특히 서비스 부문에서 발전이 두드러졌다. 서비스 부문은 2014년 기준으로 노동자협동조합 고용의 36%와 사업의 46%를 차지한다. 지난 몇 년 전까지만 해도 활동이 가장 활발했던 건설 부문은 현재 임금노동자의 24%, 조직의 18%를 차지한다. 산업 역시 여전히 중요한 부문으로 고용의 17%, 노동자협동조합의 14%를 차지한다. '교육, 건강, 복지 서비스(고용의 11%와 조직의 9%)' 분야와 상업(고용의 3%, 노동자협동조합의 9%)도 마찬가지다.

노동자협동조합의 가장 두드러지는 특징이라면 프랑스 기업의 평균(65%)을 넘어서는 생존율(3년 이상을 넘기는 기업이 76%)이다. 고유의 운영 방식이 가장 설득력 있는 변수인 것으로 나타난다. 실제로 노동자협동조합은 이윤 분배부터 시작해서 사원 동업자 간에 공동 결정의 원칙에 근간을 둔다. 배당금 형태로 단기적인 수익성만을 추구하는 주주 기반 모델과는 달리 생산협동조합은 당기순이익의

40%를 분할 불가능한 적립금으로 조성한다. 그렇게 자기자본을 강화하여 기업의 영속성을 보장하는 것이다. 자본의 견실성은 혁신처럼 투자가 막대한 산업 부문에서 중요한 요소이다. 9,000개의 일자리를 차지하는 360개의 생산협동조합이 산업 부문에서 활발하게 활동한다. 이들 중 70% 이상은 직원인수기업이다. 이 같은 흐름은 탈산업화에 맞서는 중요한 해결책이 될 수 있다. 2005년에서 2015년까지 산업 부문에서 많은 일자리(23.5% 감소)를 잃었음에도 불구하고 생산협동조합에서는 고용이 안정적인 수준을 유지해왔다.[21]

사원들은 수익의 45%를 재분배받기 때문에 기업 성과의 직접적인 수혜자이다. 2012년에 지급된 평균 수익금은 생산협동조합의 경우 2,737유로인 반면 일반 기업은 1,482유로였다.[22]

생산협동조합 대부분(전체의 64%)은 9인 미만의 사업장이기는 하지만 그 규모는 실로 다양하다. 대부분의 고용(34.8%)과 매출(35%)을 올리는 노동자협동조합은 중간 규모의 조합으로 평균 50명에서 249명의 사원을 고용하는 곳들이다. 가장 규모가 큰 곳들은 광섬유케이블 회사 Acome(전기장비노동자 협동단체), 유럽 전역에 서비스를 제공하는 그룹 Up(Chèque Déjeuner가 전신)과 같이 1,000명 이상의 임금노동자를 두기도 한다.

노동자협동조합총연맹(CG SCOP)은 13개의 지역 연합회를 총괄하며 노동자협동조합 운동의 대변인으로 공공기관이나 경제사회 주체들에 맞서 목소리를 낸다.

---

21 CG Scop, *Des entreprises faites pour ce siècle*, brochure institutionnelle
22 *Dares Analyses*, n°68, novembre 2013.

유통 부문의 사회적경제

상업협동조합(commerce associé)

독립 매장의 유형은 프랜차이즈이거나 상업협동조합의 두 유형이다.

상업협동조합이란 여러 기업들이 함께하는 상인들의 집합체인 공동의 조직을 창설하여 스스로 통제할 수 있는 공동의 영업 활동을 펼치는 협력 형태이다. 초기에는 공동 구매, 공동 서비스의 논리로 시작하여 판매 활동으로 진전시켰다면 오늘날에는 더 나아가서 강력하고 인지도가 있는 공동 상호명을 구상하기에 이르렀다. 현대적인 브랜드 개발이야말로 상업협동조합 그룹의 가장 큰 성공이다.

2013년 84개의 집합체가 상업협동조합에 소속되어 있으며 전국적으로 148개의 상호(점포 42,677개)에서 1,419억 유로의 매출을 올리고 있다.

상업협동조합의 상호에서 516,000명 이상의 임금노동자를 고용

<표 9> 상업협동조합 부문

상업협동조합	2004	2007	2013	2014
집합체	55	63	84	89
상호	95	116	148	153
점포	26,395	36,780	42,677	43,870
임금노동자	400,000	430,000	516,000	534,308
매출액(10억 유로)	99	112	142	143.5

출처: 2013년 수치는 Fédération du commerce coopératif et associé; 2004년과 2007년은 초판의 수치와 Fédération du commerce coopératif et associé.

제4장
_____
재화와 서비스 생산에 대한 특별한 기여

한다. 10년 넘도록 상업협동조합은 균일한 발전을 해왔으며 그 과정에서 10만 개의 고용을 창출해냈다. 이와 같은 흐름은 현재도 유지되어 2013년에 이 분야에서 5,312개의 일자리가 만들어졌다.

5년간 두 배의 증가세를 보이며 30여 개의 활동 분야에 진출해 있는 상업협동조합의 네트워크는 주로 소매상 거래(매출액의 93%)의 30%(2013년)를 차지한다. 서비스 분야(호텔업, 관광, 부동산, 기업 대상 서비스 등)에서도 발전을 거듭해왔다.

사회연대경제법에는 전자상거래까지 확장을 꾀하고 금융 연대 촉진을 통해 상업협동조합의 발전을 지속시킬 수 있는 조항이 준비되어 있다.

상업협동조합의 집합체는 프랑스상업협동조합연합회(FAC)를 중심으로 조직되어 있다.

소비와 유통

소비자협동조합의 궁극적인 목적은 '적정한 가격'에 자신들이 구매하거나 제조한 소비 물품을 회원들에게 판매함으로써 도움을 주는 것이다. 현재 소비자협동조합의 매출액은 30억 유로로, 1,000개 이상의 매장을 보유하고 있으며 창고, 물류 플랫폼, 제조 작업실(돈육 가공품, 정육, 제과)도 갖고 있다. 출자자 수는 200만 명이며 임금노동자 13,000명이 일한[23] 프랑스소비자협동조합연합회(FNCC)의 가입 기관 중에 식품구매협동조합 네 곳(Coop Alsace, Coop Atlantique, Coopérateurs de Champagne, Coopérateurs de Normandie-Picardie)이 네트워크의 주축을 이룬

---

23 Fédération nationale des coopératives de consommateurs, plaquette institutionnelle.

다. 협동조합 네트워크에는 우정통신협동조합, 구매협동조합, 출판협동조합, 요식업협동조합 등 다양한 분야를 포함한다.

이들은 프랑스소비자협동조합연합회를 중심으로 조직된다.

공정무역

넓은 의미에서 사회적경제에 속하는 공정무역은 한때 사회적경제라는 이름으로 함께 묶였던 시도 중 하나이다. 공정무역의 목적은 소외된 생산자와 수공업자에게 노동에 대한 정당한 보상을 보장하고 이들에게 기초적인 욕구(건강, 교육, 주거, 사회복지 등)를 충족할 수 있도록 해주며 경제 파트너 간에 지속적인 관계를 도입함으로써 사람을 경제의 중심에 두는 것이다. 그렇게 해서 소비자들에게는 양질의 제품을 제공함과 동시에 인간의 기본권을 존중하고 자연, 사회, 문화, 경제 환경을 보존하고자 한다. 공급 전 과정에서 각 단계별로 위의 원칙이 준수되는지 엄격하게 감시한 후 공정무역의 국제적 라벨인 막스 하벨라르(Max Havelaar) 인증을 부여한다.

경제 위기에도 불구하고 공정무역은 꾸준한 성장세를 보인다. 2014년의 매출액은 약 3억 9,000만 유로(2004년에는 9,400만 유로)를 기록했으며 이는 2013년에 비해서 10% 증가한 것이다. 프랑스의 공정무역(유통 제외)에서 활동하는 기업은 약 400여 곳이며 1만 개 이상의 고용을 창출했다.

현재 프랑스에서 막스 하벨라르 공정무역 인증을 받은 제품은 3,500여 개(2007년에는 1,500개)이며, 그 중 77%는 유기농 인증을 받았다. 프랑스에서 가장 판매율이 높은 제품은 커피(전체의 61%)를 포함한 따뜻한 음료와 초콜렛, 과자, 아이스크림(61%), 과일(12%), 섬유

(3%), 차가운 음료(3%), 꽃(2%), 기타(4%)이다.

<표 10> 프랑스에서 2006년에서 2014년까지
Fairtrade/Max Havelaar 인증 공정무역 추이

	인증 제품 수	참여 브랜드*	매출액** (단위: 백만 유로)	소비 가구당 평균 장바구니 지출	수혜 생산자 조직***
2006	1,542	149	166	16.70 €	152
2007	1,941	175	210	17.50 €	168
2008	3,015	180	256	15.80 €	179
2009	3,864	206	287	15 €	246
2010	3,977	205	303	14.90 €	400
2011	3,586	226	315	15.50 €	404
2012	3,624	215	345	16.10 €	400
2013	3,476	195	355	16.80 €	400
2014	3,255	202	390	17.20 €	400

* 각 한 개 또는 그 이상의 인증 제품 보유
** 모든 상거래 주체가 판매하는 인증 제품의 전체 매출액에 해당
*** 프랑스 시장에서 수출하는 인증 생산자 및 노동자 조직 (총 1,226개 조직이 인증 요구 조건하에서
　세계로 수출한다)
출처: Association Max Havelaar France (www.maxhavelaarfrance.org)

　프랑스 공정무역 제품 판매량의 89%를 식료품이 차지하긴 하나
그 외 분야(패션과 섬유, 수공업, 화장품)도 중요한 비중을 차지한다. 섬유
는 2013년 프랑스 공정무역 판매의 약 5%를 차지했다. 공정관광은
판매의 0.6%에 해당한다.[24]
　초기에는 소비자-시민에게 한정적으로 보급되었던 공정무역 제

품(식료품, 수공업 제품, 섬유, 화장품, 서비스)은 10년 만에 새로운 전기를 맞이한다. 처음에 대형 유통매장에 제품들이 소개되면서 이와 같은 움직임이 시작되었다. 현재는 외식 소비(호텔, 외식업, 자동판매기, 사업자 구매, 급식)와 유기농 제품 유통 네트워크가 이 분야를 주도한다. 2013년 수치를 보면 중대형 마트가 판매의 39%만을 차지하며 34%는 외식 소비, 17%는 유기농 매장이 담당하는 것으로 나타났다.[25]

공정무역을 위한 플랫폼에서 강조하듯이 오늘날 공정무역의 인지도는 상당하다. 프랑스인 97%(2000년에는 9%)가 공정무역을 알고 있는 것으로 조사 결과 나타났다(IPSOS, 2011년 7월).

앞으로의 과제는 소비자를 어떻게 단골로 만들고 장바구니 지출을 늘리게 할 것인가이다. 실제로 프랑스 가구의 6%만이 단골 고객이며 프랑스인이 평균 공정무역 장바구니에 지출하는 비용은 1인당 1년에 2006년 3.30유로에서 2013년에 6.54로 대폭 증가했으나 여전히 영국(34.5유로)에 비하면 현저히 낮은 수준이다.

1997년에 설립된 '공정무역을 위한 플랫폼(PFCE)'은 공정무역 주체를 대표하는 국가기관이다.

---

24 출처: PFCE.
25 *Ibid.*

금융 활동

　Macif, Maif, Matmut, Maaf, GMF, Mapa, MFA, AMF와 같은 직판상호보험회사(MSI) 또는 사회적경제지배구조보험회사(MGES)들이 몇 년 전부터 개인자동차보험 시장과 주택보험 시장의 50%를 차지하고 있다. 보험공제기업집합체 가입 회사들은 총 58,000명의 임금노동자를 고용하고 있다.

　2014년 말 기준으로 손해보험의 매출액은 출자자 2,600만 명에 180억 유로(그 중에 20억 5,000만 유로는 자동차보험, 주택종합보험, 일반민사책임)에 이르렀다. 10년 만에 출자자 수가 1,000만 명 가까이 늘어난 것이다. 생명보험의 경우 GEMA(상호공제보험조합그룹) 공제조합 매출액은 2014년 말 기준 113억에 달하며 530만 명의 가입자(10년 만에 두 배 가까이 증가)를 두고 있다.

　아울러 농업보험공제도 빼놓을 수 없다. Groupama가 대표적이며, 2014년에 GEMA에 합류한다. 프랑스 제1 농업보험사 Groupama는 34,000명의 임금노동자, 1,300만 명의 출자자와 고객을 두고 있으며 2014년 말 기준으로 대물과 책임보험으로 133억 유로의 매출을 올리고 있다.

　2014년 생명보험의 순 유입금은 29억 유로이며 보유 계약액은 1,050억 유로에 달한다.

　지난 몇 년간 입지를 단단히 한 공제조합은 새로운 분야에 진출하기 위해 건강공제(pôle Macif Mutualité, Maaf Santé…)나 협동조합은행과 내부 시너지(SGAM : Covea, AG2R La Mondiale, Sferen…)를 발전시키게 된다.

어려운 경제 여건 속에서도 보험공제조합은 매출액, 출자자, 사원의 증가가 보여주듯이 발전을 거듭하고 있다. 오늘날에는 인구 고령화로 인해 발생하는 의존도에 대한 보호를 어떻게 보장할 것인가에 대해 고심하고 있다. 공공 적자로 인해 정부의 사회보장이 제동을 받는 가운데 공제조합은 돌봄의 연대와 친밀성의 원칙을 수호하는 데 있어서 역할이 증대될 것으로 보인다.

1964년 직판상호보험회사들은 GEMA를 설립하면서 프랑스보험회사연맹(FFSA: 민간보험회사, 공공보험사, 기타 보험공제)과 별도로 직종 노동조합을 구성하게 된다. 이 외에도 ROAM(중소보험회사의 보험공제조직 모임)이 있다. GEMA와 FFSA는 함께 2007년에 프랑스보험협회를 창설했다.

협동조합은행

협동조합은행 분야에는 크레디 아그리콜, 방크 포퓰레르/저축금고, 크레디 뮤추엘 세 개 그룹이 있다. 이들은 유럽에서 상위권 20개 은행에 속한다. 이 부문에서 2012년 은행 누적 순수익이 675억 유로를 넘어섰다.[26] 프랑스 은행 부문 메이저인 협동조합은행은 소매금융의 60%를 점유하고 개인 고객의 73%를 차지한다.

2002년에서 2013년까지 출자조합원 수는 1,630만 명에서 2,370만 명으로 증가했다.[27] 이 기간에 1999년 6월 25일자 법을 통해 협

---

26 출처: *Panorama sectoriel des entreprises coopératives et Top 100*, édition 2014, Coop FR. 이 수치는 최근의 것이 반영된 표의 수치와 다를 수 있다.

27 Gilles Caire, Pascal Glémain, Sophie Nivoix, *Les banques coopératives françaises dans la crise :l'occasion d'un retour aux valeurs?*, avril 2014, BCoop. Vcompv5. pdf.26

동조합으로 전환된 저축금고(Caisse d'épargne)와 방크 포퓰레르(Banque populaire) 간에 합병이 이루어지면서 BPCE 그룹이 태어났다.

BPCE 그룹에는 17개 저축금고와 18개 서민은행(방크 포퓰레르), 그리고 중앙 본부 역할을 하는 크레디 코페라티프(Crédit coopératif)가 있다. 사원이 115,000명이고 고객이 3,600만 명이며, 그 중 880만 명이 출자조합원이다.[28] 이는 프랑스 경제에서 재원 조달 20%를 차지하는 규모다.

크레디아그리콜 그룹에는 직원 14만 명(73,000명은 광역 금고 소속), 개인 고객 2,100만 명이 있으며 그 중 820명이 출자조합원이다.[29] 처음 농민 은행(오늘날까지 농민 10명 중 9명이 가입)으로 시작하여, 현재는 전체 은행 및 금융으로 사업을 다각화했다. 2014년 기준으로 방카슈랑스(은행 창구를 통해 판매하는 보험 상품), 기업(기업 3개 중 하나) 및 지자체 금융에서 1위를 차지하며 현재 가장 큰 지역 부동산사무소 네트워크를 보유하고 있다. 보험업계에 자회사(Predica, Pacifia 등)를 두고 있어서 손해보험공제조합의 막강한 경쟁자이기도 하다.

크레디 뮤추엘 그룹은 18개의 지역 연맹을 중심으로 직원 78,500명, 고객 3,040명을 두고 있다. 은행 여신의 17.2%, 수신의 15%를 점하면서 결사체와 기업 협의회의 제1 은행이며 농업 부문에서 2위, 주택과 중소기업 금융에서 3위를 차지하고 있다. 크레디 뮤추엘은 방카슈랑스의 선두 주자 중 하나로 크레디뮤추엘보험을 설립했

---

28 출처: http://www.bpce.fr.Le-Groupe/L-essentiel/Profil
29 출처: http://www.creditagricole.info/fnca/ca10_1289205/chiffres-cles-des-caisses-regionales-du-credit-agricole

으며 언론 그룹인 EBRA를 산하에 두고 있다.

사회적경제의 구성 요소별로 특정 금융 장치를 지닌다. 프랑스상업협동조합연합회의 소매상 협동조합과 그룹에서 설립한 Socorec(상업지원협동기업)를 예로 들 수 있다. 조합원에게 직접 융자, 보증, 금융 패키지를 제공한다. GEMA의 보험공제조합에서는 Socram을 설립했고, 2014년 기준으로 총 여신 규모가 16억 유로이며, 이는 10년 전에 비해 10배가 증가한 수치이다. GEMA의 회원 공제조합에서 설립한 Ofivalmo(유가증권금융종합회사) 역시 초조직적인 장치로 주주단에 FNMF가 소속되어 있다. Ofivalmo의 핵심 사업은 제3자를 위한 자산 운용이다. 2014년 12월 운용 자산 규모가 600억 유로(10년 전까지만 해도 72억 유로 수준)에 달하면서 폭발적인 성장세를 기록하게 된다.

협동조합은행은 지위에 상관없이 프랑스 은행 전체를 조직하는 프랑스금융연합회(FBF)에 가입되어 있다. 프랑스협동조합그룹에도 속해 있다. 2001년에는 소액대출과 소액저축의 접근성을 한층 높인 유럽대안적윤리은행연합회(FEBEA)가 만들어지기도 했다.

건강

프랑스 국민의 절반은 건강재난공제회의 보장을 받는다. 공제회들은 다음 두 개의 조직으로 분명하게 구분되는데 하나는 프랑스 건강공제조합의 대부분을 통합하는 프랑스공제조합전국연맹(FNMF)이고, 다른 하나는 농업사회적공제조합(MSA)이다. 이 외에도 독립공제조합전국연맹(FNIM)이 있다.

약 3,800명의 프랑스인이 프랑스공제조합(Mutualité française) 소속 회원 조합으로서 보장을 받는다. 프랑스공제조합의 회원은 약 1,800만 명으로 2013년 건강공제 보충보험료 수입으로 200억 유로 이상의 경제적 성과를 달성했다.[30] 프랑스공제조합은 2,400개 기관, 85,000명의 임금노동자(그 중 15,000명이 보건 전문인)를 보유한 프랑스 제1의 민영 의료보험 기관이다.

1990년대 중반부터 공제조합에서는 대대적인 합병 움직임이 일었다. 그 결과 2008년 800개였던 공제조합의 수가 2013년에는 450개로 줄어들게 된다. 5년 만에 거의 반으로 감소한 것이다. 2015년까지 이와 같은 경향이 유지되었으며 이미 대규모 합병이 2016년 초로 예고되어 있어서 앞으로도 지속될 것으로 보인다. 바로 하모니공제조합과 교직원공제조합 간의 합병, 연합회 차원에서 독립공제조합전국연맹과 업종공제조합전국연맹 간의 통합이다. 이와 같은 움직임은 여러 규제상 제약과 규모의 경제 모색으로 설명될 수 있을 것이다.

이와 동시에 공제조합은 재난구제회나 보험회사와의 경쟁에 직면해 있다. 의료비 보충보험 보상금에서 중요한 입지를 갖고 있음에도 불구하고 공제조합이 지급하는 보상금은 보충보험 기관의 52.8%를 차지하면서 2006년 58.8%에 비해 7년 만에 6% 포인트 하락세를 기록했다.

---

30 출처: FNMF, *La mutualité française en chiffres*, octobre 2014.

프랑스의 사회적경제 : 효율성에 도전하는 연대

사업 유형	사업 분배(%)
병원 진료	14.8
약 제조	16.4
환자 수송	0.7
외진	33.6
기타 의료 자산	15.2
운영비	19.4

출처: DREES, Comptes nationaux de la santé, 2013, base 2010.

농업사회적공제조합(MSA)은 농업 종사자 전반(생산자, 임금노동자와 가족)의 보충적 법적 보장을 담당한다. 2014년을 기준으로 540만 명이 여기에 해당된다. 2013년 보험료 수입은 102억 유로였으며 지급 보상금은 274억 유로였다. FNIM(독립공제조합전국연합)을 통해서 약 150만 명이 보장을 받는다.

기타 서비스 활동

주택

주택 부문은 크게 저가임대주택협동조합과 1965년 7월 10일자 개정법의 적용을 받는 공동소유협동조합으로 구분된다. 전자는 전국적 단위에서 임대주택협동기업전국연맹(FNSCHLM), 후자는 공동소유협동조합전국협회(ANCC)로 대표된다.

저가임대주택협동조합 171곳은 사회적 부동산 개발자로 지역에 기반을 두고 저소득층 주택을 위한 건설과 매매에 관여한다. 또한 사회적 임대주택을 건설하고 운영하는 능력을 가지며 공동소유지를 관리한다. 저소득 가구를 위해 새롭게 건설된 주택은 2012년에 7,000호에 이르렀다.[31] 저가임대주택협동조합에서는 사회적 임대주택 1,300호를 건설하기도 했다. 지난 몇 년간 점차 많은 협동조합에서 다음 세 가지의 약속을 앞세우며 서비스를 제공한다. 매매 후 10년 안에 강제 매각 시 부동산 급락으로부터 보호해주는 재매매 보험, 주택 재매매 약속, 특정 조건 하에 거처 제공이 그것이다. 설립 이후 지금까지 저가임대주택협동조합은 프랑스에서 40만 호의 주택을 건설했다.

공동소유협동조합연맹(FSCC)은 협동조합, 자원봉사자조합, 공동시설법인을 한 데로 묶으며 협동조합 공동소유 형태로 200만 호의 가구를 대표한다. 결사체도 사회적 주택에 관여한다. 주거권(DAL) 결사체와 주거와 인본주의(Habitat et Humanisme) 결사체는 서로 다른 방식으로 소외 계층의 주택 접근 향상을 위해 힘쓴다.

운송

전국 단위에서 운송협동조합을 대표하는 조직은 화물운송협동조합연합회(France Groupements)로, 2011년에 전국운송협동조합연맹(Uni-cooptrans)을 대체하게 된다. 공익 목적의 이 결사체는 회원들에게 더 나은 조건으로 협력 업체들과 계약할 수 있도록 구매본부(UCT)의 서비스를 제공한다.

---

31 출처: *Panorama sectoriel des entreprises coopératives et top 100*, édition 2014, Coop FR.

화물운송협동조합연합회의 규모는 다음과 같다. 협동조합 또는 연합체 30개, 조합기업 776개, 조합연합체 직원 1,500명, 누적 매출액 25억 유로이다(2015년 수치. http://France-groupements.com/ 사이트 참조).

이 외에도 1970년에 설립된 택시협동조합연합회인 GIEGESCOP은 1,130명의 택시 운전자들을 대표하며 Barco(313대), GAT(464대), Taxicoop(353대) 세 개의 협동조합을 결집한다. 지역별로 카풀 관련 결사체와 협동조합도 만들어지고 있다.

사회적 관광

전국관광협회연합(UNAT) 산하 다양한 사회적 관광 조직들은 휴가와 여가 활동에 대한 접근성을 높이는 것을 목표로 삼는다. 전국관광협회연합의 회원 기관은 400만 명의 휴가객을 유치하면서 2013년 23억 유로의 매출을 올리고 전일제 환산 기준으로 18,600명을 고용하고 있다.[32] 이들 단체는 사회적, 문화적 사업을 실행하는 결집의 장이자 조율의 장이다. 사회적 및 문화적 활동에 대한 수요에 맞서, 근린성은 공급의 다각화에 기여하고 새로운 방식을 모색하는 것을 가능하게 한다. 그러나 지난 몇 년간 이용객 수가 줄어들면서 현재 어려운 상황을 겪고 있다(10년간 100만 명 감소).

---

[32] UNAT, *Le tourisme social et solidaire en 2013*, édition 2014.

대인 서비스

1990년대부터 대인 서비스 부문은 평균 수명 연장, 여성의 경제 활동 증가, 편부모 가정 또는 재구성 가정(1999년에서 2012년 사이에 30% 증가, 현재 미성년 자녀 가정 전체의 22%를 차지한다)의 증가로 급격하게 발전했다.[33] 이와 같은 사회 변화로 가족이 부담하던 서비스에 대한 수요가 증가하게 되었는데 우선은 육아와 집안 살림에 대한 수요의 증가다. 통상 '보를로 계획'이라 불리는 사회연대 계획은 2005년 7월 26일자 법[34]의 적용을 받으며 대인 서비스의 개념이 본격적으로 도입되는 데 도움을 주었다. 이는 향후 몇 년간 중요한 역할을 하게 된 분야를 인정하는 계기가 되었다. 이 계획은 고용 창출을 지원하고 서비스 수요를 충족하고 실로 다양한 분야(집안 청소, 노인 또는 장애인 돌봄, 학업 지원 등)를 총망라하는 공급을 조직화하는 것을 목표로 한다. 공통점은 개인의 자택에서 이루어지는 서비스라는 점이다.

통계청에 따르면 2012년 이 분야 종사자[35]는 약 160만 명으로 전일제 환산 기준 592,000개의 일자리를 창출했으며, 450만 명이 이 서비스의 수혜자였다. 수요는 꾸준히 증가하기 때문에 미래 전망도 밝은 편이다. TNS Sofres에서 실시한 조사(2015년 1월 장래예비 의존도 척도 조사)에 따르면 여전히 충족시키지 못한 수요를 고려했을 때 280

---

33 Insee, *Tableaux de l'économie française,* édition 2016, coll. « Insee Références », 2016, p. 31.

34 당시 고용노동사회연대 장관이었던 장루이 보를로가 제출한 2005년 사회연대 계획으로부터 태동한 대인서비스 발전에 관한 제2005-841호 법률.

35 출처: Observatoire de l'emploi et de l'activité dans les services à la personne, *Tableau de bord,* mars 2013, http://www.entreprises.gouv.fr/.

만 가구가 추가로 이 서비스를 이용할 것으로 예상된다.[36] 2012년 이 분야는 190억 유로, 즉 2005년(112억 유로) 이후 거의 두 배의 부가가치를 창출해내면서 꾸준히 증가세를 보였다.

그러나 경제 위기의 여파를 피해가지는 못한다. 통계조사연구소에 따르면 대인 서비스 노동시간이 2000년에서 2007년 사이에 연 4.7%씩 증가한 것에 비해 2008년에서 2010년 사이에는 1.2%밖에 늘어나지 않았으며, 2011년에는 1.8% 감소하기까지 했다.[37]

CEGES(사회적경제 그룹과 기업협의회)에서 지적했듯이 사회적경제 덕분에 대인 서비스의 품질에 대해 처음으로 신경 쓰는 계기가 되었다. 결사체 부문이 특히 여기에 집중한다. 2011년에 사회적경제 분야 전체 종사자[38]의 65%를 고용하고 있었는데 특히 노년층 지원(결사체 활동의 60.2%), 청소와 세탁(25.7%)에서 고용이 두드러진다. 조직의 수로 봤을 때 결사체가 전체 26,260개 조직의 23.5%를 차지한다.

〈표 12〉 2011년 활동 분야별 결사체의 노동시간 비중

활동	노동시간 비중(%)
보육	1.9
노년층 돌봄	60.2
장애인 돌봄	4.3
청소/세탁	25.7
정원	1.5
식사 준비/심부름	1.5
기타	5.1

출처: « Les services à la personneen 2011 : une baisse globale de l'activité et de l'emploi », *DARES Analyses,* n°25, avril 2013.

〈표 13〉 2011년 지위별 대인 서비스 조직 분포

지위	조직 분포(%)
결사체	23.5
공공기관	5.9
자영업자 외 민간기업	45.3
자영업자	25.7

출처: « Les services à la personne en 2011 : une baisse globale de l'activité et de l'emploi », *DARES Analyses*, n° 25, avril 2013.

보험사와 공제은행 역시 재가 돌봄을 포함한 돌봄 시장(예를 들면, Séréna)에서 활동한다. 협동조합(가령, Up-Chèque Déjeuner 그룹의 주식회사 자회사인 Chèque Domicile이 그렇다)이나 공익협동조합 또는 사업고용협동조합도 마찬가지다. 사회적경제의 모든 주체들은 새로운 사회적 욕구를 충족시키기 위해 노력한다.

2005년 10월 14일자 법령으로 설치된 프랑스대인서비스청(ANSP)은 2014년 해체되기 전까지 프랑스에서 대인 서비스의 발전을 촉진하는 사명을 갖고 있었다.

결사체와 재단

진정한 중간 공익협동조합인 결사체는 혁신 능력으로 시민사회

---

36 출처: http://www.entreprises.gouv.fr/services-a-la-personne/secteur-dynamique.

37 출처: 대인 서비스 고용 및 활동 관측소의 2013년 3월 자료.

38 출처: « Les services à la personne en 2011 : une baisse globale de l'activité et de l'emploi », *DARES Analyses*, n°25, avril 2013.

합의 기구에 적극적으로 참여함으로써 그 나라의 사회적 문화적 정치적인 발전에 기여한다. 따라서 삶의 전반에서 핵심적인 역할을 수행하며 좀 더 개방적이고 참여적인 민주주의를 실천하도록 한다. 비비안 체르노노그의 연구에 따르면 활동 결사체 수는 2011년 130만 개(2006년에 비해 20만 개 증가)이다.[39] 결사체 수는 계속해서 증가 추세다. 2005년에서 2011년까지 매년 평균 33,000개씩 늘어난 것으로 나타난다.

2012년에 누적 예산 850억 유로, 자원 봉사자[40] 1,600만 명(전일제로 환산 시 약 100만 개의 일자리)[41]으로 프랑스 경제에서 차지하는 비중이 상당하다. 2011년 기준으로 사용자 165,000명, 일자리 180만 개, 사용자 분담금 제외 임금 총액은 370억 유로로 결사체 부문은 2000년에서 2010년 사이에 임금노동자가 37만 명 늘었다. 그러나 2011년에 처음으로 0.6% 감소하여 후퇴를 겪게 된다. 그러나 2015년 1/4분기(2014년 1/4분기 대비 0.2% 상승)부터 반등하기 시작하여 임금 총액이 1.8% 증가했다(숙련 수준 향상). 전체 결사체의 66%를 차지하는 스포츠, 문화, 여가 결사체가 가장 큰 비중을 차지한다.

39 출처: V. Tchernonog, *Les associations entre crise et mutations : les grandes évaluations*, ADDES et Fondation Crédit coopératif, *Le paysage associatif français-mesures et évolutions* », coll. « Juris », Dalloz, Paris, 2ᵉ édition 2013.

40 출처: E. Archambault et V. Tchernonog, *Repères sur les associations en France*, mars 2012, CES-CNRES, Université Paris I.

41 V. Tchernonog, *Le paysage associatif français*, coll. « Juris », Dalloz, Paris, 2ᵉ édition 2013.

제4장

재화와 서비스 생산에 대한 특별한 기여

A. 분야별 결사체 비중	
분야	결사체 비중(%)
자선 인도주의 활동	3.9
복지 의료 활동	10.3
권익 옹호	13.1
교육 훈련 통합	3.6
스포츠	24.4
문화	20.5
여가 및 사회 활동	20.8
경제 및 사회 발전	20.5

B. 분야별 예산 비중	
분야	예산 비중(%)
자선 인도주의 활동	3.3
복지 의료 활동	45.1
권익 옹호	5.6
교육 훈련 통합	12.8
스포츠	10.9
문화	9.7
여가 및 사회 활동	6.8
경제 및 사회 발전	5.8

출처 : V. Tchernonog, « Les associations entre crise et mutations : les grandes évolutions », in : *Le paysage-associatif français- mesures et évolutions,* ADDES et Fondation Crédit coopératif, coll. « Juris », Dalloz, Paris, 2ème édition 2013.

위 두 표를 보면 활동 분야별 결사체가 차지하는 비중과 재정 규모 간에 차이가 있음을 알 수 있다. 특히 복지 의료 분야 결사체를 보면, 전체 결사체의 10%에 해당하지만 전체 예산에서는 45%를 차지한다. 교육, 연수, 노동통합 분야도 결사체 수의 3.6%만을 차지하지만 예산은 13%를 차지한다. 반대로 스포츠, 여가, 문화 부문 결사체는 전체 수의 66%를 차지하지만 예산 비중은 27%에 불과하다. 이와 같은 편차는 복지 및 의료 분야에서 활동하는 결사체의 규모가 더 크고 이들이 임금노동자를 더 많이 고용(급여 고용의 절반 정도가 의료 복지 분야다)하는 데에서 기인한다. 고용을 많이 하는 결사체일수록 공공 재정 지원을 더 많이 받는 반면 임금노동자가 없는 결사체에서는 자원봉사자의 노동력이 가장 큰 비중을 차지한다.

비록 여전히 보조금(2011년 예산의 24.7%)과 공공조달 시장(25%)을 통해 공공기관의 지원을 받고 있지만 결사체는 재원을 다각화하는 데 성공했다. 전반적으로 공공 지원은 2005년에서 2011년 사이에 연평균 1.9%씩 성장세를 보였다. 그러나 지난 몇 년간 지방 분권화와 함께 정부 지출이 주춤하면서 공공 재정의 구조가 수정되었다. 코뮌(평균적으로 -0.9%)의 재정 지원이 동기간 감소한 반면, 데파르트망(+5.8%), 유럽(+5.1%), 지역(+1.8%)의 지원은 증가했다. 이와 같은 변화 속에서 지자체가 가장 중요한 공공기관 파트너로 부상하게 된다. 전반적으로 보조금(2005년에서 2011년 사이에 -3.1%)은 감소한 반면 공공조달 시장 규모(+9.6%)는 늘어났다. 이와 같은 변화의 이면에는 위험도 도사리고 있다. 실제로 가장 '규모가 큰' 결사체들이 공공 조달에 입찰할 능력이 더 크기 때문이다. 보조금이 줄어들면 결국 중소 결사체가 가장 큰 타격을 입게 된다. 이와 같은 변화에 맞서 결사체는 회원들의 회비 또는 사용자들에게 판매하는 서비스로 자기자본을 확대해야 할 것이다. 서비스 판매를 위해서는 요금 책정에 대해서도 고민해봐야 한다. 이렇듯 결사체 부문은 현재 심층적인 변화를 겪고 있다.

프랑스 재단 관측소에서는 기부기금과 재단 수를 2011년 2,733개에서 2014년 47% 증가한 4,009개로 조사한 바 있다. 이미 2001년에서 2009년 사이에 재단 수는 52% 증가했었다.

<표 15> 법적 지위에 따른 재단의 수 추이 (2011-2014)

법적 지위	2011	2012	2014
공익성 인정 재단	617	626	621
기업재단*	293	313	344
산하재단	901	972	1,161
과학협력재단	31	37	41
협력재단	12	23	29
대학재단	28	27	20
기부기금	852	1,222	1,793
기부기금과 재단 총계	2,733	3,220	4,009

출처: Centre français des fonds et dotations, chiffres 2015.

프랑스에서 결사체를 대표하는 조직은 '결사체운동(Mouvement associatif)'이다. 1983년에는 국가결사체회의(CNVA)가 설립되나 2011년에 결사체고등위원회(HCVA)와 사회적경제의 다른 조직들과 긴밀하게 연계된 재단을 결집하는 사회적경제재단협회(ASFONDES)가 이를 대체하게 된다.

유럽과 세계로 확장

오랫동안 유럽의 협동조합과 공제조합, 결사체, 재단과 관련된 수치는 부분적인 연구나 조사의 결과물이었을 뿐 유럽 사회적경제에

프랑스의 사회적경제 : 효율성에 도전하는 연대

대한 전반적인 시각을 가질 수 없었다. 유럽경제사회위원회(CESE)[42]에서 2007년에 발간한 정보 보고서에서 처음으로 2002년에서 2003년 사회적경제가 유럽에서 차지하는 비중에 대해 수치를 제시하게 된다. 2012년에 보고서 개정판이 나오면서 2009년에서 2010년까지의 수치까지 망라해서 소개한다.

사회적경제가 유럽에서 차지하는 비중

유럽경제사회위원회에 따르면 유럽의 사회적경제는 '경제적인 측면에서나 인간적인 측면에서 상당히 중요'하다. 2010년에 유럽인 1,450만 명이 이 분야 종사자로, 유럽연합 27개 회원국에서 전체 경제활동인구의 6.5%에 해당한다. 2003년 전체 경제활동인구의 6%인 1,100만 명을 고용하면서 7년간 놀라운 성장을 보였다.

과거 15개 회원국에서 사회적경제 부문은 전체 인구의 7.4%를 고용했다. 벨기에, 이탈리아, 네덜란드, 스웨덴, 프랑스 같은 국가의 경우 경제활동인구의 9%에서 11.5%를 차지한다. 이렇듯 유럽연합 회원국 간에 사회연대경제의 비중이나 구성은 큰 편차가 존재한다.

전반적으로 결사체와 재단, 그에 준하는 기관들이 유럽 사회적경제 핵심 주체로 사회적경제 고용의 65%를 점하는 것으로 나타난다. 반면에 이탈리아, 스페인, 핀란드, 스웨덴처럼 신규 회원국의 경우 사회적경제의 핵심은 협동조합이다.

---

42 *L'économie sociale dans l'Union européenne,* rapport d'information élaboré par le CIRIEC pour le Comité économique et social européen, CESE/COMM/2005.

90개 회원 기관을 보유한 '유럽협동조합(Cooperatives Europe)'은 1억 2,300만 명의 회원을 둔 16만 협동조합을 대표하며 총 540만 명의 직원을 고용하고 있다.[43] 이들 기관 중 4,200개의 협동조합은행은 회원이 7,800만 명이고 고객이 2억 500만 명, 사원이 86만 명이다.[44] 국가에 따라 여신 시장은 25~45%, 고객 자산관리는 20~50%를 점하고 있다. 장래예비 및 건강 공제조합에서 보장을 받는 유럽인은 1억 6,000만 명 이상이다.[45] 보험공제조합은 직원이 35만 명이고 가입자가 2억 1만 명이 넘으며 유럽 보험 시장의 28% 이상을 차지한다.[46] 결사체 부문은 '시민'의 기능(유럽 시민의 절반이 결사체 회원이며 고용 사원이 약 1,000만 명이다)과 함께 유럽에서 점차 중요성이 부각되게 된다. 재단의 경우 11만 개의 재단에서 약 100만 명의 직원이 일한다.[47] 2013년 7월 2일 유럽의회에서는 유럽에서 차지하는 재단의 지위에 관한 결의안을 채택한 바 있다.

유럽에서 사회적경제의 대표성

2008년 1월 1일 이후 유럽의 사회적경제 주관 조직의 이름이 바뀌었다. 과거 CEP-CMAF(협동조합 공제조합 결사체 재단 유럽상설회의)에서 사회적경제유럽(Social Economy Europe)으로 이름을 바꾸고 경제적인 측

---

43 https://coopseurope.com/sites/default/files/Flyer%20Cooperatives%20Europe_.pdf.
44 출처: GEBC (유럽협동조합은행그룹)
45 출처: AIM (국제공제조합협회)
46 출처: AMICE (유럽공제조합협동조합 보험사협회)
47 출처: EFC (유럽재단센터, European Foundation Centre)

면뿐만 아니라 사회적 측면에서 부를 창출하는 유럽의 사회적경제를 촉진하고 사회적경제 주체의 역할과 사회적경제의 원칙을 유럽에서 널리 알리는 것을 목표로 삼는다.[48] 오히려 유럽집행위원회가 '유럽 2020전략의 목표에 기여하는 사회적 경제적 변화를 조직하는 것을 주된 목적으로 삼는' 사회적기업의 개념에 더 집중하는 것과는 다른 행보이다.[49]

사회적경제가 세계에서 차지하는 비중

세계의 상황을 보면, 국제협동조합연맹(ACI)은 세계 300대 협동조합기업을 총망라한 *Global 300*을 발간했다. 이들의 연 매출액은 약 2조 970억 달러에 이른다.[50] 전체의 41%를 차지하는 공제조합과 협동조합의 보험 분야는 계속 발전을 거듭하여 경제위기 이후 가장 빠른 성장세를 보인 세계 보험산업의 한 분야로 평가된다. ICMIF(국제협동조합공제조합연맹)에서 발표한 최근 통계에 따르면 2013년에 세계 시장에서 기록적인 시장 점유율을 보였다. 협동조합과 공제조합 보험사의 보험료 수입이 2007년에서 2013년 사이에 28% 증가한 반면 전체 보험 시장은 같은 기간에 11% 증가했다. 그 결과 공제조합과 협동조합 부문의 시장 점유율이 2007년 23.8%에서 2013년

---

48 Social Economy Europe, *Memorandum élections européennes, 2014*, www.socialeconomy.eu.org.

49 « L'initiative pour l'entrepreneuriat social de la Commission européenne », Direction générale Marché intérieur Services, 1ᵉʳ mai 2014.

50 순위는 http://ica.coop/en/global-300 참조

27.3%로 늘어났다.[51] ICMIF의 보고서에 따르면 임금노동자 110만 명이 이 분야에서 일을 하며 전 세계적으로 조합 보험 가입자는 9억 1,500만 명이다.

세계적으로 사회적경제는 경제, 금융, 의료, 사회, 문화, 스포츠 등 거의 모든 분야에서 발전해왔다. 가끔은 국내, 유럽, 국제적인 경쟁 (농산품 가공에서 금융까지 다양한 분야를 아우름)에 직면하기도 하고 가끔은 시장 밖 새로운 서비스를 주도하기도 했다. 부문별로 비중이 다르기는 하나 프랑스와 유럽의 사회 경제 부문에서 반론의 여지없이 탄탄하게 자리를 잡았다고 할 수 있다.

새로운 자금 조달 : 공공 재원, 크라우드 펀딩

사회연대경제가 서비스의 생산에 기여할 수 있도록 하기 위해 사회연대경제법과 별도로 정부는 자금 조달 장치를 다양하게 구상했다. 일례로 BPI(프랑스 공공투자은행)에서 진행하는 사업의 일환으로 5억 유로를 지원한 바 있다. 이는 정부가 사회연대경제를 인정했음을 보여주는 신호이다. 사회적 혁신, 생태 및 에너지 전환을 중심으로 하는 투자 계획이나 사업 입찰들도 이미 시작되었다. 경제협력지역 클러스터에 대한 지원은 이와 같이 집중 재원 조달의 지방 분권적인 성격을 보여준다.

---

51 http://www.icimif.org/fr/part-du-marche-mutualiste-mondial-2013

협동조합은행(크레디 아그리콜, 크레디 뮤추엘, BPCE 등)에서는 사회연대
경제 관련 금융정책을 지속해오고 있다. 크레디 코페라티프와 Esfin-
Ides 그룹은 사회연대경제의 기업과 조직을 위해 특히 자기자본 관
련 맞춤형 툴을 제안한다. Nef(금융협동조합)도 사업 범위를 점차 확대
해 나가고 있다.

가장 큰 '전환점'을 이루게 해준 것은 크라우드 펀딩이다. 사실 그
자체는 새로울 것(Cigales, Garrigue)[52]이 없지만 혁신적인 새로운 기술
수단이 등장하고 기존의 전통적인 모델을 뛰어넘을 뿐 아니라 예금
주들이 신속하고 효과적이면서 가능하면 윤리적인 투자처를 찾게
되면서 획기적으로 규모가 달라지게 되었기 때문이다. 즉 신속한 경
로, 대중의 참여와 디지털의 가속 효과가 결합된 것이다. 크라우드
펀딩 때문에 BPI[53]나 협동조합은행들이 사회연대경제 지역 조직,
특히 사회연대경제의 지역회의소나 파트너 기관과 함께 연계하여
이 분야에 관심을 갖게 되었다는 사실은 주목할 만하다. 크라우드
펀딩은 아직 초기 단계이다. BPI에 따르면 2012년 기준 6만 개의 프
로젝트에 4,000만 유로의 규모였다.

My Major company는 1,350만 유로, Ulule는 510만 유로, Bably-
loan은 500만 유로, Touscoprod는 230만 유로였다.

크라우드 펀딩이라는 것이 사회연대경제만을 겨냥하고 그 원칙
을 다 충족하는 것은 아니나 그 가치를 다르게 적용할 수 있는 도발
적이면서도 자극을 주는 요소가 된다. 이제 막 조직화를 시작하여

---

52 Pascal Glémain et Thibault Guénaud, *Finance solidaire et participative,* RIVESS, mai 2014 Sci-
encesconf.org/31053/document
53 http://tounosprojets.bpifrance.fr/

('크라우드 펀딩 프랑스'라는 단체 설립) 2014년 3월에 제1차 크라우드 펀딩
전국 회의를 조직했으며, 이후 2015년 3월과 2016년 3월에 후속 회
의를 주최했다.

<표 16> 신규 자금 조달

장치, 대상	재원의 유형	발신자	사례, 총액
사회적 혁신 투자기금 (Fiso)	사회적으로 혁신적인 프로젝트	BPI France	4,000만 유로
사회연대기업을 위한 대출	투자자를 위한 대출	BPI France (와 Sogama)	1억 유로 레지옹에서 개입 시 20에서 5만 유로 지분이 10만 유로까지 조정될 수 있다
사회연대경제 기업과 사회적 영향력을 추구하는 기업	자기자본	BPI France (와 CGSCOP, Crédit coopératif)	1억 유로
자기자본이나 인수 투자를 위한 기금 펀드	참여융자, 금융지주회사	Socoden, CG Scop, Crédit coopératif	우선적으로 무형자산 투자와 운전자금을 위해 1,500에서 30만 유로 융자
SCOP와 SCIC의 자기자본 확충	자본, 참여증권, 전환사채	Scopinvest, CG Scop	적어도 7년 기간 동안 최소 25,000유로 투입
Scop와 Scic를 위한 담보와 보증	중기 대출에 대한 보증, Crédit coopératif에서 제공하는 임대차 또는 BFR 조성	Sofiscop, CG Scop	자기자본 3,000만 유로
사회연대경제 기업과 중소기업을 위한 자본 투자	자기자본과 준 자기자본	Esfin-Ides와 Equiol	평가표에 윤리 기준 삽입, 100여 개의 사회연대경제 기업 대상

Scop 자본	인수, 전환, 설립 시 자기자본	페이드라루아르 지역 의회	출자 직원당 1,000에서 5,000유로 보조금 지급. 단, 수혜자당 5,000 유로 한도 내에서 자본 출자 금액까지
크라우드 펀딩	상환 가능 선금	BPI, CDC, 지역 등	
창업, 발전, 인수 차원에서 Scop와 Scic을 위해 상환 가능한 선금과 지역 보너스	투자 지원 및 자기자본 조성	일드프랑스 지역 의회	직원 1명당 1만 유로까지 상환 가능한 선금. 단, 인수 회사당 25만 유로 한도 내에서
미래형 투자 계획 (생태 및 에너지 전환)	준 자기자본	정부 대신하여 CDC	1억 유로

출처: http://www.financeparticipative.org,
　　　https://www.tresor.economie.gouv.fr/5050_consultation-sur-la-finance-participative

---

사회연대경제의 지역 재원 조달 리스트의 사례 :
페이드라루아르 지역

내 사업/조직 창설
신뢰 기금
기업 창업과 인수 신규 지원(NACRE)
청년들을 위한 창업 지역 보너스(PRCE-Jeunes)와 연대 창업 지역 보너스(PRCE-Solidaire)

협동조합 형태의 사업 설립 또는 인수
SCOP 자본

사업 발전/투자/재정 확충

사회연대경제 기업 이사회 지원을 위한 지역 기금(FRAC ESS)

사회연대경제 기업 투자 지원을 위한 지역 기금

사회연대경제 기업 보증을 위한 지역 기금(FRG ESS)

경제활동을 통한 통합 조직을 위한 지역 기금 (FGIE)

보호 작업장 개발을 위한 보증 기금(FGAP)

연대 기업 창업, 인수, 발전을 위한 보증 기금(FGES)

자기자본/자본 확충

결사체 착수 자금

결사체 출자 계약

INNOV'ESS

연대 페이드라루아르(연대 자본 기금)

협동조합으로 구축하기

지역을 위한 500개 프로젝트

경제협력 지역 클러스터 지원(PTCE)

기업의 사회적 책임 실천

페이드라루아르 RSE(책임 기업을 위한 자본 기금)

책임 기업을 위한 지원 지역 기금 (FRAC RSE)

출처: Guide CRIESS des Pays de la Loire, Fonds et Région Pays de la Loire

제 5 장

Économie sociale

3ᵉ édition

공공 및 민간 주체와의 독특한 관계

La solidarité au défi de l'efficacité

Des relations originales
avec les acteurs publics et privés

프랑스의 사회적경제 : 효율성에 도전하는 연대

다른 형태의 기업이나 조직과 마찬가지로 사회적경제 법인은 인정을 받고 정관을 채택하기 위해 정부에 의지할 수밖에 없었다. 쟈크 모로[1]가 지적했듯이 이로 인해 '도구화'의 위험, 개입 또는 책임과 권한에서 위험 요소가 발생하게 되었다. 그러나 이제 사회적경제는 독립적으로 인정을 받게 되었으며, 그 과정에서 중요하게 평가되는 두 시기가 있다. 하나는 1981년에서 1983년(기획국토개발부 산하 정부부처 간 담당 정책조정실 설치, 사회적경제라는 용어가 법제에 처음으로 등장)이고, 다른 하나는 2012년 이후(담당 부처 설치, 2014년 7월 법 등)이다. 정부와의 관계가 일상화되면서 관계가 조직화되고 명확해졌다. 정부, 지자체, 특히 도 또는 지역 단체와 새로운 형태의 협력이 가능해진다.

1980~1990년 : 정부에서 사회적경제 인정

정부와 사회적경제 간에 협력 관계가 발전하게 되면서 양측에 대표 기관이나 연맹이 생기게 된다. 1970년대에 사회적경제는 스스로 정체성을 찾고 인정을 받게 되는데, 바로 후에 CEGES(사회적경제그룹과기업협의회)가 되는 전국공제조합협동조합결사체위원회를 통해서

---

[1] Jacques Moreau, *L'économie sociale face à l'ultralibéralisme*, Syros, Paris, 1994.

이다. CEGES 역시 2014년 7월 31일자 법으로 창설된 프랑스사회
연대경제회의소에 자리를 내주게 된다. 역사[2]에서 파생된 여러 제
약으로부터 점차 자유로워지면서 사회적경제의 여러 주체들은 자
신들의 목소리를 내기 위해 조직화를 하게 되고, 이로써 입법자로
부터 본격적인 인정을 받게 된다.

프랑스사회연대경제회의소의 탄생

사회연대경제에 관한 법안 검토에 대해 의회 경제위원회에 제출한
보고서에서 론의 하원의원이자 보고관인 이브 블렝은 다음과 같이
지적한다. "이 기본법으로 사회연대경제 전체를 아우르는 대표 기
관이 전국적으로 인정받도록 해야 할 것이다. 이와 같은 정치적인
성격의 기관이야말로 현재 가장 필요한 것이고 정부와 대화 시 공
통의 대표를 가질 수 있게 해줄 것이다".

의회에서는 공공기관의 대화 상대자로 사회연대경제의 구성원을
아우르는 '프랑스사회연대경제회의소'를 인정하는 수정안을 채택
하게 되었다. 상사회사를 포함한 사회연대경제의 다양한 정관 상
의 형태를 국가 조직이 대표하고 CNCRES(사회연대경제지역회의소 전
국위원회)가 CRESS(사회연대경제지역회의소)를 대표한다. 이와 같은 조
치는 2014년 7월 31일자 제2014-856호 법 5조에 담겨 있다.

---

2 Jacques Moreau, « Pour une étude des rapports entre l'Etat et l'économie sociale : spontanéité et instrumentalisation », *RECMA*, n° 284, mai 2002.

이때부터 당사자들은 이와 같은 기관을 구성해야 했다. 몇 달에 걸친 논의 끝에 2014년 10월 14일 프랑스사회연대경제회의소가 설립되고 공식적으로 2014년 10월 24일 프랑스 경찰청에 신고를 하게 된다. 프랑스사회연대경제회의소의 설립으로 CEGES는 해체된다.

프랑스사회연대경제회의소의 7개 창립 회원은 다음과 같다.

―재단을 대표하여 프랑스기금재단센터

―CRESS를 대표하여 CNCRES

―협동조합을 대표하여 Coop FR(프랑스협동조합연합)

―공제법의 적용을 받는 공제조합을 대표하여 FNMF(프랑스공제조합전국연맹)

―보험법의 적용을 받는 공제조합을 대표하여 GEMA(상호공제보험조합그룹)

―결사체를 대표하여 Mouvement associatif(결사체운동)

―사회연대경제에 관한 법 제1조 II의 2에 명시된 상사회사와 사회적기업인을 대표하여 Mouves(사회적기업가 운동)

현재 프랑스사회연대경제회의소에는 활동 회원(ESPER, MES, FINAN-SOL)이 셋이고, 준회원(UDES)이 하나다.

프랑스사회연대경제회의소의 정관은 법으로부터 독립적이면서도 회의소의 사명에 관한 기본 정신은 그대로 계승한다. 사명은 다음과 같이 광범위하게 기술된다. "회원 간에 대화를 조직하기, 프랑스와 유럽, 세계 기관이나 공공기관, 사회 경제 주체를 대상으로 사

회연대경제 대표하기 (…), 사회연대경제의 가치와 이익, 특수성을
홍보하고 옹호하기 (…), 사회연대경제에 관한 조사, 연구, 데이터
의 생산과 배포를 촉진하기".

프랑스사회연대경제회의소는 사회연대경제국무장관과 사회연대
경제의 사명을 온전히 인정하는 인가 협정에 서명했다.

다르게 기업하기, 나라의 사회 경제 발전에 참여하기, 스마트하고
지속 가능한 포용적 성장을 증진하기, 양질의 좋은 일자리를 창출
하고 유지하기, 노동환경을 개선하기, 실질적인 복지와 위생의 필
요를 충족하기, 연대와 시민권과 책임을 조정하기. 이러한 것들이
야말로 프랑스 사회연대경제의 야심찬 목표이다. 프랑스와 유럽의
공공정책에서 자랑스러운 사회연대경제의 특수성과 유익성을 인
정하고 지지하고 지원할 수 있도록 프랑스 회의소는 독려하고 옹
호하여 제안하고 재촉하고 행동하는 것을 사명으로 삼는다.

2015년 1월에 프랑스사회연대경제회의소가 개소했다. 현재 여러
작업이 진행 중에 있다. 회원 간에 대화 조직하기, 사회연대경제법
적용에 대해 감시하기, CSEES(사회연대경제최고회의) 내 활동 준비 및
조율하기, 사회연대경제 현안에 대해 검토하기, 심층적인 분석 실
행하기, 프랑스 및 유럽 지중해, 국제 파트너와 공공기관에 맞서 프
랑스의 사회연대경제를 대표하기가 그것이다. 특히 프랑스사회연
대경제회의소에서는 공공기관과 정책 책임자들을 대상으로 사회
연대경제 발전에 관한 국가 전략 안을 구상하기로 했다.

프랑스사회연대경제회의소는 사회연대경제최고회의와 생태전환
국가위원회에 참석한다.

아울러 사회적경제유럽(Social Economy Europe)의 회원으로 유럽연합

기관(집행위원회, 이사회, 의회, 유럽경제사회위원회)에 대해 유럽의 사회
경제를 대표하는 사명을 갖는다. 또한 지중해 10여 개국 사회연대
경제를 대표하는 기관들의 결집체인 ESMED 네트워크 회원이기
도 하다.

□ **로제블로**
　프랑스사회연대경제회의소 회장

1981년: 장관과 사회적경제 관련 부처 간 정책조정실

　1980년대에 새로운 해결책을 찾는 정부 조직의 관심을 점차 받으
면서 사회적경제는 결국 '특수한 장치'를 마련하게 된다. 그 중 하나
가 1981년 12월에 신설된 사회적경제 관련 부처 간 정책조정실[3]이
다. 당시 기획국토개발부 장관인 미셸 로카르가 담당을 하게 되면
서 역사상 최초로 이 분야 장관이 된다. 2006년 2월 13일자 법령으
로 '혁신과 사회적실험, 사회적혁신 관련 부처 간 정책조정실(DI-
IESES)'[4]로 이름이 바뀐다. DIIESES는 각 부처와 따로 대화를 하던
협동조합과 공제조합, 결사체의 공통 대화 상대자가 된다.
　DIIESES의 임무는 '혁신적인 공익 사업의 발전을 (…) 증진하기,

---

3 Marcel Hipszman, « Quand furent posées les fondations d'une politique de l'économie sociale »,
　RECMA, n° 290, 2003.
4 Décret n° 2006-151 du 13 février 2006, *Journal officiel*, 14 février 2006.

협동조합과 공제조합, 결사체의 발전을 촉진하고자 하는 조치를 제안하고 조율하기 (…), 해당 분야에서 새로운 시도를 장려하기 (…), 사회적경제에 관여하는 공공기관과 조직 간에 협의를 진행하기 (…)이다'. 각 지역별로 연계 조직이 있는 DIIESES는 노동가족연대도시부와 경제산업고용부 산하의 소관인 반면 결사체는 보건스포츠부 소관이다. 이와 같은 사회적경제와 결사체 간의 '단절'은 공공기관으로부터 조직의 단일성을 인정받고자 했던 대표 조직에게 항의 대상이 되었다. 2006년 법령으로 사회적경제최고회의(CSES)가 설치되면서 공공기관과 사회적경제의 다양한 부문 간 협의가 이루어질 수 있게 되었다. 2009년 초에 담당 정책조정실의 역할을 축소하는 새로운 변화가 시작된다. 2010년 1월 DIIESES는 사회통합총국 산하의 단순 부서로 전환되며 사회통합총국은 겉으로 드러내진 않지만 사회연대경제 담당 정책조정실의 역할도 수행하게 된다.

2012년: 사회연대경제 담당 장관

브누아 아몽은 2012년 5월 16일 사회연대경제 담당 장관(후에 사회적경제 및 소비)으로 임명된다. 미셸 로카르가 사회적경제, 특히 DI-ISES를 담당했던 이후에는 사회적경제 전임 장관이 있었던 적은 없었다. 그의 뒤를 이어 발레리 푸르네롱이 2014년 4월부터 6월까지 상업수공업소비사회연대경제 국무장관직을 수행했고, 2015년 6월까지 카롤 델가, 그리고 그 후에 마리틴 펭빌이 뒤를잇게 되었다. 1984년에서 1986년까지, 그리고 2000년에서 2002년까지 국무장관들이 있었다. 담당 장관의 입장에서는 사회통합총국(DGCS), 노동총국(DGT), 사회보장총국(DSS), 청년대중교육결사체총국(DJEPVA)이 있다 해도 부처 고유의 행정 체계에 의존할 수 없다는 것을 인지하게 되고 재정경제부와 공동으로 재무감찰국과 복지감찰국에서 '사회연대경제의 공공정책에 관한 평가'를 시행하도록 한다. 평가 결과 조정실의 빈약한 재정이 드러나게 된다. 2006년 13개의 전일제 일자리가 4개로 줄어들었으며 2013년 기준 예산은 500만 유로로 제한된 것으로 나타났다. 이전 예산이 더 높았으나 당시에는 다른 사업(가령 연대 활성화 수당에 대한 실험)이 일시적으로 포함됐었기 때문에 비교하기는 힘들다.

따라서 2012년부터 더 강력해진 정치 부문과 양질이나 부족한 행정 부문 간에 불균형이 감지된다. 보고서에서는 새로운 조직의 설치에서부터 현재의 '혁신과 사회적실험, 사회적경제국(MIESES)'을 강화하는 것 아니면 진정한 조정실이나 적어도 그 역할을 할 수 있는 팀을 다시 만드는 것까지 다양한 해결책을 제안하게 된다. 어느 경우가 됐든 '부처 간 소명이 필수적'이고 '장관과 역할 분담이 제대로 이루어져야' 하며 '지방 분권 행정 서비스나 지자체와 공조'해야 할 것을 강조한다. 마지막 부분은 상당히 중요하다. 보고서의 작성자들은 지방의회가 사회연대경제에 적극적으로 관심을 갖고 참여하지만 정부와 행동을 조율하거나 CRESS와 대화하고 일을 하기에는 수단이 부족하다는 점을 지적한다.

'사회연대경제 대표위원' 직 재설치

몇 달 후 2015년 12월 11일자 법령으로 사회연대경제 대표위원 직이 설치된다(아래 내용 참조). 사회연대경제 부문에서 원했던 바와 달리 부처 간 기능이 명시되지는 않았지만 재무국장 소속으로 법령 5조에서 여러 부처 장관이 그 이행을 담당한다고 되어 있다. 2015년 12월 23일 내각회의에서 오딜키르 슈네르가 대표위원직에 임명된다. 재무회계부 홈페이지에는 '사회연대경제 부처 간 대표위원'으로 명시되어 있다.

사회연대경제 대표위원 도입에 관한 법령

■ **제1조**
재무국장 소관 하에 사회연대경제 담당 장관의 제청으로 내각회의에서 법령으로 사회연대경제 대표위원이 임명된다.

■ **제2조**
사회연대경제 대표위원은 다음과 같은 임무를 갖는다.
첫째, 국가 차원에서 사회연대경제의 발전을 지지하고 촉진하기. 그런 의미에서 관할 범위 안에서 2014년 7월 31일자 법률 제1조에서 대상으로 하는 사회연대경제 기업을 지원하기 위한 조치에 대해 연구하고 제안하고 조율한다. 또한 이들 기업 금융에 관한 공공 지원 장치를 구상하고 후속 조치를 마련한다.

둘째, 공공 단체와 사회연대경제 대표들과 연계하여 사회적 혁신과 이들 기업들의 실험 개발에 참여하고, 프랑스나 해외에서 주도적으로 시도한 조치들을 파악하고 평가에 착수하기. 그런 의미에서 빈곤 및 사회적 소외 퇴치를 위한 국가 정책 위원회와 경제활동을 통한 통합 국가 위원회 활동에 함께 참여한다.

셋째, 사회연대경제최고회의와 함께 공공기관과 사회연대경제 관련 조직 간의 협의를 활성화하기.

넷째, 부처 간 차원에서 사회연대경제를 담당하는 행정기관들 간에 공조하기.

다섯째, 사회연대경제최고회의와 협력최고회의의 작업 모니터링하기.

여섯째, 제3조에 명시된 행정기관의 권한 범위 내에서 유럽 또는 국제기구에서 프랑스를 대표하기.

일곱째, 사회연대경제의 지역 담당관 네트워크를 활성화하기.

대표위원은 총리와 사회연대경제 담당 장관에게 보고를 한다.

■ 제3조

임무 수행을 위해 대표위원은 사회연대경제 담당 장관 소관 부서의 도움을 받는다. 특히 기업총국, 사회통합총국, 고용및직업교육총국, 노동총국, 청년대중교육결사체총국과 국토균형발전위원회와 일한다.

필요에 따라 공공재정총국, 사회보장총국, 공적자유및법무국, 지자체총국과 민사국의 도움을 받기도 한다.

■ 제4조

본 법령은 2016년 1월 1일자로 발효된다.

■ 제5조

재정공공회계부 장관, 복지건강여성인권부 장관, 노동고용직업교육노사대화부 장관, 경제산업디지털부 장관, 주택국토균형농촌부 장관, 도시청년스포츠부 장관, 국가개혁간소화 담당 국무장관, 상업수공업소비사회연대경제 담당 국무장관은 프랑스 공화국의 관보에 게재된 본 법령의 집행을 각자의 권한 범위에서 담당한다.

□ Extrait du décret n°2015-1653 du 11 décembre 2015, *Journal officiel* du 13 décembre 2015.

공공기관과 긴밀한 협력 가능성

사회적경제기업들은 집단의 자주성과 연대를 발전시키고 민주적인 운영 방식을 채택하고 부의 공정한 분배를 추구하면서 이들의 행동이나 사업이 많은 부분 공공정책의 범위와 겹치게 된다. 협동조합, 공제조합, 결사체, 재단은 정부와 공공 단체들 입장에서 공익의 목표를 추구하고 만족시키기 위해 협력할 수 있는 파트너로 점차 인식되어왔다. 사회통합이든, 소외층의 편입이든, 의료서비스의 보편적 접근이든 또는 농촌 및 도시 지역의 사회 경제 조직의 유지든 마찬가지다. 2014년 초에 서명한 '정부, 결사체운동, 그리고 지자체 간 상호 약속 이행 헌장'에서는 정부, 결사체, 지자체 간의 관계를 다시

한번 공고히 하게 된다.

정부와 사회적경제 간 파트너십은 여러 분야에서 시의적절해 보인다. 전국의료복지비영리민간단체연합회(UNIOPSS), 재가서비스돌봄지원전국연합회(UNA), 전국아동청소년성인보호단체연합회(UNASEA), 성인및청년장애인단체(APAJH)와 같은 회원 결사체의 사업 분야는 공공기관이 담당하는 분야와 상당 부분 겹친다. 바로 의료센터, 노년층 입원, 장애인, 소외 계층 등이다. 경제 위기와 재정 긴축으로 이들의 관계도 영향을 받는다. 관련 분야 결사체들은 2015년 이들에게 우호적인 방향으로 금융 세제 복지정책이 수립되기를 바랬다. 복지 의료 분야에서 사회보장 체계의 보충적인 역할을 하는 상호건강보험(mutualité)을 언급할 만하다. 상호건강보험 역시 '삶의 위험(질병, 사고, 고령, 인생)으로부터 보호하고자 하는 전통적인 활동'을 포함한다.[5] 농업상호보험사는 보충적인 역할 외에도 농업 종사자의 건강보험 관리를 종종 맡는다. 또 다른 사례로는 특히 청년층의 고용 창출이 있고, 다른 하나는 대인 서비스 부문의 발전을 꼽을 수 있다.

공공 주체들은 특히 청년들의 고용 상황에 대한 우려가 크다. 1997년 조스팽 정부는 신서비스－청년고용(NSEJ)이라는 프로그램을 수립했고 뒤를 이어 사회로의 통합계약(CIVIS)과 같은 다른 제도가 도입되었다. 에로 정부에서는 '미래 일자리'[6]라는 제도를 만들었는데 대부분 사회연대경제에서 창출된 일자리였다.

---

5 Gilles Huteau, *Sécurité sociale et politiques sociales*, Armand Colin, Paris, 3ᵉ éd. 2001.
6 Loi n° 2012-1189 du 26 octobre 2012.

반면에 2014년 7월 사회연대경제법이 채택됨에도 불구하고 생산적 회복과 성장 정책에서 정부와 사회연대경제 간에 두드러진 협력은 없었다.

사회연대경제사용자연합회(UDES)의 노사 대화 참여

직업훈련, 고용, 사회적 민주주의에 관한 2014년 3월 5일자 법 이후로 UDES는 이제 온전한 사회적 파트너로 공식 인정을 받는다. 본 법은 사회연대경제의 사용자를 정식으로 인정하는 새로운 단계의 토대가 된다. 그 이유는 농업, 사회연대경제와 자유전문직 업종 간, 분야 간 다층업종의 층위가 만들어지고 그 결과 대표 조직(FNSEA, UDES, UNAPL)들이 전국 노사 간 대화에서 대화 당사자의 지위를 갖게 되었기 때문이다. 2015년 기업들의 신고를 토대로 2016년에 측정하게 될 사용자 집단의 대표성과 동시에 2017년에 대표성 재확인의 첫 단계가 예정되어 있다.

업종 조직의 역사에 비추어 최근에 들어와서야 조직화가 시작된 사회연대경제 사용자의 경우 새로운 책임을 동반하는 상당한 발전이다. UDES는 이제 경영인 협회(MEDEF, CGPME, UPA)에서 논의의 상단에서 전국단체협약(ANI) 서명 전에 공식적으로 찾는 협의 대상이다. 협상이나 서명의 대상인 문건이 있을 때 연합회에서는 사회연대경제 사용자의 이익과 특수성을 옹호할 수 있게 된다. 기업 노사 간 대화의 현대화 또는 관리직노동자보충연금기금(AGIRC)과 일반노동자보충연금기금(ARRCO)의 보충 연금제도 개혁에 대한 협상의 경우가 그랬다.

2014년 3월 5일자 법으로 UDES 대표들은 국가고용훈련진로위원회(CNEFOP)와 지역 조직이자 연수 공공정책 운영 기관인 지역고용훈련진로위원회(CREFOP) 안에서 의결권을 행사할 수 있다. 이와 같은 곳에서 UDES가 자금 조달 프로젝트와 방향을 옹호할 수 있어야 한다. 그렇게 해야 구직자들이 사회연대경제 분야로 진출할 수 있도록 연수 지원을 하고 교육훈련 개별계좌와 같이 법으로 도입한 새로운 장치를 활용하여 해당 분야 직원들을 훈련시킬 수 있다. UDES는 고용진로위원회(COE)와 10여 개의 지역경제사회환경위원회(CESER)에도 상주하며 노사대화고등위원회, 노동조건정책심의회(COCT), 노동쟁의고등위원회, 국가단체교섭위원회(CNNC)와 같은 핵심 기구에도 향후 참여하게 될 것으로 보인다. 국가단체교섭위원회에 참여하고자 하는 것은 오랫동안 UDES의 바람이었다. 실제로 사회연대경제 사용자들 입장에서는 단체교섭이나 사회법, 협약 연장 절차, 특히 직원을 위해 사회연대경제 부문에서 체결된 것과 관련된 핵심 결정에 참여하는 것이 무엇보다 중요하기 때문이다.

연합회에서는 사회연대경제 기업을 대표하고 옹호하기 위해 우선적인 활동을 규정한 바 있다. 퇴직연금정책심의회(COR)나 사회보장금융고등위원회(HCFPS)와 같이 고용, 직업훈련, 노사 대화, 노동자 건강, 사회보장 분야이다.

마지막으로 연합회는 지난 몇 년간 정부에서 주최한 각종 노사회의에 적극적으로 참여했다. 주로 노사 파트너나 지자체 대표, 경제 공공기관 대표들과 함께 '우선적인 사업 분야'를 규정하기 위해 사

회적 로드맵을 작성하는 것을 목표로 하는 회의들이었다. 연합회
는 정부나 노사 파트너의 요청에 응답하고 향후 진행되는 회의에
서도 당사자들의 입장을 옹호하여 사회연대경제 사용자들의 목소
리를 높이고 이들의 의견이 받아들여지고 이익을 수호하도록 할
것이다.

국가 또는 지역 노사 대화에서 UDES가 새로이 차지하는 위치는
사회연대경제 사용자들의 입장에서 기회이자 책임이다. 논의의 중
심에서 목소리를 내고 사회연대경제와 그 안의 기업적 특수성을
알릴 수 있기 때문이다.

□ **알랭 코르데스**
USGERES(UDES의 전신) 회장(2005~2015년).

공공기관과 결사체(민간단체) : 조직화된 특수 파트너십

사회적경제 조직과 공공기관(정부나 지방자치단체)은 다수의 법적, 재
정적 관계를 맺는다. 공공기관이 사법기관들에게 자신들에게 위임
된 사업을 위탁할 수 있기 때문에 특히나 계약화 방식이나 결사체
와 공공기관과의 관계에서 다양성이 중요해진다. 이들은 사회적 관
광, 문화, 위생, 복지 분야에서 주로 결사체와 일을 하게 된다.

법적 관계

30여 년 전부터 공공기관에서는 결사체의 이와 같은 역할을 인정하고 그 역할을 부여해왔다. 1982년에 시작된 지방 분권화로 공법상 법인과 결사체 간의 파트너십이 가속화되었다. 결사체가 발전하고 공공기관과의 관계 속에서 전문화되면서 '사회적 국가'에 기여하게 된다. 공공 주체(정부, 지방자치단체, 사회보장기구)와의 관계를 규정하는 법적 장치는 다양하다. 그 중에서 세 개의 계약화 방안을 구분할 필요가 있다.

보조금

이는 정부든 지자체든 가장 보편화된 파트너십 방식이다. 결사체가 정부나 공공기관 또는 지방자치단체의 공공 재원을 받기 위해서는 결사체의 정관, 이사회 임원 명부, 지난 회기 재무제표, 당해 년도 예산, 자기자본 금액, 사원에 대한 정보, 세금 납부 증명서 등이 포함된 서류를 제출해야 한다. 제3장에서 언급했듯이 사회연대경제법에서 보조금에 대한 법적 정의가 규정되면서 결사체의 파트너로서의 역할, 대화의 논리, 결사체 활동의 존중을 인정하는 큰 발전을 이루게 되었다.

공공서비스 위탁

공공기관과 결사체 간에 또 다른 형태의 파트너십인 공공서비스 위탁은 공공기관이 자신들이 맡아야 하는 임무를 결사체에 위임하는 것이다. 일반적으로 공공서비스 위탁은 공공기관과 '사팽법'이라 불리는 1993년 1월 29일자 제93-122호 법의 적용을 받는 사법상 조직 간에 공조 방식이다. 수혜자가 결사체인 경우 몇몇 특수성이 존재하기는 한다. 2001년 12월 11일자 제2001-1168호 법에 정의된 공공서비스 위탁은 '공법상 법인이 자신이 책임이 있는 공공서비스의 운영을 공공 또는 민간 수탁자에게 위임하고 그 보상은 실질적으로 서비스 운영 결과와 연계된다. 수탁자는 시설 건립이나 서비스에 필요한 설비 구매를 부담할 수도 있다(제3조)'.

공공서비스 일방적 배정

세 번째 파트너십 형태는 결사체에게 공공서비스를 일방적으로 배정하는 것이다. 결사체를 비롯하여 일부 사법상 기관들은 이렇듯 법령이나 조례, 또는 훈령으로 공공서비스 사업을 위탁받는다. 이런 경우 계약으로 맺어지는 것이 아니라 일방적인 위탁이다. 행정관청에 대한 의존도에 따라 결사체를 다음과 같이 세 유형으로 구분할 수 있다.[7]

첫째는 협업 결사체다. 정부가 결사체에 특권을 부여하게 되면 보통법상 과도한 종속 상태에 놓이게 할 수 있다. 가족형 민간단체나 일부 스포츠연맹이 이에 해당한다.

둘째는 혼합형 결사체다. 공인 또는 민간인이 결집한 형태로 공동관리보다 더 앞선 형태의 조직이다. 관광협회가 여기에 해당된다.

마지막으로 거의 공공 기금으로 운영이 되고 공인을 결집한다는

---

7 Didier Linotte et Raphaël Romi, *Services publics et droit public économique*, Litec, Paris, 4ᵉ édition, 2001, p. 293에서 분류 차용.

점에서 이른바 '행정' 결사체라고 부르는 유형이다. 문화의 집이 이에 해당된다.

이와 같은 혼재성으로 사법과 행정법을 결합하는 특별한 법제가 마련된다. 국사원에서는 공권력의 특권을 전혀 보유하지 않은 스포츠 단체에서 조직한 럭비 경기 중 사고를 당한 희생자가 별도로 일반법원에서는 결사체를, 행정법원에서는 국가를 상대로 소송을 할 수 있다고 인정한 바 있다.[8] 공공서비스의 일방적 배정 시 상황의 다양성만큼 공공기관의 통제 방식도 다양하나 대체로 강한 통제를 행사하는 편이다.

사업 위탁에서 '공동 구축' 까지

2001년 6월 전국결사체회의(CNVA)는 '결사체의 발전에 있어서 가장 핵심적인 문제는 (…) 결사체가 공익을 위한 임무와 서비스, 행동을 수행하는 순간부터 발생하는 정부, 지자체, 결사체 간 공조 방식과 관계에 관한 것이다'[9]라고 지적한다. 결사체의 권리를 도입한 법의 100주년을 맞아 정부와 결사체는 새로운 방식의 관계 설정을 위한 토대를 마련, 2001년 7월 상호약속헌장에 서명하면서 이를 공식화하게 된다. '공화국과 결사체 간 상호 신뢰계약'을 넘어서 본 헌장은 결사체 100년간의 역사에서 교훈을 얻어 결사체의 자율성을 보

---

8 CE 2 février 1979, ministère de l'Agriculture c/Gauthier, *L'Actualité juridique. Droit administratif (AJDA)*, novembre 1979, p. 49, conclusion Dondoux.

9 CNVA, *Le CNVA au service de la liberté d'association*, La Documentation française, Paris, 2001.

호하고 공공기관이 결사체의 도움으로 수행하는 사무의 질을 보장하기 위해 우선시해야 하는 주요 규칙을 규정한다. 각자의 역할을 명확히 한 헌장 덕분에 투명성이 제고되고 국가와 결사체 간의 관계가 안정화되었다. 이는 쟝 미셸 벨로르제가 '파트너십의 테마'라고 부른 것으로 '상호 의무'를 가리킨다.[10]

2004년에는 정부, 공공단체, 결사체 간 대화와 협의를 촉진하고자 '전국결사체회의'가 조직되었으며, 이때 다음 세 개의 핵심 주제가 선정되었다.

—다년간 목표 협약과 관련하여 공공기관과 결사체 간 계약 관계 강화
—민간 대화에서 결사체의 입지 강화
—자원봉사 활동의 인정과 지원

논의 결과[11]는 2006년 1월 23일 당시 국무총리였던 도미니크 드 빌팽이 참석한 전국결사체회의에서 소개되었다. 총리는 그 자리에서 25개의 대책을 발표한다. 그 중에는 국가에서 보조하는 결사체 임원과 자원봉사 진행자의 보험 도입, 결사체 지원자의 식사 바우

10 Jean-Michel Belorgey, *Cent ans de vie associative*, Presses de Sciences Po, Paris, 2000. 다른 시각은 다음 참조 *Des associations, en général... Vers une éthique sociétale*, Rapport de Jean-Pierre Decool, député du Nord, au Premier ministre, mission parlementaire auprès de Jean-François Lamour, ministre de la Jeunesse, des Sports et de la Vie associative, Bibliothèque des rapports publics, La Documentation française, Paris, 2005 http://lesrapports.ladocumentationfrancaise.fr/BRP/054000459/0000.pdf.

11 상세한 내용에 관해서는 다음 참조: Conseil national de la vie associative, *Bilan de la vie associative 2004-2007*, La Documentation française, Paris, 2007, p. 51 이하.

처 신설, 다개년 목표 협약의 최대 기간에서 3~4년 연장, 결사체의 융자 용이성을 위해 예금공탁금고의 지원으로 결사체보증기금 설치 등이 포함된다.

2014년 당시 총리였던 쟝 마크 에로가 서명한 상호약속헌장에서는 공공 주체와 결사체의 공공 행동 구축에 대한 원칙을 도입하게 된다. 이와 같은 논리에 입각하여 공공 행동은 공공기관의 행동과 결사체에서 조직하는 시민 행동의 조율로 확대하여 규정된다. 핵심은 공공기관이 불신을 받는 분야에서 공공 행동 쇄신을 꾀하도록 하는 것이다. 공공정책에서 시민의 참여를 강화하는 것 역시 민주주의 사안 중 하나이다.

사회참여

사회참여는 서로 다른 성격을 지니고 다양한 측면을 보인다. 가령 결사체운동은 결사체와 단체 네트워크에 정보를 제공하고 홍보하기 위해 '시민서비스청, 결사체시민서비스위원회와 함께' 참여한다. 혁신적인 결사체를 홍보하는 '참여하는 프랑스(La France s'engage)'에도 함께한다.

지방자치단체/사회적경제 파트너십 : 이미 시작된 도약

몇 년 전부터 지역과 지역 자원의 중요성이 날로 부각되고 있다. Fonda[12]의 회장이었던 쟈클린느 멩젱이 지적했듯이 '지역은 이제 단순히 행정적인 분할이 아니라 자원의 기치를 높이고, 진정한 지역 사회의 통합과 발전을 위해 일하고자 하는 공동의 의지를 가진 주체들이 함께하는 공간'이다. 지방 분권화가 진행되면서 사회적경제는 지역의회, 도의회, 도시 및 농촌 마을에서 먼저 찾는 파트너가 되었다.

지역 정책과 사회적경제

사회적경제의 지역 진출은 역사를 거슬러 올라간다. '지역화를 해체하기는커녕 세계화가 이를 가속화한다'라고 쟝 프랑수와 드라페리는 주장했다. 그는 사회적경제, 특히 협동조합운동이야말로 '경제를 지역과 연결'시켜주는 적임자라고 판단했다.[13] 대규모 협동조합의 75%가 본부를 지방에 두고 있는 반면, 대규모 유한회사들의 91%가 파리나 일드프랑스 지역에 본부를 둔다. 지방 분권화와 관련된 법들이 연속적으로 발효되고 코뮌(시, 군), 데파르트망(광역), 레지옹(지방)에서 안정적인 사회 경제 조직을 구축하고자 하는 의지로 인해서 사회적경제 조직에 관한 관심이 높아지게 되었다. 실제로 사회적경제 조직들이 혁신적인 사업과 고용 창출로 지역 현대화에 기여했다. 사회적인 관계를 생성해내고 지역 민주주의가 발현되게끔 한

---

12 CPCA, « La vie associative », *Editions régions. Bulletin d'information*, n° 2, octobre 2001.

13 Jean-François Draperi et Jean-Marc Touzard (dir.), *Les coopératives entre territoires et mondialisation*, Institut de l'économie sociale, Maison des sciences de l'Homme, coll. « Les Cahiers de l'économie sociale », n° 2, L'Harmattan, Paris, 2003. Serge Koulytchizky, « Place de l'économie sociale dans la construction de l'intérêt général à partir de l'initiative locale », *RECMA*, n° 302, novembre 2006.

것이다. 이는 지자체에서 추구하는 목표들과 상통한다.

지역의회에서 펼치는 정책에 대한 분석 결과 교육 및 연수, 의료 및 복지 사업, 스포츠와 같이 이미 오랫동안 사회적경제와 지자체가 구축한 관계를 넘어서 새로운 협력 분야가 나타나고 있다. 지역 내에서 진행되는 현재의 변화(마을관리집단(관리 코뮌 그룹)의 부상, 페이(pays)라는 권역 단위 설치)들은 지역 단위에서 협력을 쇄신할 수 있는 기회가 되기도 한다. 지방 분권화로 자극을 받은 지방의회들도 따라서 지역의 사회 경제 활동을 활성화시킬 수 있는 파트너를 구하게 되었다.

'사회연대경제: 지역 발전에 기여하기-이슈, 이니셔티브, 관여 방법'이라는 제목의 전문가 단체 보고서[14]에서는 경제 발전과 사회적 혁신에 대한 지원, 지역 자원의 가치 향상, 민주주의와 거버넌스의 새로운 형태 개척과 같은 핵심 사안에 대해 논한다. 협력의 다양한 층위와 유형에 대해서도 설명한다. '코뮌(commune)과 사회연대경제: 국민을 위한 근린성', '사회연대경제와 코뮌연합(intercommunalité): 새로운 경계선', '데파르트망(département)의 사회연대경제: 사회적 정착', '레지옹(région)과 사회연대경제: 완벽한 커플?'.

사회연대경제지역회의/지역의회/중앙정부 간의 파트너십은 다음과 같은 목표를 중심으로 발전하게 된다. 경제협력지역거점(PTCE), 사회연대경제의 조직화 지원, 사회연대경제 기업 창업 지원, 공익협동조합 설립 특화 지원, 경제활동을 통한 통합 조직 특화 지원, 사회연대경제 훈련 지원, 지속가능개발 계약에 사회연대경제 편

---

14 Didier Tcherkachine (dir.), *Économie sociale et solidaire : contribuer au développement des territoires*, coll. « Dossier d'experts », Territorial Edition, Voiron, 2015.

입 등이다. 사회적경제는 도시에 관한 정부 정책 고유의 목표와 관련해서도 이해 당사자 중 하나다. 그 중 한 예가 사회연대경제 및 소비 담당 장관과 도시 담당 장관이 서명한 '2013-2015년 우선 지역을 위한 목표 협약'이다. 목표 협약은 '효과적으로 행동하기 위해 사회연대경제에 대한 지식을 개선하기', 'SCOP, SCIC, CME와 같은 협동조합 모델을 홍보하기', '동네 청년들의 사회연대경제 일자리에 대한 접근성을 높이기' 등을 목표로 삼는다.

2014년 7월 31일자 사회연대경제법에서 사회연대경제/지방자치단체/정부 간의 관계에 대한 지금까지의 교훈을 담아 제7조부터 10조까지는 사회연대경제의 지역 정책에 대해 제언을 한다. 지방 단위에서 '지역사회연대경제회의소와 사회연대경제 기관 및 기업과 협의하여 사회연대경제의 지역 전략을 수립하고 데파르트망, 코뮌, 코뮌그룹 협력 공공기관과 더불어 협의된 전략의 실행을 위해 계약을 체결해야 한다'. 사회연대경제 지역회의가 매 2년마다 개최된다.

법에는 경제협력지역거점(PTCE)에 대한 내용도 담겨 있다.

따라서 사회연대경제와 관련하여 지속 가능한 공공정책의 홍보이며 관련자들이 새로운 시도를 주도하고 지역 단위에서는 새로운 차원으로 일할 수 있도록 하는 것이다.

이와 같은 조치는 사회연대경제로 하여금 현재의 경제, 사회, 환경, 문화, 스포츠 등의 정책에 대안적인 정책을 제안하고 실행할 수 있는 분야를 개척하도록 독려한다.

사회적경제는 이렇듯 공익성과 사회적 효용성, 환경적 효용성, 경제적 효율성을 결합하는 거버넌스를 통해 지역 자원을 활용하고, 창조하고 재배치하면서 기초 및 광역 단위의 주체들을 결집하게 한다.

사회적경제의 지역적 체계화

관련 법에 힘입어 사회연대경제지역회의소(CRESS)는 사회연대경제의 구성 기관이나 지역과 다른 공공 단체들 간에 상호 협력을 촉진하고 사회연대경제 자체와 지역 발전을 위한 구체적인 행동 실행을 지원하기 위한 수단을 마련하게 된다. 또한 행정 체계 개편으로 생긴 큰 규모의 레지옹에 발맞추어 정책을 펼쳐야 한다.

CRESS 네트워크(결사체)는 이중의 목표를 추구해왔다. 법에서 규정된 임무를 수행하기 위한 공통의 토대 갖기와 공동의 정관 채택하기이다. CRESS의 임원과 경영진 통합은 스스로 2016년 상반기에 계획했던 것이다. 또한 그런 차원에서 CRESS, 레지옹이나 행정 분권 서비스 간에 계약화의 개혁이 미치는 영향에 대해서 고찰하는 것이기도 하다.

이들의 임무는 다음 여섯 가지다(제6조).

첫째, 공공기관에 맞서 사회연대경제의 이해관계 대표하기

둘째, 기업의 창업과 발전, 유지를 위해 지원하기

셋째, 기업의 경영진과 직원을 위한 연수 지원하기

넷째, 사회연대경제 기업과 관련된 사회 경제 데이터를 수집하고, 관리하고, 제공하는 데 기여하기

다섯째, 기업들에게 사회연대경제의 유럽 상황에 대해 정보를 제공하고, 유럽연합 다른 회원국에서 활동하는 동일 분야 기업들과 연결해주기

여섯째, 헌법 제73조의 적용을 받는 지방 단체의 경우 사회연대경제와 관련된 지방단체의 국제 협력을 발전시키고 촉진하기

이들 소관이며 본 법 제1조 II-2의 적용을 받는 기업들이 본 조항에서 규정한 조건을 준수하도록 하기 위해 법정에 출두할 수 있는 자격을 갖는다.

레지옹의 국가 대표와 지방의회 회장과 인가 협약을 맺는 당사자가 된다.

사회연대경제 발전을 위한 CRESS와 CNCRES

오랜 논의와 의견 교환 끝에 사회연대경제에 관한 법이 마침내 2014년에 발표되었다. 기대에 미치는 결과인가? 2014년은 과연 사회연대경제에 상징적인 해가 될 것인가?

사회연대경제의 많은 주체들과 마찬가지로 CRESS와 CNCRES 네트워크 역시 지방이나 국가 또는 유럽 GDP에서 사회연대경제 기업들이 차지하는 중요성을 부각하고자 오랫동안 노력해왔다.

결국 이는 사회연대경제를 인정하고 장기적으로 지속시키고자 하는 의지가 반영된 것이다.

정치적 접근이나 입법적 접근만으로 이를 해석하기에는 부족하다.

사회연대경제의 환경이 급속도로 변하면서 각 주체들의 변화 의지는 이미 오래전부터 존재해왔다.

레지옹 단위에서 이와 같은 변화는 더욱 두드러진다. 레지옹이야말로 사회연대경제에서 경제 발전의 원동력인 기업들이 실제로 활동하는 무대이기 때문이다.

법에 명확하게 규정되어 있듯이 CRESS는 사회연대경제 조직의 결집 장소이자 협력적이고 일관성 있는 지역 정책을 위한 공공기관의 우선적인 대화 상대자이다. CRESS는 관찰의 기능과 구성 기업들 덕분에 분야에 대한 지식을 보유하고 있으며, 연수·활동과 각 지방에서 사회연대경제의 활동을 지원한다. 또한 사회연대경제를 위한 유럽 정책과 관련된 자료를 제공하는 기관이 된다.

CRESS의 활동에서 경제가 차지하는 비중은 상당하며 구성원들이 기대하는 바도 우선적으로 경제와 관련되어 있다. 따라서 지역 경제 발전의 주체로서 CRESS를 인정하는 것이 효율적이다.

사회연대경제 기업의 니즈를 효과적으로 충족하기 위해 CRESS 네트워크는 내부 조직의 개편을 단행하고 더 강력한 통합을 꾀하게 된다.

CRESS의 상부 조직으로서 CNCRES는 이와 같은 변화의 조율자로서 변화가 실행되도록 기여한다.

지역 정책의 핵심에서 CRESS는 자신들에게 부여된 목표를 달성할 수 있도록 공동의 정책을 펼치게 된다. 사회연대경제 기업에 대한 지원 외에도 CRESS는 지방에서 사회연대경제의 효율성을 보장한다.

CRESS에서는 그들의 임무와 정관에 대한 조율을 최종적으로 인가하게 된다. 이 단계는 다음 단계의 토대가 되며 행정구역 개편 영향으로 CRESS 역시 활동 구역을 변경해야 한다.

CRESS가 26개에서 17개로 축소되는 과정은 반론의 여지 없이 중요한 변화가 될 것이다. 새로운 지역에서 사회연대경제 기업들과 구역의 범위, 새로운 개입 방법, 인적 자원 운영, 새로운 근린성 확보 등의 사안이 새로이 다루어져야 한다.

2015년은 변화의 해로 2016년에도 이는 지속될 것으로 보인다. 수정된 임무를 갖게 된 공공기관과의 관계에 있어서도 그렇고 새로 선출된 지역의회의 정책 방향과 관련된 대안 제시에 있어서도 그렇다. 공공 재정의 축소도 이에 포함된다.

CRESS는 결국 레지옹의 통폐합으로 발생된 변화와 관련하여 지역 개입의 방법과 발전 전략을 수정해야 할 것이다.

여기에 유럽의 정책 변화도 덧붙여야 한다. 유럽연합 내에도 다양한 형태의 기업이 존재하고 정책적 또는 제도적 접근에서 창의력과 자유 공간을 찾으려고 시도한다. '스마트하고 지속 가능한 포용적 성장'에 기반을 둔, 위기 극복과 전환 전략인 '유럽 2020전략'(2010년에서 2020년까지)과 '사회적기업 하기를 위한 이니셔티브'의 채택으로 사회연대경제가 이제 유럽에서도 인정받게 된 것이다. 이제 이를 뒷받침할 새로운 유럽 기관이 필요한 때이다.

그런 의미에서 지역은 소통과 지식의 문화적 기술적 변화의 영향을 크게 받는다. 한때 언급되었던 정보 격차는 도구 사용에 있어서의 격차가 아닌 지식과 국제 협력적인 공간의 개발과 지역에 미치는 영향으로 나타난다. 따라서 서비스의 발전과 산업의 발전 간에 시너지 효과를 내기 위해서 사회적 혁신과 지역 기업 정신을 지원하고 촉진해야 한다. CRESS는 이를 위한 핵심적인 주체이다.

사회연대경제법 채택 이전에 실시한 영향 연구에 나와 있듯이 '이질적'인 네트워크에서 응집성 있고 체계적인 네트워크로 변화하는 것이야말로 2014년의 목표였다. 이를 위해서 각 주체별 데이터와 국가 및 유럽 정책 데이터를 고찰하게 되었다. 내부 응집력 덕에 변화할 수 있었다는 건 주지의 사실이나 각 지역에서 사회연대경제가 진정한 지역 경제 발전의 원동력으로 작용하기 위한 노력을 계속해야 할 것이다.

☐ **로르 샤레르**
론알프 CRESS 회장
☐ **장 루이 카브레핀느**
CNCRES 회장

협동조합을 위한 도구와 장치

지역 파트너십은 다음과 같은 두 가지 법적 형태의 조직에 의존할 수 있다. 하나는 사회적경제연합회(UES)이고, 다른 하나는 공익협동조합(SCIC)이다. UES의 경우 이들이 통제하는 그룹의 형태 속에서 사회적기업 간에 협력을 가능하게 하지만 그 무엇보다 공공기관과 전통적인 민간 부문 기업들과의 결집을 가능하게 해준다. SCIC는 동일 조직 내에 다양한 유형의 조합을 결집시킬 수 있는 다중이해관계자 조합원의 원칙을 근간으로 그 뒤를 이어왔다. 2014년 7월의 사회연대경제법에 명시된 지위의 완화로 이들의 확대가 가능해질 것(지자체가 자본의 50%까지 보유할 수 있다)으로 보인다. 지방 분권화로 인한 지역 발전, 사회적 포용, 참여 민주주의와 관련된 쟁점으로 인해 앞서 나갈 수밖에 없는 환경이 조성되었다. 지자체와 교류와 대화를 촉진하기 위해 지난 몇 년 전부터 사회적경제 부문은 사회적경제 지역 네트워크를 창설하면서 '연합회를 연합'하는 작업을 진행하게 되었다.

경제 협력 지역 거점

경제협력지역거점(PTCE)은 한 지역 내에 지자체와 기업들과 연합할 수 있는 사회연대경제 기업, 연구소나 연수 기관들을 결집시키고자 하는 장치이다. 따라서 사회연대경제로서는 실천적인 연합을 도모하면서 지역에서 발전할 수 있는 중요한 기회가 된다. PTCE는 역량, 서비스, 장소, 그리고 가능한 한 공통의 전략을 공동으로 함께 쓸 수 있도록 해준다. 2014년에는 적격 요건을 갖춘 130건 중에 23개 프로젝트가 선정되었다.[15] 전체 예산은 300억 유로로 프로젝트 당 지원 금액은 72,000유로에서 29만 유로이다.

2014년 4월 신규 입찰이 발표되었다.[16]

사회적경제와 노동조합운동

21세기 초인 오늘날에는 민간 분야의 노동조합뿐 아니라 공공 분야(교사)의 노동조합도 사회적경제와 지속적인 관계를 유지한다. 이들 중에는 과거에 맺었던 관계를 넘어서 협동조합, 공제조합, 결사체들을 새로이 인정하게 된다.

예를 들어 민주노동총동맹(CFDT)은 사회적경제를 '강력한 인간적 가치를 지닌' 것으로 분석하며 사회적경제 법인은 '연대, 자율, 시민

---

15 입찰 공모 결과 발표/PTCE/1061.2014. 주택국토균형부, 도시담당부, 사회연대경제소비 담당부.
16 Décret n° 2015-431 du 15 avril 2015, *Journal officiel* du 17 avril 2015.

성을 가치로 지니며', '이들의 기원이기도 한 노동운동, 사회주의적 유토피아, 기독교사회주의, 인본주의가 강하게 배어 있다'고 봤다. 2015년 문건[17]에서는 '사회연대경제는 오늘날 우리 경제체제에서 피해갈 수 없는 요소이긴 하나 경제학자들 사이에서뿐만 아니라 자본주의의 대안을 찾는 사람들 사이에서도 여전히 논의의 대상'이다. 그러나 '유토피아에 그치지 않고 실재에 뿌리를 내리고 경제에 참여한다'고 밝혔다

노동총동맹(CGT)은, '사회적경제의 설립 원칙에 공감한다. 그 설립 원칙이란 사람들이 모인 집단이라는 것, 잉여금의 대부분을 프로젝트에 재투자한다는 것, 1인 1표의 원칙으로 권한을 분배한다는 것이다'. 2014년의 사회연대경제법에 대해서는 '진보와 무수한 불확신'이라는 제목의 의견서에서 다소 회의적인[18] 입장을 보였다. 제1조와 2조에 명시된 정의가 지나치게 상사회사에까지 광범위하게 열려 있으며, '고용과 노사 대화의 질'을 기준에 포함시키지 않았다고 평가했기 때문이다.

노동자의힘(FO)의 한 책임자는 '사회적경제 부문은 오늘날 특히 삶의 의미를 찾고자 하는 젊은 세대들에게 더욱 매력적'이라고 판단한다. '경제 안에서 인간적인 가치, 행동 윤리, 진정한 사회적인 고민을 담는 유일한 공간'이기 때문이다.[19] '사회적경제에 재투자'라는

---

17 *Atouts et enjeux de l'économie sociale et solidaire,* Notre Activité CFDT, site CFDT retraités, 19 janvier 2015.

18 http://www.cgt.fr/des-avancees-et-beaucoup-d.html

19 노조의 인터넷 사이트 참조. Gérard Quenel, *Quelle activité CGT dans l'économie sociale?*, CGT, 2004, Jean-Michel Reynaud (FO), « L'économie sociale aujourd'hui », *Recherche socialiste*, n° 27, 2004.

맥락에서 정기적으로 사회연대경제에 관한 회의를 개최한다.

다른 노동조합에서도 사회적경제에 대해 새로운 접근을 시도하고 있다. 가령 프랑스관리직총동맹(CFE-CGC)은 2014년 법에 관한 토론회 당시 '사회적경제는 프랑스관리직총동맹에게 의미 있는 주제'라고 강조하며 '중요한 것은 환경적, 재정적, 사회적 제약에 적응할 수 있는 장기적인 시장경제를 창조하는 것'이라고 덧붙였다.[20]

전국자율노조연맹(UNSA)도 사회연대경제법의 채택에 관심을 갖고 '경제와 고용을 위해 강력한 지렛대 역할을 할 것'이라고 기대를 표명했다.[21]

사회적경제와 조합의 관계 조직화

사회적경제 발전에서 사회적경제 조직 자체에서 노조와 대화를 원하는 대표 기구를 만들면서 새로운 접근이 시도되었다. 사회적 경제그룹과 기업협의회(CEGES)는 설립 직후부터 CGT, CFDT, FO, CGC, CFTC의 사무총장 또는 위원장과 만남을 갖고 사회 경제 주요 현안에 대해 논의했다.

1994년에 설립된 사회적경제대표사용자그룹연합회(USGERES, UDES의 전신)는 노동조합과 협약을 체결함으로써 사회적경제를 특정 사용자의 단체로서 입지를 갖게 해주었다. 일각에서는 지나치게 '사용자' 이미지를 주는 것을 꺼려하기도 했으며 이전까지만 해도 사

---

20 http://www.cfecgc.org/actualite/economie-fiscalite/economie-sociale-et-solidaire-un-champ-d-action-cfe-cge/

21 http://www.unsa.org/l-economie-sociale-et-solidaire.html

회적경제의 사용자를 대표하는 횡적인 조직은 없었다. 반면 다른 연맹들은 전통적인 경영인 조직과 다양한 관계를 발전시켜 나갔다. 노조의 입장에서는 USGERES의 설립으로 상황이 오히려 정리되는 효과가 있었다. 그러나 논의의 여지가 없는 대표성(노동자 70만 명과 사용자 6만 명, 12개 분야에서 협약 체결)에도 불구하고 USGERES는 2008년 9월에야 공식적인 인정을 받았으며, 현재는 문이 닫힌 노사 대화의 몇몇 기구에 들어가기 위해 국사원에 제소한 상황이다.

노동조합에 대한 사회적경제의 입지 변화는 이후 노사분쟁조정위원회 역사상 처음으로 2002년 12월 11일 선거에서 사용자 후보자 명단의 발표를 통해 확실해진다. 사회적경제기업인연합(AEES)[22]으로 결집된 단체의 전무후무한 성공은 2008년 노동분쟁위원회의 선거에서 다시 한번 재현되었다. 전 부문 통합 득표율 19%로 AEES는 당시 USGERES의 회장이었던 알렝 코르데스의 표현을 빌리자면 '2002년의 시도'에서 한발 더 나아가서 성적을 8포인트 올리고 프랑스에서 제2의 사용자 단체로 자리매김하게 된다. 제1의 사용자 연합 전선은 사용자권익연합(Union pour les droits des employeurs)으로 프랑스기업인연합(MEDEF), 중소기업총연맹(CGPME), 수공업자연합(UPA), 전국농업조합연합(FNSEA), 전국자유전문직연합(UNAPL)을 결집한 단체이다. 사회보장, 직업훈련, 고용에 관한 전국적인 협의회의에서 사회적경제는 점차 노동자 단체와 사용자 조직 곁에서 함께하기 시

---

22 사회적경제기업인연합(AEES)는 GEMA(상호공제보험조합그룹), UNIFED(비영리민간위생복지의료고용인연합), UDES(사회연대경제사용자연합회, 전신은 USGERES)로 구성된다. 이 세 조직은 15개 분야에서 30개의 사용자 단체를 포함한다. AEES는 사용자 20만 명을 대표하며 GDP의 11%를 책임지고 노동자 200만 명 이상을 고용한다.

작한다. 특히 CFDT에서 이와 같은 움직임이 지지를 받았다.[23] CFDT가 보기에 '다양한 조직(결사체, 협동조합, 공제조합)으로 이루어진 사회적경제는 운동과 사용자라는 핵심적인 논리를 중심으로 조직된다. 운동의 논리는 사회 경제적인, 가끔은 혁신적인 철학을 담고 있다. 운동의 논리로 대규모 결사체나 공제조합연합회가 노조나 사용자 단체와 협력 관계를 맺는 것이다. 그리고 우리는 대체로 이에 긍정적인 입장이다'.

그러나 노동조합은 사회적경제에 드리운 위험 요소에 대해서도 우려한다. FO는 2002년 '집행위원장(로마노 프로디)이 (사회적)경제 조직에 걱정스럽고도 급작스러운 관심을 보이며 의견을 낸다'고 비꼬면서 '협동조합이 신념도 법도 없는 세계화로부터 과연 우리를 구제할 수 있을 것인가?'[24]라고 자문한다. 결국 사회적경제는 개인의 니즈를 충족하지 못한 공공 및 민간 투자의 빈자리를 채우기 위해서나 존재하는 것일까? 한때 지배적인 경제 시스템에 대한 대안 또는 보완으로 간주되었던 사회적경제가 지나친 이상화의 대상이 되어서는 안 된다. 조합에서는 가치에 대한 적극적인 존중을 기대하고 그렇지 않은 상황에 대해 우려가 크다. 예를 들어 CGT의 눈에는 사회적경제 지위를 지닌 기업들의 행동이 원칙에서 벗어나는 경우가 종종 보였다. 노조에서는 그 어느 곳보다도 잘 자리 잡은 노사 대화와 같이 사회적경제의 발전에 대해서는 고무적인 입장이지만 모

---

23 Gaby Bonnand, *Économie sociale,* bureau national CFDT, 23-24 avril 2004.

24 Yves Veyrier, *Coopératives : un statut européen dans l'année,* FO (communiqué), 22 février 2002.

호하다고 판단되는 상황에 대해서도 지적하곤 한다. 이들에 따르면 노동자가 동시에 결사체 또는 그보다는 미약하더라도 협동조합이나 공제조합의 프로젝트를 지지하는 활동가이기 때문에 임금 인상 요구에 대해 강한 목소리를 내지 못한다는 것이다.

노동조합은 사회연대경제의 한계라고 판단하는 부분에 대해서 경계를 늦추지 않는다. 이들은 일부 결사체의 낮은 임금수준에 대해 비판하며 노동자과 자원봉사자 간의 모호한 경계선이나 사회연대경제의 거대 기업 내에서 나타나는 내부 대화의 축소에 대해 꼬집는다.[25]

일반적으로 조합에서는 사회적경제가 사회적, 경제적 조정자의 역할을 하기를 기대한다. 특히 현재의 경제 위기 상황에서는 이 점이 더욱 부각된다. 따라서 FO의 사무총장은 '이번의 위기가 자본주의를 재편할 수 있는 기회가 될지는 아무도 확신할 수 없겠지만 담론이 아닌 행동 속에서 사회적경제의 근간이 되는 가치의 실질적인 특수성을 구체화하는 기회는 될 수 있을 것'[26]이라고 언급했다. 최근 몇 년간 협동조합, 공제조합, 결사체가 발전을 거듭해왔다는 사실에 입각하여 사회적경제가 고용 창출을 실현할 수 있을 것으로 기대하는 것이다. CGT의 경우 사회적경제는 '사적인 이익이 아니라 개인 또는 집단으로서의 사람을 우선시하는' 목적성에 기반을 둔 다른 유형의 성장을 장려할 수 있다. 이때 재화와 용역의 생산에 관한

---

25 Fanny Darbus et Matthieu Hély, « Justes causes et bas salaires », *Le Monde diplomatique*, avril 2014.

26 « Exigence », éditorial de René Valladon (alors secrétaire confédéral), *FO et l'économie sociale*, n° 7, janvier 2009.

사회적 관계는 생산수단의 소유에 따른 절대적 권력이 아닌 권리의 평등성 원칙에 입각한다'.[27]

'사회적 만남(Reucontres Sociales)'의 책임자인 장 필립 밀레지는 '노동조합, 사회적경제기업, 사회적경제 사용자들은 금융, 경제, 민주주의, 사회 환경 분야에서 자본주의를 견디기 어려운 상황에서 사회연대경제가 진정한 대안으로 자리잡게 되기 위해서는 아직 갈 길이 멀다'고 평가한다.[28]

사회적경제와 노동조합의 합류점

USGERES(2013년 6월 UDES로 전환)의 설립으로 사회적경제 사용자와 협동조합, 공제조합, 결사체 내에 있는 노조 간의 대화에 대한 '횡적'인 시각을 가질 수 있게 되었다. 이렇게 해서 다양한 상황이 존재한다는 것을 인식하게 된 것이다. 사회적경제의 다양한 분야에서 노조에 대한 약속이 존재하고, 이는 대화를 용이하게 하기는 하나 노조를 꼭 우선시한다는 것을 의미하지는 않는다. 그 이유는 미셸 포르타[29]가 지적했듯이 노동자들이 활동가이고 다른 방식으로 노사대화가 진행되기 때문이다. 총동맹이나 연합회에서 회원 기관의 사용자 역할을 강조하고 조직화한 이후로 많은 변화가 나타나게 되었

---

27 Gérard Quenel, *Quelle activité CGT dans l'économie sociale?*, CGT, 2004.

28 2015년 4월저자와의 면담과 « Le périmètre de l'ESS », *Point de vue du Ciriec France*, nº 75, mars 2014. 다음도 참조: « Economie sociale et syndicats : des alliés naturels », *Brèves, Lettre mensuelle du Ciriec France*, nº 75, mars 2014.

29 Michel Porta (CG SCOP), *Les SCOP, un secteur multi-branches*, plaquette USGERES, 2005.

다. 가령 민간 단체 복지센터의 경우 역사적으로 조합 가입율이 낮았으나 사용자 스스로 변화가 필요하다고 지적한다. "이 분야에서 노조가 부상할 수 있도록 해야 한다".[30]

노동조합과 사회적경제 사이에서는 오래전부터 행동의 공조가 있었고 일부 연합체는 특히나 오랜 지속성을 갖는 것으로 보인다. 그 중 가장 대표적인 것이 보험공제조합인 MACIF로 설립 이후 다섯 개의 노조 단체와 협약을 체결한 바 있다. CGT, CFDT, FO, CFTC의 사무총장과 위원장은 2004년 9월 14일 연합체의 20주년을 축하한 바 있다. 이로 인해 손해보험공제조합과 다수의 사원들을 위한 보험 상품의 접근성을 높이기 위해 경쟁이 심한 부문에서 보험공제회사를 만드는 것이 공동의 이익에 부합한다고 판단하게 되었다. 또한 그룹으로 성장한 노동자협동조합 셰크데죄네(Chèque Déjeuner)는 FO의 노동조합운동가인 죠르 리노에 의해 설립되었다.

사회연대경제사용자연합회(UDES)의 역할

UDES의 활동: 가입자에 대한 서비스

■ **SOFOCLE-ES 프로젝트 : 사회연대경제 사용자를 위한 연수 프로그램**
UDES는 CNCRES, MACIF, Chorum(사회연대경제 주체를 위한 보충 사

---

30 Hugo Victor (SNAECSO- Syndicat national d'associations employeurs : centres sociaux, établissements d'accueil petite enfance et associations du développement social local), *Les centres sociaux, les défis de la polyvalence*, plaquette USGERES, 2005.

회보장)과 연합하여 사회연대경제의 사용자를 지원하기 위한 횡적인 장치를 개발하게 된다. 이것이 SOFOCLE-ES 프로젝트(사회적경제 사용자의 교육을 위해 지원하기, 양성하기, 조율하기)이다. 사회연대경제에서 사용자의 역할에 관한 교육을 조직하고 조율한다.

UDES에서는 Chorum-Cides와 협력하여 '사회적경제 내 작업 위험 예방: 행동을 위한 지표'라는 이름의 교육 모듈을 창안했다. 다양성 증진과 차별 철폐와 관련된 우수 사례에 대한 교육을 제공한다.

UDES는 회원들을 대상으로 하는 다양성 라벨을 위한 지원 그룹을 마련해놓았다. 프랑스표준협회에서 수여하는 다양성 라벨은 '기업이 인사관리에서 기회의 균등과 차별의 예방을 위해 하는 실질적이고 항시적인 약속을 파트너와 고객, 직원들에게 보여주는 것이다'.

■ 사회연대경제 내 고용 포털

사회적경제 내 직업 경력에 관한 2011년 1월 15일자 협약에는 'UDES가 대표하는 업종이나 분과에 고용 시장을 설치'하도록 명시되어 있다. 그렇게 해서 '사회연대경제의 고용 포털이 개발되었다'. 사회연대경제소비부, 고용서비스공단, Chorum, 크레디 코페라티프와 합작하여 설치되었다.

■ UDES 가입자를 위한 도구와 가이드

UDES는 '작업 위험 예방, 차별 철폐, 일자리 개발, 노사 대화'와 같은 주제에 관한 툴을 개발했다.

■ 노사 대화 그룹

UDES의 중요한 정책적 축이다. 사회연대경제 횡적노사대화그룹(GDS)은 '고용과 연수 분야에서 횡적 노사 대화 관행에 관한 논의, 제안, 제언의 장소'이다. 사회적 심의에서 중요한 역할을 하며 사회연대경제에서 다업종 협약의 협상을 준비하게끔 한다.

■ 여섯 개의 협약

2006년 9월 22일 UDES는 GEMA, Unifed와 다섯 개의 노조 중 세 곳(CFDT, CFTC, CGT)과 사회적경제 내 평생직업훈련에 관한 협약에 서명했다.

본 협약은

—사회적경제의 업종 간 부문을 규정한다.

—기업의 규모가 어떻든 직업훈련에 대한 기여도를 조율한다.

—다섯 개의 발전 축을 협상의 대상으로 삼는다. 이는 교육에 대한 개인의 권리와 관련하여 양도 가능성과 지원, 무보수 경영진에 대한 기업가 교육, 사회적경제기업의 노사 대화 발전이다.

2009년 9월 23일 노동부의 사회적행동총국의 인가를 받는다. 2009년 6월, USGERES는 다음 주제와 관련하여 다섯 개의 협약 안에 대한 협상 캠페인을 시작한다. 근무 스트레스를 비롯한 사회 심리적인 위험에 관한 예방, 경력 관리, 무보수 경영진의 교육, 평등과 차별 예방, 청년 취업과 고용이다.

다섯 개의 노조 단체(CFDT, CFE-CGC, CGT, CGT-FO, CFTC)가 정기적으로 협상 테이블에 함께한다.

■ 사회연대경제 내 취업과 청년 고용에 관한 협약

UDES는 2014년 2월 21일 네 개의 노조 단체(CFDT, CFE-CGC, CFTC, FO)와 사회연대경제 내 취업과 청년 고용에 관한 협약을 체결했다. 협약은 사회연대경제의 주요 사안에 대한 내용을 담고 있다.

■ 사회적경제 내 무보수 임원 교육에 관한 협약

본 협약은 CFDT와 2011년 4월 8일 서명했으며 2012년 2월 27일자 조례(2012년 8월 14일자 수정 조례로 개정)로 연장되었다. 협약의 목적은 다음과 같다.

―사용자의 역할을 수행하는 경영진을 위한 연수 프로그램 수립으로 경영진 교육 개발

―다른 재원과 보완하여 업종 부문에 맞는 재원 조달 예측

―사회적경제 내 평등과 차별 예방에 관한 협약

2011년 5월 23일 UDES는 CFDT 및 CFTC와 함께 사회적경제 내 평등과 차별 예방에 관한 협약을 체결했다. 본 협약은 차별 예방과 관행의 개선에 대해 사회적경제 사용자들을 교육하고자 하는 UDES의 약속에서 새로운 단계를 알리는 것이다. 본 협약은 2012년 7월 30일자 수정 조례로 개정된 2012년 5월 30일자 조례에서 연장되었다.

■ 사회적경제 내 경력에 관한 협약

1년 넘게 진행된 협상 끝에 UDES는 2011년 1월 15일 CFDT, CFE-CGC, CFTC와 사회적경제 내 경력에 관한 협약을 체결했다.

■ 근무 스트레스 포함 사회 심리적 위험 예방에 관한 협약

UDES는 다양성을 위한 계획을 진행하고 헌장을 채택했다.

■ 노사분쟁조정위원회 합동기관에 참여

2002년 12월 UDES, UNIFED, GEMA, UNASSAD(이후 UDES로 통합)는 노사분쟁조정위원회 선거에서 처음으로 단일 후보 명부를 '사회적경제 사용자 : 결사체, 협동조합, 공제조합, 재단'의 이름으로 제출한다. 그 행동이 시발점이 되어 AEES가 창설되고 사회적경제 사용자를 대표하는 명부를 구성하게 된다. AEES의 설립 목적은 노사분쟁조정위원회 선거에서 사회연대경제 사용자의 입지를 조직화하고 선출된 자문위원을 지지하는 것이다.

2008년 선거에서 사회적경제 사용자들은 큰 힘을 받아 UDE(Medef, CGPME, UPA, FNSEA, UNAPL)에 이어 제2의 경제인 단체로 자리잡는다. 전 부문과 분과와 합하면 득표율 19%, '기타 활동' 분과에서 35%를 기록하면서 AEES는 2002년에 비해 득표율을 8포인트 올리는 데 성공한다. 그 결과 470명의 자문위원이 선출되고 전 지역에서 입지를 공고히 하게 된다. '기타 활동' 분과가 AEES의 표밭이기는 하나 '지도부' 분과에서도 2002년 2명에 비해 19명이 선출되면서 새로운 가능성이 있는 분과로 떠오르고 있다.

AEES에서는 결사체, 협동조합, 공제조합 사용자를 위한 훈련 기관인 사회적경제사용자훈련노사분쟁단체(APFEES)를 설립했다.

2014년과 2015년에 언급된 개혁으로 2017년에 '새로운 판도'로 과연 바뀔 것인가?

더 많은 정보를 위해서는 APFEES의 홈페이지 참조 : www.aees-formation.org

> ### ■ 지역경제사회환경이사회(CESER)
>
> UDES는 아끼텐느와 프로방스 알프코트다쥐르 CESER 내 자영업
> 기업 대표단에 2007년부터 두 개의 임무를 공유하며 참여한다.
>
> ### ■ 지역고용과 직업훈련협력위원회(CCREFP)
>
> UDES는 상트르, 코르시카, 일드프랑스, 노르파드칼레, 푸아투샤
> 렁트의 다섯 개 CCREFP의 정회원이다. 또한 아끼텐, 미디피레네,
> 페이드라루아르, 프로방스 알프코트다쥐르 CCREDFP에서는 준
> 회원으로 활동에 참여한다.
>
> CARIF-OREF: 훈련진행자원정보센터(CARIF) 지역고용훈련모니
> 터링센터(OREF)
>
> UDES의 지역 위원단은 상트르, 샹파뉴아르덴느, 일드프랑스와 푸
> 아투샤렁트의 CARIF-OREF의 활동에 참여하고 이 자격으로 지역
> 에서 진행되는 직업훈련에 대한 정보 작업 전반을 함께한다.
>
> □ 출처: UDES 자료

농업협동조합: 가깝고도 먼 관계

농업협동조합과 사회적경제의 관계는 또 다르다. 전국농업공제
금융협동조합연합회(CNMCCA)와 전국농업경영인총연맹(FNSEA) 간

의 대화는 오래전부터 정착되어왔다. 2000년 5월에 있었던 제82차 CNMCCA 대회에서 FNSEA 회장인 뤽 귀요는 '농민 단체' 간의 '보완성'이 유지되어야 한다는 점에 대해 역설했다. 그는 '일부 협동조합 내의 전쟁과 경쟁이 종식되고', '크레디 아그리콜과 Groupama가 행동의 단일성과 응집력을 위한 방법을 찾게' 되기를 희망한다고 말했다. 이와 같은 발언은 각자 고유의 개성과 자율성을 지니면서도 행동을 조율하고자 하는 농민 단체의 전통과 일맥상통한다. 뤽귀요는 이에 대해 '협동조합운동은 생산자들의 경제적 힘의 토대이다. 간혹 우리가 비판적일 때가 있지만 이와 같은 단체 조직이 대체 불가능하다는 것을 잘 알고 있다'고 인정했다. FNSEA는 생산협동조합, 크레디 아그리콜, Groupama, MSA와 함께 참여하는 노동조합 단체로 활동한다. UDES와 FNSEA가 2013년 6월 14일자 제2013-504법이 될 2013년 4월 고용 안정화에 관한 법안에 대해 공통의 입장을 취했다는 점에 주목해야 한다.

프랑스농민연합은 좀 더 거리를 두고 상황이나 부문에 따라 지지를 하거나(일례로 포도 재배 업자들의 도로 점거)[31] 포도 재배나 양돈 부문 변화에 대해 대규모 협동조합들을 강하게 비판하기도 했다. 이들은 이제 농민들로부터 멀어져서 농민들의 자율성, 노하우, 연대를 해치는 것으로 비판받고 있다.[32] 그러면서도 프랑스농민연합은 사회연대경제가 갈수록 중요하다는 점은 인정한다. 사회연대경제를 통해 '시민

---

[31] *Quel avenir pour la viticulture française?*, position de la Confédération paysanne, décembre 2002.

[32] *Réclamons notre dû*, position de la Confédération paysanne, février 2004.

과 농민이 새로운 니즈를 충족하기 위해 조직'되기 때문에 이들은 '새로운 중재자'[33]의 개입을 적극 환영한다.

34 www.confederationpaysanne.fr

제 6 장

Économie sociale

3ᵉ édition

측정 가능하고 가치를 높이는, 넓은 의미의 사회적 접근으로

La solidarité au défi de l'efficacité

D'une approche sociale à une approche sociétale,
mesurable et valorisable

프랑스의 사회적경제 : 효율성에 도전하는 연대

1980~1990년대부터 나타난 다음 고민은 오늘날에도 여전히 새로운 것이다. 재무나 상업 기준으로 경제를 파악하는 것이 아니라 처음에는 '윤리적'이라고 부른 기준, 후에 사회적 책임이나 지속 가능한 개발과 관련된 기준이나 규범을 도입하여 파악하자는 접근이 그것이다. 그 역사는 오래전으로 거슬러 올라간다. 선구자적 역할을 한 것은 인간발전지수를 만든 유엔개발계획(UNDP)[1]이다. 여러 보고서에서 다차원적인 지표의 필요성을 강조한다.[2] 노동조합, 소비자, 비정부기구뿐 아니라 주주나 기업인 측의 다양한 압력 때문에 점차 더 많은 기업들이 수익 목표 외에도 직원이나 협력업체, 하청업체, 환경 존중과 같은 사회적, 환경적, 시민적 관심 사항을 부각시키게 되었다.

그런 맥락에서 다양한 시도가 활발하게 이루어지고 있다. 사회적 경제 법인이 가장 적극적이다. 설립 당시부터 지속 가능한 발전이나 사회 환경적 책임으로 오늘날 분류할 수 있는 기준들을 도입, 적용한다. 가령 소비자가 직접 규정한 니즈를 충족하거나 소외 계층

1 Indice de développement humain, http://hdr.undp.org/fr/content/indice-de-developpement-humain-idh.

2 Joseph Stiglitz, Amartya Sen et Jean-Paul Fitoussi, *Rapport de la Commission sur la mesure des performances économiques et du progrès social,* http://stiglitz-sen-fitoussi.fr, septembre 2009 ; *Et si on parlait du bonheur au-delà du PIB?*, conférence du groupe « Activités divers » du Conseil économique et social européen (CESE), Bruxelles, 10 juin 2014.

또는 취약 계층에 대한 활동을 개발함으로써 협동조합, 공제조합, 결사체는 언제나 '사회적 효용성'을 주장해왔다. 유럽 집행위원회조차도[3] '협동조합, 공제조합, 결사체는 (…) 오래전부터 경제적 수익성과 사회적 책임을 양립해왔다. 당사자들의 대화와 참여적 운영 덕분에 기업의 모범이 되는 사례를 발전시켜왔다'고 인정한다. 유럽의회에서는 '지속 가능한 발전의 목표에 온전히 함께하면서도 특수한 기업하기 모델을 대표한다. 자본주의적 기업 모델의 획일화에 맞서 세계화를 통제할 수 있는 모델로서 가치를 지닌다'고 설명한다.[4] 따라서 사회 환경적 책임의 단순한 적용을 넘어서서 사회적경제기업들을 지배하는 가치와 원칙 그리고 목적성은 '영감을 주고 선구자역할'을 한다.

금융 위기로 인해서 다음과 같은 내용이 명확해졌다.

―순수한 재무적 평가, 특히 주식 평가에 내재된 위험 요소. 사회적 측면을 비롯 현실에서 단절된 가치를 과대평가했을 때 경제적으로 취약할 수밖에 없다.

―불충분한 사회 환경적 책임 기준이 드러난다. 기준의 정의나 적용이 여전히 체계적이지 못하다.

3 Commission européenne, *La responsabilité sociale des entreprises : une contribution des entreprises au développement durable*, COM (2002) 347 final, juillet 2002.

4 Mémorandum de l'intergroupe parlementaire de l'économie sociale au Parlement européen, 25 mai 2004. *Résolution du 20 novembre 2012 relatif à l'initiative pour l'entrepreneuriat social*, www.europarl.europa: « Cinq chantiers et 20 propositions pour changer le modèle à l'heure de Rio +20. Mettre en place de nouveaux indicateurs de richesse », *Pré-rapport des Rencontres du Mont-Blanc*, 2011 ; Alain Caillé, *L'idée même de richesse*, La Découverte, Paris, 2012.

—기업의 성과를 측정하기 위해 사회적경제가 사용하는 포괄적 접근에 주목해야 한다. 단 사회적경제 내에서 검증된 접근법이어야 한다.

사회연대경제에 대한 전반적인 평가

사회연대경제 평가에 대해 2013년 필립 프레모는 사회연대경제 소비 담당 장관에게 '사회연대경제의 기여에 관한 평가'라는 제목의 보고서를 제출한다.[5] '사회연대경제, GDP를 넘어서는 부의 창출'이라는 제목의 제1장에서는 사회연대경제의 수치에 대해 끊이지 않는 논쟁을 언급한다. 실제로 사회적경제데이터조사단체(ADDES)에서는 사회적경제가 고용에서 차지하는 비중이 10.3%, GDP에서 차지하는 비중은 6~7%의 수치를 제시하는 반면, 재무부에서는 2015년 5월 기준으로 각각 12%와 10%를 제시한다.

무엇보다 GDP에는 '사회연대경제가 부의 창출과 후생에 기여하는 부분에 대해서 충분히 반영되지 않는다'고 지적한다. 진정한 진보 지표, 사회적 건강 지표, 스티글리츠·센 위원회의 작업에서 파생한 인간개발지수(UNDP), 프랑스 레지옹협회 지표의 중요성을 강조하며 사회연대경제를 넘어 '개인과 집단의 웰빙과 지속 가능한 사회'를 평가할 수 있는 새로운 지표의 필요성을 주장한다.

---

5 Philippe Frémeaux, *L'évaluation de l'apport de l'économie sociale et solidaire,* rapport de mission, collection des Rapports officiels, La Documentation française, septembre 2013.

제2장 '사회연대경제 분야를 규명하여 특수성 평가하기'에서는 사회연대경제가 시장 영역, 반시장 영역, 반사회적 영역(지불 능력이 없거나 적은 이들을 대상으로 서비스의 접근성 향상을 위한 하이브리드 자원), 그리고 비시장 영역에 진출했다는 점을 고려한 제언을 소개한다. 무엇보다 사회연대경제 주체를 위한 조사를 시행하고 사회연대경제가 고용과 GDP에 기여하는 바를 측정하기 위한 정량화 작업을 개선한다. 또한 자원봉사자 기여 부분을 평가하고 사회연대경제 조직의 경제적 성과에 대한 특수성을 분석할 것을 제안하다.

제3장 '사회연대경제 조직의 사회적 효용성 평가하기'에서는 사회적 효용성은 '사회적 구성물'로서 조정의 역할이 내적(임무와 내부 프로젝트의 응집성 지표)일 뿐 아니라 외적(감독 지표, 당사자 및 환경에 대한 영향 지표)인 것으로 설명된다. 가능한 평가 방법을 고찰하는 동시에 이것이 '민주주의의 문제'임을 강조한다.

'사회적경제 조직의 활동은 개별 사용자들을 대상으로 하는 재화와 서비스의 생산이라는 목적을 넘어 다음과 같은 명시적인 목적을 추구한다'고 설명한 쟝 가드레[6]의 사회적 효용성의 기준을 인용한다.

—신규 권리 주장 등으로 사회 경제적 불평등 감소
—연대(국내 또는 국제, 지역 : 근린성의 사회적 유대)와 사회성에 기여
—지속 가능한 인간 발전(교육, 의료, 문화, 환경, 민주주의 포함)의 집단적

---

6 Jean Gadrey, *L'utilité sociale des organisations de l'économie sociale et solidaire*, rapport de synthèse pour le DIES et la Mire, 2004, cité par Ph. Frémeaux, rapport cité

조건 개선

프레모에 따르면 '행동의 규모나 종류에 따라 이와 같은 요인들을 적용했을 때 사회적 효용성 지표는 실로 다양해진다'.

아울러 '사회적경제란 결국 주체 간 협상과 표상의 결과'인 '사회적 구성물'로서 모든 평가 작업, 특히 사회적경제에 대한 평가에 있어서 어려움과 위험'을 감안해서 '사회적 효용성을 측정하는 방법을 찾되', 관련된 시민과 노동자 포함 다양한 '주체의 유형'을 개입시키는 참여적 측정 방법을 제안한다.

제도적 틀의 조직화

국제 무대에서는 유엔 사무총장(코피 아난, 2000년 1월)이 기업과 전문 및 조합 조직들이 일종의 세계적인 계약을 맺자는 글로벌 콤팩트(Global Compact)를 주도했다. 유엔 글로벌 콤팩트에 따라 기업과 단체는 '인권 보호를 지지'하고, '인권 침해에 연루되지 않도록 적극 노력'하고, '아동 노동을 효율적으로 철폐'하고, '고용 및 업무에서 차별을 철폐'하고, '모든 형태의 강제 노동을 배제'한다는 등의 원칙을 준수할 것을 약속한다. 여기에는 어떠한 통제 기관이나 제재 조치가 연계되어 있지 않다. 대부분 주식회사이나 사회적경제기업들도 여기에 가입했다.

경제협력개발기구(OECD)는 유엔보다 한발 앞서 이미 1976년 기업들에게 이와 같은 권고안을 작성한 바 있다. 국제노동기구(ILO)는 창설 당시부터 협동조합국을 두고 있었으며 기업의 규모에 상관없이 사회적 발전에 기여할 것을 촉구했다. 아마도 국제기구로서는 처음으로 다국적기업과 사회 정책에 관한 제3자 선언문에서 기업의 사회적 책임(CSR)에 대한 개념(1977년)을 논했다. 1997년에는 유엔환경계획(UNEP)과 미국의 비정부기구인 환경책임경제연합(CERES)은 GRI(Global Reporting Initiative) 가이드라인을 제정한다.

유럽에서는 2001년 7월 유럽집행위원회에서 '기업의 사회적 책임을 위한 유럽의 기본 틀'이라는 제목의 녹서(Green paper)를 발표한다. 다음 제언(기업의 사회적 책임, COM(2002) 347 Final, du 2 juillet 2002)으로 모범 사례의 교류와 발전을 촉진하고 도구를 조율하며 성과 측정, 경영 규범, 보고 방식, 승인 절차에 기여하고자 했다. 2011~2014년 기간 동안 협의를 거치면서 집행위는 이와 같은 전략을 지속적으로 유지한다. 2015년 2월에는 동일한 주제로 포럼을 개최한다. 유럽 2020전략에 통합된 개념이며 2016년에 사업은 완료된다.

최근 몇 년간 기업의 사회적 책임에 대한 개념이 다양한 방식으로 적용되는 것을 볼 수 있다. 유엔 사무총장이 발의한 책임투자원칙(PRI)처럼 분야별 적용이나 탄소정보공개프로젝트(CDP)[7]처럼 기업들이 탄소 성적표와 같은 방법으로 온실가스를 측정하도록 독려하는, 주로 환경 분야와 특정 분야에 적용된다. 프랑스의 경우 2007년 5월 환경그르넬(Grenelle de l'environnement) 차원에서 시작된 노력에 주목할 필요가 있다.[8] 결국 2009년 7월 23일 의회 최종 독회에서 '그르넬I' 환경법을 제정하게 된다. 2010년 7월 12일자 제2010-788호

---

7 www.cdproject.net

8 www.legrenelle-environnement.fr

법인 두 번째 '그르넬II'가 채택되어 전국적으로 확산되었다. 2015
년 에너지 전환에 관한 법은 기업과 투자자들이 환경 문제에 관심
을 갖도록 했다.[9]

기업 내 사회 환경적 책임의 전개

사회 환경적 책임을 전개한다는 것은 모든 측면에 '사회적'이며
'환경적'인 것을 투영한다는 의미이다. 이는 기업의 시작 단계와 무
관하게 발전의 관점에서 이루어지는 것이다. 고객의 입장에서는 다
음과 같이 두 개의 축으로 구분한다. 우선 기업의 상위 단계에서 헌
장이나 행동 강령의 채택으로 나타나거나, 약속 대비 이룬 성과나
실행된 조치에 대한 보고서 발표 형식으로 이루어진다.

사회적경제기업들도 권고안이나 약속을 담은 헌장을 채택했다.
프랑스협동조합연합 이사회(농업협동조합을 대표)는 2005년 10월 초에
'출자조합원과 지속 가능한 개발의 관점에서 각 조합이 운영 성과,
고객의 기대에 부응하는 제품 개발, 친환경적 사례 장려라는 세 개
의 목표를 고려'할 것을 약속하는 헌장을 채택한다. 2009년 1월 144
개의 협동조합이 이 헌장에 서명했다.[10] 농업협동조합을 위한 매뉴
얼[11]도 있다. 각 장의 제목만으로도 그 내용을 짐작할 수 있다. '지속
가능한 개발이 기업을 움직인다', '환경 이슈에 대응하기: 기업을 위

---

9 Loi n° 2015-992 du 17 août 2015 relative à la transition énergétique pour la croissance verte,
Journal officiel du 18 août 2015.
10 서명한 협동조합의 리스트는 홈페이지 참조: www.coopdefrance.coop.

한 경제적 기회', '사회적 이슈에 대응하기 위해 앞장선 협동조합'.
특히나 이 부분은 출자조합원과 세대 간 연대에 대해 다루기 때문
에 인상적이다. 본 매뉴얼은 2014년에 더 상세한 내용으로 새롭게
출판되었다.

사회적경제는 전통적인 형태의 기업이나 일부 대표 조직의 공통
문서에도 같이한다. 가령 프랑스보험협회에 속한 GEMA(상호공제보험
조합그룹)와 FFSA(프랑스보험사연맹)는 2009년 1월 그들만의 지속 가능
한 발전을 위한 헌장을 발표했다.

이들의 참여는 유럽으로까지 확대되기도 한다. Euresa(유럽상호공제
보험사비즈니스클럽)의 회원인 사회적경제 보험사들은 '우리는 가치로
참여한다'는 문서를 채택했다. 2009년에 새로운 버전으로 발표된
이 문서는 보험사 업무에 지속 가능한 발전에 대한 기준을 적용시
키고자 한다.

다음 단계로 연차 보고서에서는 이와 같은 약속이 어떻게 실행되
는지 담는다. 그르넬II법[12] 제225조와 2012년 3월 22일자 바르스만
법 제12조로 보완된 2001년 3월 15일자 새로운 경제 규제에 관한
법 제116조에 의거, 상장사와 비상장사 모두 의무적으로 연차 보고
서를 발간해야 한다. 연차 보고서는 사회 환경적 정보를 담고 있어
야 한다. 그러나 공통의 표준이나 성과 측정 방법의 부재로 인해서
공개된 수치나 정보 신뢰성의 문제가 발생할 뿐 아니라 비교가 조
심스럽다. 지금으로서는 '녹색 포장'인지 '심층적인 성찰'인지 구분

---

12 Loi n° 2010-788 du 12 juillet 2010, article 225 modifiant l'article L. 225-102-1 du Code de com-
merce

하기가 어렵다.

모든 사회적경제기업들이 이와 같은 의무가 있는 것은 아니지만 그럼에도 불구하고 많은 기업들이 다양한 명칭(지속 가능한 발전 보고서, 협동조합 보고서, 공제조합 보고서 등)으로 이와 같은 보고서를 발표한다. 지중해대학교의 노동경제사회학연구소(LEST)는 2008년 10월[13] 국제협동조합은행협회(AIBC) 세미나에서 20여 개의 유럽 은행 그룹을 표본으로 사회환경책임 보고서에 대해 상세하게 분석했다. 연구 결과에서 사회환경책임을 위한 기준과 표준이 증가하는 추세이며, 반면에 협동조합의 특수성을 고려하는 기준은 역설적이게도 부재하다는 점을 강조한다.

유럽집행위원회 협의에 관한 2013년 1월 예비 문건에는 놀랍게도 사회연대경제에 대한 언급이 전혀 없었다.

사회책임투자

'윤리'에서 '책임'으로

젠느비에브 페론 등[14]에 따르면 윤리적 투자의 초기 형태는 알콜이나 도박 같은 사업에 투자하기를 거부하던 미국 퀘이커 공동체에

---

13 *Promouvoir l'identité coopérative via la RSE,* présentation effectuée par Nadine Richez-Battesti, économiste et directrice du master Économie sociale à l'Université de la Méditérranée (AIBC 사이트 참조: http://www.aibc.coop).Geneviève Férone, Charles-Henri d'Arcimoles *et alii, Le développement durable. Des enjeux stratégiques pour l'entreprise,* Editions d'Organisation, Paris, 2001.

14 Geneviève Férone, Charles-Henri d'Arcimoles *et alii, Le développement durable. Des enjeux stratégiques pour l'entreprise,* Éditions d'Organisation, Paris, 2001.

서 처음 나타났다. '도덕적'인 배제 기준에 입각한 이와 같은 선별 작업은 1980년대부터 지속되는데 그 시기에 점차 현재의 사회책임 투자(ISR) 개념이 등장하게 된다.

사회적경제는 처음에는 다른 접근의 기원이었다. 하나는 저축공유연대기금이고 다른 하나는 자선단체나 연대단체, 협동조합은행 간의 연합이었다. 크레디 코페라티프는 기아 퇴치와 개발을 위한 카톨릭 위원회(CCFD)와 함께 이 분야에서 주도적인 역할을 수행한다. 공유기금은 기금에서 얻은 수익의 일부를 상황에 따라 연대, 자선, 인도주의적인 기준에 입각하여 선정된 결사체에 양도하는 기금이다. 연대기금은 사회적경제 프로젝트 금융을 대상으로 하는 저축 상품으로 주로 연대주의적, 시민적, 환경적인 측면이 강하다. 신용평가 기관이 프랑스에 진출하기도 전에 은행과 결사체는 이와 같은 움직임을 주도하며 '사회적 등급'의 개념이 인정받기도 전에 사회적 선별 작업을 실행했다. 그 과정에서 인증 기관인 Finansol이 탄생하게 된다.

이후에 사회적경제 내에 '지속 가능한 연대 성장 Macif'와 같은 윤리단체 저축기금, 더 정확히 말하자면 지속 가능한 발전 기금과 사회적 책임 기금이 만들어진다. 그 외에도 윤리적 저축 상품이 방크 포퓰레르, 크레디 아그리콜, 크레디 뮤추엘, 그루파마 등에서 출시된다. 창설된 기금은 사회적 등급 시스템이나 전문 에이전시의 도움을 받는다.

이와 같은 방식은 비정부기관이 설립하고 프랑스개발청이 지원하는 CERISE[15](신용저축 시스템에 대한 정보성찰교류위원회)의 방식과는 다르다. CERISE에서는 마이크로 금융의 거버넌스, 사회적 영향과 사회적 성과를 측정한다.

발전하는 연대 금융

■ Finansol

1995년에 설립된 Finansol은 프랑스의 연대 금융 기관(결사체, 연대 기업과 금융기관)들이 모인 민간단체이다. 임무는 저축과 금융에서 연대의 원칙을 홍보하고 드높이기, 연대 저축과 연대 투자의 사용을 증진시키기, 인증을 받은 금융 상품의 투명성과 연대를 보장하기이다.

1997년에 처음으로 부여되기 시작한 Finansol 인증은 연대 투자처를 구분하게 해주며 연대와 투명성의 기준에 기반을 둔다. 독립 위원회에서 수여하는 Finansol 인증을 받기 위해서는 다음 연대 기준 두 개 중 적어도 하나를 충족해야 한다. 수신 잔고에서 연대 프로젝트(별도의 법적 제약이 없는 한 저축의 5~10%를 연대 사업의 자금 조달에 사용)에 자금 조달, 예금 소득으로 연대 프로젝트 자금 조달(저축 소득이나 실적의 최소 25%를 연대 기관에 기부 형태로 지급). 운용 기관은 예금주에 대해 정보의 투명성을 보장해야 한다. 특히 청약자에게 정기적으로 정보를 전달해야 한다. Finansol 인증은 예금자들이 사회적 유익성을 생산하는 활동의 재원 조달에 기여한다는 것을 보장해주고 금융 중개자는 청약자에게 라벨을 받은 저축 상품에 대해 신뢰할

15 www.cerise-microfinance.org.

수 있으며 정기적이고 명확한 정보를 제공한다는 것을 보장한다. Finansol에 의하면 2014년 12월 31일을 기준으로 100만 명 이상의 연대 예금자가 있으며 수신 잔고는 68.4억 유로로 사회적/환경적 효용성 프로젝트를 지원하기 위해 쓰인다. 그 덕분에 2014년에 43,000개의 일자리를 창출하거나 유지할 수 있었으며 5,000명에게 주택을 제공하고 15,000가구에 재생에너지를 공급할 수 있었다.

　□ 출처 : http://www.finansol.org.

■ Nef

Nef(신우애경제 금융협동조합)는 2015년에 사업 분야(개인과 결사체 적금 계좌, 요구불예금, 예금계좌, 기업 단기 금융)를 넓히기 위해 프랑스 건전성 감독원(ACPR)의 허가를 받았다. 이탈리아의 방카 에티카(Banca Etica), 네덜란드의 트리오도스 은행(Triodos), 독일의 GLS은행과 같이 '프랑스의 제1의 윤리 은행'이 되기를 꿈꾼다.

　□ 출처 : www.canef.com, www.revue-banque.fr>Banque de détail (2013)

선별적 방식에서 실리적 방식으로

사회연대경제의 많은 기업, 보험공제조합(AG2R La Mondiale, Macif, Maif…), 협동조합은행(BPCE, 크레디 코페라티프, 크레디 아그리콜, 크레디 뮤추엘 아르케아…)은 '기업의 사회적 책임 모니터링 센터(ORSE)'[16]에 참여한다.

---

16 www.orse.org

평가, 여전히 진행 중인 숙제

사회 환경적 책임이 신뢰도를 갖기 위해서는 기업은 이행에 관한 진정성 있는 증명을 할 수 있어야 한다. 그렇기 때문에 지난 몇 년간 측정과 평가 툴이 많이 개발되었지만 2008년 금융위기 때 많은 한계를 드러내기도 했다.

다수의 도구

기업의 참여와 발전을 측정하고 당사자와 일반인에게 보고를 할 수 있는 다양한(가끔은 지나칠 정도로) 장치가 있다. 바로 사회적 등급이다. 기업이나 투자자 또는 지원금이나 보조금을 지급하는 기관의 요청으로 외부 기관에서 등급 평가를 수행한다. 이는 기업의 사회적, 환경적, 시민적 성과를 평가하고 '점수를 매기는 것'이다. 유럽집행위원회는 등급 평가 기관, 독립 컨설턴트 또는 투자은행에서 사회적 책임 기업들의 비교 우위와 상업적인 성공을 결정짓는 요소를 밝혀내는 지표와 기준을 규정하는 것이 중요하다고 강조한다. 가령 연금저축기금이나 투자기금에서 투자 결정을 내릴 때 어떤 방식으로 사회적, 환경적, 윤리적 요소를 고려하는지 밝힐 것을 독려한다. 비록 여러 표준(프랑스와 유럽의 환경 표준: ISO 14001, EMA; 노동 안전 품질 관련 사회적 규범: SA 8000, ISO 9000, OHS AS)을 점차적으로 준수하곤 있지만 표준화 작업은 아직은 부분적으로만 이루어지는 데 그친다.[17]

프랑스에서는 예금공탁금고 그룹에서 1997년에 설립한 ARESE (조직의 사회 윤리적 책임 함께하기)가 최초의 사회 환경 등급 평가 기관이었다. 후에 ARESE는 Vigeo가 되며 대표 주주는 BPCE, 전통적인 기관 투자자와 노조 조직이 된다. 2016년 초에 Vigeo는 EIRIS와 합병하게 된다. 후에 SCIC Ethifinance나 Ethos Service(스위스 재단 Ethos)와 같은 기관이 설립된다.[18]

금융 평가 기관과 사회적 평가 기관이 분리되어야 하는가라는 질문은 오래전부터 존재해왔지만 위기를 맞아 수면 위로 불현듯 떠오르게 된다. 21세기를 사는 기업들이 과연 재무 기준 또는 재무경제 기준으로만 평가될 수 있는 것인가? 평가 기관들이 과연 공통의 표준(2001년 엔론이나 2008년 리먼 브라더스 스캔들 참조) 없이 합리적으로 '가치를 말할 수 있는 것'인가? 유럽에서는 유럽금융시장기구가 투명성, 거버넌스, 책임의 규칙을 준수하는지를 바탕으로 평가 기관을 감독한다. 이 정도로 평가 기관을 충분히 통제할 수 있는 것인가? 답변은 쉽지 않다. 그러나 사회연대경제가 이 부문에서 해야 할 역할이 있는 것은 확실하다.

전초기지에 있는 '사회적 결산(Bilan Sociétal©)'

사회적 결산은 '경제'와 '사회'를 연결시킨다는 점에서 사회적경제와 긴밀한 관계가 있다. 기업의 사회적 책임(CSR)의 목표는 사회적경제의 본질과 분리될 수 없는 것이기 때문이다. 환경에 대한 관

---

17 ISO: 국제표준화기구; EMA: 친환경 경영 평가 도구; SA 사회적 책임; OHS AS: 안전보건 경영 시스템. 기업의 사회적 책임 모니터링 기관 참조. *Guide des organismes d'analyse sociale et environnementale*, octobre 2012, http://www.orse.org/.

18 *Cf. Panorama des agences de notation extra-financière*, www.novethic.fr, octobre 2014.

심은 최근에 생긴 것이나 아직은 제한적인 접근(일례로 시민적 기준 부재)일 뿐이기 때문에 전체적인 접근을 대체할 수 없다. 사회적경제와 사회적 결산 접근법 사이의 또 다른 공통점은 '이해관계자'에 있다. 사회적경제의 중심에 있고 아직은 약하지만 기업의 사회적 책임에서도 마찬가지다.

기원과 정의

사회적경제의 노력으로 오늘날 사회적 결산이라고 부르는 장치가 마련되었다. 이를 가능하게 한 것은 이탈리아의 보험회사인 UNIPOL[19]과 사회적경제청년지도자실천활동가센터(CJDES)이다. 전자는 1993년 에네아 마촐리[20]의 주도 하에 Bilancio Sociale를 도입하여 선구자적인 역할을 했고, 후자는 각종 기업과 공동체에 적용될 수 있는 방식과 도구를 개발해오다 결국에는 사회적 결산을 만들어 초기에는 프랑스를 무대로 시험을 한 후 저작권을 지닌 유럽국가로 넓혀 나갔다.

사회적 결산에 대해 CJDES는 다음과 같이 정의를 내린다. "Bilan Sociétal©은 기업의 프로젝트에서 행동 방식을 최대한 인간적, 사회적, 생태적 환경과 일치시키는 방향으로 유도한다. 이와 같은 도구는 많은 감사 기관에서 제공을 하지만 사회적 결산만큼 세세하게 기업의 다른 부를 평가하지는 못한다. 이는 아마도 Bilan Sociétal©이 전문가와 더불어 참여에 있어서 이미 선구자적인 부문인 사회적경

---

19 UNIPOL은 2014년 1월 UnipolSai가 된다. www.unipolsai.com
20 UNIPOL의 명예 회장이자 Unipolis 재단(전신은 Fondazione Cesar)의 회장

제 주체들이 함께 성찰한 결과물이기 때문일 것이다. 사회의 주요 현안을 기업의 윤리와 운영 방식에 비교하여 시대의 흐름에 발맞출 수 있도록 한다. 환경 보호, 제품과 서비스 생산자에 대한 존중, 제품의 질, 지속 가능한 발전 등에 대해 시민의 기대에 부응할 수 있도록 해준다."

사회적 결산의 목적성

첫 번째 목적은 '경영'에 관한 것이다. 우선 협동조합이나 공제조합, 결사체가 복수의 목적을 어떻게 달성하는지 측정하고 시장 확대나 잉여금 산출에만 만족하지 않는다. 사회적 결산은 상장사든 동족회사든 기업의 사회적 책임에 대해 고민하는 공공단체든 전부 사용할 수 있는 도구이다. 따라서 이는 회사의 조직 또는 경영 상의 지렛대 역할을 한다. 두 번째의 목적은 기업의 주체와 파트너를 개입시키는 것이다. 세 번째 목적은 기업의 투명성을 증진시키는 것이다. 즉 기업의 성과에 대해 재무적인 정보만 공개하는 것이 아니라 전반적인 모든 정보를 공개한다는 것을 의미한다. 거버넌스와 감사 및 감독 시스템의 효율성을 검증해야 한다. 마지막 목적은 세 번째와 연계되는 것으로 협동조합, 공제조합, 결사체의 사회적, 환경적, 그리고 시민적 효율성을 개선하는 것, 다시 말해서 부가가치를 높이는 것이다.

필립 프레모는 보고서에 사회적 결산은 '일부 조직에서만, 그것도 지속적이지 않게 도입'되었다고 지적한다. 반면 농업협동조합에서는 지속적으로 실천해왔다(2011년 '협동조합과 기업의 사회적 책임'에 관한 프랑스 협동조합연합회의 토론회 참조). CJDES에 따르면 2015년 9월에 도입될 'ISO 26000 환경에서 객관적인 사용'을 위해 다듬는 작업이 이루어졌다.

2014년 7월 사회연대경제법에는 사회적 결산에 대한 조항이 없는 관계로 (사실 사회연대경제의 정의 확대를 생각하면 포함되었어야 한다) 사회연대경제 기관이 적극적으로 이에 대해 홍보를 하고 CJDES 측에서는 접근성을 높이도록 노력해야 할 것이다.

특수성

사회적 결산은 실용적이면서도 참여적인 접근법을 가진, 정량적이면서도 정성적인 도구이다. 사회적 등급 평가 기관 중에서 이들의 방식을 차용하기 시작한 곳들도 있지만 근본적으로 이들의 방식과 차별화된다. '함께 발전하기 위해 함께 평가하기'라는 CJDES의 소개 자료는 결사체와 이들의 파트너 기관을 위해 발간된 것[21]으로 모든 사회적 결산에 유효한 내용을 담고 있다. 이 도구는 기업 평가에 대해 모든 이해관계자가 의견을 표명하도록 한다. 사회적 보고서는 기업이나 결사체의 강점과 약점을 먼저 기술하고 무엇보다 측정 가능한 구체적인 개선 행동을 제안해야 한다. 사회적 결산은 폭넓은 구체적인 기준을 활용하며 사회 환경적 책임처럼 '사회'와 '환경'에만 국한하는 것이 아니라 '시민'도 포함시킨다. 횡적이면서도 동시적으로 이들을 모두 다룬다.

---

21 CJDES, *S'évaluer ensemble pour progresser ensemble,* guide à l'attention des associations et de leurs partenaires, novembre 2007 ; Mathilde Heslouin, « Le Bilan sociétal : un outil pour mettre en œuvre l'ISO 26000, *Recma,* n° 321, juillet 2011.

제6장
측정 가능하고 가치를 높이는, 넓은 의미의 사회적 접근으로

결산표, 등급, 인증…, 다양한 도구 간에 어떤 공통점이 있는가?

미셸 카프론과 프랑수와즈 케렐-라누와즐레[22]가 지적했듯이 모든 유형의 기업과 조직의 관심을 끄는 이 다양한 도구들은 '경제와 사회 간의 규정을 재정의'하는 것이다. 사회적경제의 전유물은 아니나 사회적경제에 특히나 중요하다. 사회적 결산과 사회적 등급은 사촌격인 도구로 전자가 사회적경제와 관련성(기업 활동의 전반적 접근)이 두드러진다면, 후자는 '고객이 원하는 바를 규정'하는 계약 방식에 가깝다. 사회적 결산에는 동질성(모든 기업들에게 동일한 질문지 적용)이 있는 반면 사회적 등급은 사전에 범위를 지정한다. 전자는 기업과 조직에 대해 서로 동시에 여러 기관을 비교하는 것을 가능하게 해준다. 후자의 경우에도 비교가 가능은 하나 다소 힘들다. 따라서 다양한 방식 간의 공통점을 깊이 분석하여 다음과 같이 보완해야 할 것이다.

—평가 방식 단일화하기. 이는 기업을 사회적, 환경적, 시민적, 경제적 성과의 관점에서 평가하되 거버넌스, 긍정적 생산(부의 생산)과 부정적 생산(사회적 피해, 투명성 부재, 환경 오염 등)에 대해 포괄적으로 접근해야 한다.

—사회적경제의 경우 선도적인 역할 하기. 다른 형태의 기업과 대화를 계속하되(거버넌스와 같은 주제의 경우 이미 진행)[23] 다양한 경험을

---

22 Michel Capron et Françoise Quairel-Lanoizelée, *Mythes et réalités de l'entreprise responsable,* La Découverte, Paris, 2004 et *La responsabilité sociale d'entreprise,* La Découverte, Paris, 2010.

23 CJDES와 프랑스이사연구소의 연구 참조.

이미 쌓은 사회적경제는 '단일화하고 조율'해야 하는 필요성에 대해 제안하는 '플랫폼'을 만드는 데 기여할 수 있을 것이다.

사회적 책임과 사회적 결산

오늘날 기업의 사회적 책임은 일반적으로 지속 가능한 개발에 기여하는 것으로 간주된다. 다시 말해 경제적 효율성을 보장하면서 인권을 존중하고 자연 환경을 보존한다는 것을 의미한다. 더 나아가서 인적 자원의 가치를 높이고, 기업이 진출한 곳의 사회 경제적 토대를 활성화하고, 생물학적 물리학적 환경의 질을 개선하기 위한 자발적인 노력을 다한다.

이 분야에서 어떤 성과를 올렸는지 알기 위해서는 기업의 관행, 영향력, 실적을 평가해야만 한다. 따라서 연례 재무보고서가 '지금 상태가 어떤가요?'에 대한 답이라면 사회적 환경적 이슈에 대한 내용은 '지금 어떤 행동을 하나요?'에 대한 성찰이다.

1995년부터 시작된 CJDES의 사회적 결산은 바로 다양한 측면을 지닌 이와 같은 질문에 답하기 위한 행동의 틀을 제시한다. 다양한 부류의 당사자들을 개입시킨다. 가장 최근 버전(BS 26000, 2013)에서는 250개 항목이 담긴 질문지에 ISO 26000을 포함시킨 평가 기준을 제시한다.

초기에 사회적 결산에 대해 프랑스가 쌓은 경험을 바탕으로 기업 활동의 사회적 환경적 차원으로 정보의 수집과 분석을 확장하게 된다. 첫 번째 목표는 조직 활동 전반과 사업에 영향을 미치는 모든 부분을 포괄하는 외부 리포팅을 가능하게 하는 것이다.

여러 당사자에게 질문지에 응답하도록 하는 교차 평가를 채택함으로써 조직 내외에서 객관화 장치이자 대화 도구가 된다. 외부 인사가 답변을 분석하기 때문에 조직의 전략적인 '사회적 프로파일'(강점, 약점, 위험, 기회)을 구축할 수 있게 하는 진단을 내릴 수 있다. 이 프로파일로 갈등 지대, 딜레마, 가능한 선택과 해야 할 중재가 윤곽을 드러낸다. 진단 결과를 가지고 당사자들과 협의하여 행동계획을 구상하거나 조직의 지속적인 개선을 위한 결정을 내릴 때 지원 도구가 된다.

따라서 경영진 외의 이해관계자를 개입시켜 사회적, 윤리적, 환경적 사안을 조직의 전략적인 핵심으로 만드는 사회적 결산은 실로 경영 상의 혁신이라 부를 만하다. 오래전부터 기업의 정당한 이해 당사자를 구성(적어도 유럽에서는)하는 대표들과 노동자와의 교류를 넘어 협력업체들과도 대화를 하는 것은 놀랍다. 고객이나 고객과의 관계에 대해서 이들의 의견을 묻는 방식으로 대화가 진행된다. 그렇기 때문에 사회적 결산은 '사회적 책임 경영'의 시작이라 할 수 있다.

사회적 결산의 독창성은 경영에서는 생소한 기준을 기반으로 하는 평가 체계에 있다. 경제와 재무에 적용되는 효율성과 효과의 일상적인 기준에만 국한되는 평가를 진행할 수는 없다. 독특한 기준을 만들어야만 조직 내에서 발현된 '행동의 논리'가 자리를 찾고 이로부터 적합한 평가를 내릴 수 있을 것이다. 사회적 효용성, 연대, 친밀성, 미학과 같은 기준은 건강, 안전, 신중성, 만족과 같은 전통적인 기준과 함께 다양한 감성을 표출할 수 있는 가능성을 제시한다.

사회적경제의 가치에서 영감을 받고 사회적 결산의 토대가 된 이와 같은 기준은 민간기업, 공공기업, 결사체와 지역 단체와 같은 다른 형태의 조직에도 적용될 수 있다. 실제로 결사체와 지역 단체를 위한 맞춤형 질문지도 존재한다.

이와 같은 방식에서 얻은 교훈은 자가 진단과 교차 평가 작업을 통해 조직이 스스로에 대해서 더 많이 알게 된다는 것이다. 또한 다른 시각으로 외부 이해관계자들도 좀 더 이해할 수 있게 된다. 사회적 책임의 선두라고 생각했던 일부 조직들도 여전히 더 노력해야 한다는 것을 깨닫는 계기가 되었으며, 사회적 결산으로의 이행이 유익하다는 점을 인정했다. 그러나 이를 온전히 받아들이기에는 시간이 걸리고 집단적 심리적 준비 과정 역시 필요하다. 조직의 변화가 수반될 수 있기 때문이다. 급격한 변화를 유발하지 않아도 일정 부분 당연하면서도 내재적인 결과인 의문과 당혹스러움이 발생할 수 있다.

□ **미셸 카프론**

석좌교수, 파리VIII대학 생드니 경영학대학, 경영연구소(파리에스트대학교),
공저: Michel Capron, Françoise Quairel-Lanoizelée, Mythes et réalités de l'entreprise responsable (La Découverte, Paris, 2004), La responsabilité sociale d'entreprise (La Découverte, Paris, 2010), L'entreprise dans la société. Une question politique (La Découverte, Paris, 2015).

프랑스의 사회적경제 : 효율성에 도전하는 연대

Économie sociale

3e édition

도전과 새로운 역학

La solidarité au défi de l'efficacité

Défis et nouvelles dynamiques

다양한 측면을 지닌 기나긴 위기가 선진국이나 신흥국, 개발도상국을 강타한다. 그 위기는 경제금융 위기이자 식량 위기, 환경 위기, 에너지 위기이기도 하다. 위기의 강도와 규모는 지금까지의 확신을 뒤흔들고 소위 '지배적'인 경제 시스템을 재고하게끔 한다. 긴장과 변화의 시기를 맞아 사회적경제는 자신 앞에 닥친 도전과 미래 역할에 대해 고민하게 된다. 복수의 세계에서 과연 다른 모델을 제안할 능력이 있을 것인가? 단일 모델이 아니겠지만 인간 활동의 새로운 조직 논리에 대응하며 사회적, 시민적, 환경적 이슈를 더 고려하는 그런 모델 말이다. 지금의 위기는 사회적경제로 하여금 '현대성'을 증명하고 혁신할 수 있는 능력과 변화할 수 있는 능력을 증명해 보일 것을 요구한다.

성장의 변화 주도하기

경제를 다르게 회생하기

사회연대경제는 새로운 법, 새로운 재원(프랑스 공공투자은행, 재경부, 지역을 통해)을 갖게 된다. 그렇다고 해도 프랑수아 올랑드 정권 초기의 경제 회복 정책에 포함되지는 못했다. '재지역화, 구조조정, 부문별 전략, 메이드 인 프랑스, 혁신 지원'을 중심으로 경제 회복 정책을 수립할 당시 사회연대경제에 대한 고려는 전혀 없었다. 모순적인 상황이라 할 수 있다. 2015년 7월 23일 개정된 '기업의 경쟁력 제고하기, 생산 시스템의 회복'[1]이라는 제목의 문서에도 사회연대경제에 대한 언급은 없다. 그러나 문서에서 강조하는 내용은 다음과 같다.

— '재지역화': 어느 기업이 사회적경제기업보다 지역 또는 국가, 더 나아가서 유럽 또는 글로벌 역동성을 동반하는 지역 경제의 '안정성'을 보장할 수 있을까. 사회연대경제는 '효율적인 지역화'에 대해 경험도 있고 앞세울 만한 관점도 있다. 경제적(국토 개발에 기여, 생산수단의 창출과 유지)으로든 사회적(고용 유지 및 창출)으로든 모두 마찬가지이다. 아르노 몽트부르 생산성재건장관은 연설(2012년 8월 19일, 프랑쉬에서 열린 사회당 정치 행사 '장미축제')에서 '일상의 애국주의'를 촉구했다. 당연히 자기 안으로 닫힌 애국주의가 아니라 가능한 경제적 영속성의 일상적 구현을 의미하는 애국주의이다. 경제협력 지역거점은 반박의 여지없이 국가와 지방자치단체의 관심 표시이다. 사회연대경제에서 이들을 발전시킬 수 있도록 해야 한다. 더 나아가 일부에서 지역 경제를 구제하는 역할로 국한시키려고 하지만 사람과 환경의 존중 정신에 입각하여 지역에 기존 또는 신규 사업을 실행해야 할 것이다. 왜냐하면 사람과 환경에 대한 관심은 경제적인 야망과 분명 양립할 수 있기 때문이다. 2015년 4월 회의 문서[2]에서 유

---

1 http://www.gouvernement.fr/action/le-redressement-de-notre-appareil-productif.

럽연합 지역위원회가 바로 이 점을 지적하며 유럽연합의 우선
순위에 사회연대경제 액션 플랜을 포함시킨다.

—'구조조정 수행': 2013년 6월 12일자 유럽의회 보고서[3]에는 협
동조합에 대해 '유럽의 신 산업정책에서 핵심적인 주제인 산업
구조조정에 근본적으로 기여'한다고 나와 있다. 2012년의 데이
터를 담아 2013년에 발간된 지역 생산성 재건 위원들의 보고
서[4]에는 노동자협동조합의 직원 인수 (오베르뉴의 Fontanille : 밴드 제
작, 종사자 65명 ; 페이드라루아르의 Fareo : 사무용 가구, 고용 승계 212개)가 언
급되어 있다. 결국 미미한 수치이다. 아마도 위원들이 처리하
는 케이스의 특수성에서 기인하는 것일지도 모른다. 그러나 무
엇보다 건전한 기업을 노동자협동조합에서 부분적 또는 온전
히 인수하는 것에 대해서 그만큼 받아들여지지 않는다는 것을
반증하는 것이기도 하다. 지난 몇 년간 노동자협동조합총연맹
(CG SCOP)에서 적절한 홍보 캠페인을 벌이고 있지만 역부족이
다. 그러므로 일반 대중, 정계, 재계, 노조를 대상으로 계속해서
홍보를 진행해야 한다.

—'부문별 새로운 전략과 혁신': 모든 형태의 기업에 해당한다. 앞
서 언급했듯이 사회연대경제는 강점을 보유하고 있다. 그러나

---

2 Committee of Regions, *3rd SEDEC Commission Meeting, 29 April 2015. Working document. Commission for Social Policy, Education, Employment, Research and Culture, Social Economy*, rapporteur Luis Gomes.

3 *Rapport sur la contribution des coopératives à la sortie de crise*, Commission de l'industrie, de la recherche et de l'énergie, rapporteur Patrizia Toia.

4 *Les commissaires au redressement productif en région, rapport annuel 2012 des commissaires au redressement productif*, site www.economie.gouv.fr.

제7장

도전과 새로운 역학

정부 부처 차원에서 이를 발전시킬 만한 심층적인 논의가 이루어진 적이 없다. 더군다나 사회연대경제 스스로도 과연 앞으로 미래의 행동 무대가 무엇일지 등의 미래 지향적인 발전에 대해 생각하지 못했다. 물론 농업협동조합(2012년)[5]이나 협동조합은행, 보험공제조합, 또는 노동자협동조합과 같은 대규모 분야에서는 재조직과 혁신을 하기 때문에 이를 일반화하기에는 무리가 있지만 전반적으로 '연구 개발'이나 '연구 실행'에 대한 고민이 부족한 것은 사실이다. 사회연대경제와 기초연구 간 협력이 그 어느 때보다 절실하다. 따라서 프랑스사회연대경제회의소는 이와 관련하여 추진력을 발휘해야 할 것이다.

— '메이드 인 프랑스': 2015년 2월 명품 여성 란제리 조직인 노동자협동조합 Les Atelières의 실패[6]가 보여주듯이 아직은 장애물이 곳곳에 도사리고 있다. 그러나 사회연대경제는 지역에 대한 뿌리가 강하기 때문에 늘 선도적인 역할을 해왔다. '메이드 인 프랑스'와 사회 환경적인 효율성 간의 관계를 더욱 앞세우고 있다. 일례로 Coopaname의 'éco-actions'이나 페이드라루아르의 사회연대경제지역회의소의 '메이드 인 사회연대경제'를 들 수 있다. Optic 2000 협동조합도 '메이드 인 프랑스'를 자신의 키워드로 삼았다. AgriConfiance는 '오래전부터 농식품협동조합은 지역의 생산과 일자리를 유지시키는 역할을 해왔다'고 강

---

5 프랑스협동조합연합 유기농위원회의 제안 참조, *Programme Ambition Bio, 30 propositions*, Coop de France, décembre 2012.

6 www.lyoncapitale.fr, 18 février 2015.

조한다. 이들의 슬로건 중 하나가 '예전부터 메이드 인 프랑스'
이다. 경제산업디지털부 장관으로 임명된 직후 엠마뉴엘 마크
롱은 2014년 9월 첨단 케이블과 광섬유 전문 업체이면서 '메이
드 인 프랑스'를 실천하는 노동자협동조합 Acome를 방문했다.

　사회연대경제의 항시적인 도전 과제는 '메이드 인 프랑스'이든
'메이드 인 유럽'이든 기존의 전통적인기업 대비 자신이 가지고 있
는 '강점'을 보여주는 것이다.

　그러나 사회연대경제 프로젝트는 이와 같은 역할에 국한되어서
는 안 된다. 새로운 유형의 성장과 사회적, 시민적, 환경적 가치를
높이는 방식으로 성장의 개념 자체를 변형시키는 능력을 갖고 있기
때문이다.[7]

21세기 과학의 사회계약 재구상하기 :
사회연대경제를 위한 거대한 과제

제2차 세계대전 이후 서구 국가는 과학과 사회 간에 사회계약을 장
려했다. 과학 연구의 대규모 공공 재원이 장기적으로 산업 발전, 경
제 성장, 그리고 삶의 질 개선에 기여해야 한다는 것이다. 목표가 실
로 분명했다. 오늘날 우리의 일상을 점령한 컴퓨터, 초고속열차, 의
료 분석 장비는 연구의 결과물로 이와 같은 계약의 효율성을 증명

7　Thierry Jeantet, *Des croissances*, Editions François Bourin, Paris, 2014.

한다. 그러나 몇 년 전부터 이 모델에 대한 의구심이 커지고 있다. 이제 공동선의 개념이 더 이상 지배적인 논거가 되지 않는다. 물론 연구는 갈수록 복잡해지고 값비싸진다. 1980년대의 혈액 오염 스캔들과 2011년의 후쿠시마 원자력발전소 사고로 과학에 대한 대중의 신뢰가 무너지기도 했다. 물론 공공 예산의 경쟁에서 과학이 희생되기도 한다. 그러나 무엇보다 가장 큰 문제는 우리 사회가 비용 절감과 소수만을 위한 단기 비전을 제시할 뿐 사회를 위한 구상이 아닌 경제 모델의 지배를 받아들였다는 점이다. 이제는 반대로 21세기에 걸맞는 과학의 사회계약을 재구상해야 한다. 기후변화, 식량 안보, 이민 문제, 에너지 안보 등 현 시대의 사회 현안들이 이를 요구한다. 이는 자연과학이든, 사회과학이든, 인문과학이든 과학의 도움 없이 해결되지 못하는 문제들이다.

열린 과학의 시대를 맞아 인터넷 혁명과 미디어의 폭발적인 증가는 이미 새로운 판도를 만들어냈다. 기술 덕분에 그 어느 때보다도 과학자나 일반인이 과학이 만들어낸 데이터에 접근하고, 이해하고, 공유할 수 있게 되었다. 과학과 시민들 사이에 신뢰가 다시 회복될 수 있는 기회가 만들어진 것이다. 과학자들의 더 나은 소통과 책임으로 시민들은 윤리, 청렴성, 투명성에 대한 요구가 높아질 것이다. 그러나 더 멀리 나아가야 한다. 전 세계적으로 과학과 사회 간에 사회계약을 수정하는 것이 시급하다. 21세기의 현실에 발맞춰야 한다. 최근 유럽집행위원회는 수평선 2020(Horizon 2020) 전략에서 '사회에 책임지는 연구와 혁신(RRI)' 개념을 사회와 모든 이해 당사자들이 연구와 혁신에 기여하고 방향을 제시할 수 있는 환경을 조성하는 것이라고 설명했다.

그렇다고 연구의 영감과 창의적인 원동력을 억압하고 통제하는 방향으로 가서는 안 된다. 단기적인 목표와 의무 과제에 대한 권위적인 평가를 핑계로 관료주의에 가두어서도 안 된다. 반대로 과학자들이 이들의 사명과 오랜 시간의 노력으로 임무를 수행할 수 있는 수단을 제공해야 한다.

과학계에서는 교차하는 네트워크를 활용하여 스스로 조직하는 능력으로 이와 같은 대전환이 용이할 것으로 보인다. 하향식 위계질서에서 점차 벗어나서 상향식 의사결정 논리로 연구의 우선순위를 설정할 것이다. 바로 여기에서 시민들과 다른 이해관계자들이 개입할 수 있는 지점이 생긴다. 공동선의 정신으로 복귀하면서 과학은 사회의 기대에 부응하게 될 것이다. 이와 같은 맥락에서 사회연대경제가 지금까지의 경험을 바탕으로 과학에 대해 중점적으로 성찰할 것을 촉구하는 것이다. 그렇게 되면 과학자들도 이들의 도전에 걸맞는 지속적인 조건 속에서 지식을 활용할 수 있을 것이다. 과학 연구의 미래, 필연적으로 인류의 미래는 그 어느 때보다도 사회연대와 환경 보호의 맥락 속에서 사회를 위한 장기적인 비전을 필요로 한다.

□ **퀼르 미랍보**
세균학자, UMPC Sorbonne(파리) & IDIBAPS(바르셀로나), *EuroScientist* 편집위원
□ **뤽 반 디크**
EuroScience 연구정책자문관
□ **사빈느 루에**
EuroScientist 편집장

사회적 전환 촉진하기

　빈곤 퇴치는 긍정적인 사회적 변화를 위한 행동의 대표적 예이다. 소외(2015년 기준으로 일곱 가구 중 한 가구가 빈곤선 아래에 살고 있다) 퇴치는 사회적경제의 시민 및 연대 사업에서 자연스러운 임무 중 하나였다. 1994년에 설립된 Collectif ALERTE[8](1985년에 설립된 빈곤소외퇴치위원회가 전신, 프랑수와 브록-레네가 지휘, 'Wresinski 보고서'[9])는 2012년 대선 당시 후보자들에게 빈곤 퇴치 5개년 계획을 요구했었다.

　2012년 12월 10일과 11일 이틀 동안 경제사회환경위원회에서 빈곤과 소외 퇴치를 위한 전국 대회가 개최되었으며 이 때 당시 총리였던 쟝 마크 에로가 5개년 계획의 세부 사항에 대해 발표했다. Collectif의 38개 결사체, 연맹, 결사체연합은 정기적인 평가의 대상이 되는 5개년 계획에 대한 모니터링을 계속했으며,[10] 2015년 1월 26일 '계획에 추진력을 더하고 지역화를 진행'하기 위한 67개의 제안을 발표한다. 자원, 치료에 대한 접근, 사회적 노동의 대토론회, 외국인, 아동, 주거, 고용, 거버넌스에 대한 것(홈페이지 www.alerte-exclusions.fr)들이다. Collectif의 회장인 프랑수와 술라주[11]는 사안의 시급성에 주목했다. 그것을 '생활비가 빠듯한' 사람들과 과도한 부

8　www.alerte-exclusions.fr

9　Joseph Wresinski, *Grande pauvreté et précarité économique et sociale, rapport au Conseil économique et social*, Éditions des Journaux officiels, Paris, 1987.

10　Cf. Rapport de François Chérèque et alii, *Évaluation de 2ᵉ année de mise en œuvre du plan pluriannuel contre la pauvreté et pour l'inclusion sociale*, IGAS, 2015, http://www.ladocumentationfrancaise.fr/rapports-publics/154000065

11　2015년 5월 6일 저자와의 대담

채에 대한 지원 강화이다. 그는 복지 조정관들이 당사자들의 요청과 공공단체나 관련 민간기업의 의견을 고려할 것을 제안한다. 건강 보충 보험과 같은 기존에 이미 마련된 장치를 충분히 활용하지 않는다는 점을 지적하며 의료 접근, 주택에 대한 접근과 주택 관리, 사회적 관광의 필요한 '부흥', 고용 창출을 위한 자원 믹스, 이동성 지원, 연대순환경제에 대한 지원 등의 개선을 촉구한다. 이 모든 것의 배경에는 언제나 자발적이고도 혁신적인 자세로 크게 기여한 결사체가 있다. 가령 연대활성화수당을 받는 사람들에게 사회적 주택 관리를 맡기는 결사체, 사회연대주택의 자체 건설 과정을 장려하는 결사체들이 이미 존재한다. 또한 연대 관광(모두를 위한 바캉스 네트워크, 관광협회연합, 구호단체 Secours catholique, Secours populaire)에서 활동하거나 엠마우스 프랑스나 연대상호네트워크의 회원인 Le Relais처럼 순환경제에서 이미 활동하는 결사체들도 있다. 국가, 결사체, 그리고 지자체들이 공동 구축하는 소외와 빈곤 퇴치 운동이 최우선 과제이기 때문에 사회연대경제는 연대의 선봉에서 적극적이고 세심하면서도 공공기관에 대해 까다롭게 요구할 수 있다. 지금과 같은 위기의 시대에 중요한 과제인 사회혁신을 창출해내는 지속적인 역할을 담당한다.

의료 접근성 개선하기

보편적 의료 접근 없이는 사회적 전환도 없다. 2015년 6월 낭뜨에서 열린 FNMF 대회[12]에서 프랑스 공제조합회장인 에티엔느 카니아르가 한 연설은 이렇게 요약이 될 수 있을 것이다. 그는 현재의 어려움에 대해 프랑스 대통령의 관심을 촉구하며 다음과 같이 말했다. "니스에서 건강보충보험의 일반화를 약속했습니다. 불평등과 싸우는 것, 공제보험이 없으면 두 배나 증가하는 치료 포기에 맞서 싸우는 것은 사회적경제가 갖는 목표와 그 영향에 대해 각자 인식해야 함을 의미합니다. 우려에서 희망이 태동했습니다. 인내는 절망의 원천이 되기도 하는데 결국 우리가 지금 이 상황입니다".

그는 대회에서 발간한 '사회적 효용성 – 정의 – 효율성' 보고서에서 '보충 건강보험의 국유화'에 대해 유감을 표명하며 사회연대경제법이나 '책임 협약'에도 불구하고 '사회연대경제 주체들에 대한 일종의 불신'을 비판하고 '공제조합을 억압하는 것이 아니라 힘을 실어줘야 한다'고 주장했다. 상세히 기술된 이 보고서에는 '연대의 동반자'인 공제조합'의 입지를 강화하고, '가입자들의 건강 설계에 함께하고 새로운 사회적 니즈에 대응하고', '장기 위험 보장에 대해 공제조합주의적인 해결'을 제시하고, '기술적인 경계를 뛰어넘기' 위한 제안을 제시한다. 현장에서 멀어지지 않으면서 공제조합을 현대화하고자 '근린성의 서비스'를 새롭게 하고 '연대와 재개하기' 위해 신 서비스를 개발하고 새로운 방식으로 가입자와 계약을 맺는다. 이는 모든 프랑스인이 치과 치료, 안경, 보청기 접근을 수월(가격 16% 인하)하게 하여 '절약 효과가 19억 유로에 이를 것'이다. 기반이 튼튼한 프랑스 공제조합은 이 보고서에서 계약에 적용되는 세금에 대해 언급하며 더 '광범위'하고, 따라서 더 공정한 과세 표준을 제안한다.

---

12 2015년 6월 12일 대회에서 FNMF 회장 에티엔느카니아르의 연설, Rapport *Utilité sociale, Justice, Efficacité: une ambition pour les entreprises mutualistes*, XLIe Congrès FNMF.

바로 일반사회보장기여금(CGS)이다. 아울러 의료 종사자들의 협약 정책에도 참여할 것을 제안한다. 정부에 대한 요구 수준도 높아져서 공제조합의 현대화를 위한 공제조합법의 개혁을 요구한다. 프랑수아 올랑드 대통령은 의회에서 한 공식적인 답변[13]에서 '2006년에서 2012년 사이 의무건강보험에서 부담하는 의료비 지출의 비중이 75% 아래로 떨어졌다. 이는 다시 말해 보충보험이 부담하거나 또는 그렇지 않은 경우 환자들의 부담으로 귀결된다. 또는 둘 다일 수도 있다'. 그는 보충적 보편적의료보장(CMU)의 상한선을 상향 조정하고, 건강보충보험의 지원 개선과 연대책임 계약의 중요성에 대해 다시 한번 강조했다. 2013년 1월 법에는 '기업 건강보충보험을 일반화'하고자 하는 전국단체협약(ANI)에 대한 내용이 담겨 있다. 대통령은 새로운 개혁이나 조치를 가능하게 함으로써 공제조합법의 개혁이 시작되었음을 알리고 연대책임 계약을 위해 혁신적인 세제를 발표했다. 또한 '의료 업종과의 협약에서 공제조합의 역할이 과도한 요금 정책을 제한하기 위해 특히나 유익'하며 '예방적 정책'에 대한 정의의 필요성에 대해 역설했다. 그는 '공제조합은 공화국과 불가분의 관계이다. 공제조합이 국가의 사회적 의미와 시민적 참여를 부여한다'고 덧붙였다.

공제조합은 최근에 여러 시련을 겪었다. '보충' 보험 유형 간의 경쟁 강화, 유럽집행위원회의 Solvency II 규칙, 전국단체협약법, 정부와 공제조합 간 대화의 험로 등이다. 결국 새로운 데이터, 특히 디지털 경제의 데이터를 통합하며 제16차 대회 보고서에서 지적했듯이

---

13 2015년 6월 12일 낭뜨 공제조합 대회에서 프랑스 공화국 대통령의 연설

근린성의 연대를 재창조하면서 빠르게 적응하고 현대화해야 할 것이다.

인구 변천에 대응하기

Dares[14]의 분석 결과 대인 서비스가 지속적으로 감소하는 것으로 나타났다. 2013년의 감소폭(-3.5%)보다는 덜하지만 2014년에도 -0.9% 줄었다. 2014년 2분기에 개인이 고용한 종사자 수는 938,000명(2013년 2/4분기에 비해 -2.1%)이었다. 서비스 제공 기관 직원 수는 계속해서 증가 추세로 0.2% 증가하여 433,000명이다. 결사체와 공공기관이 차지하는 비중은 감소하는 반면 민간기업(주식회사, 유한책임회사, 자영업자)은 증가하여 서비스 기관의 4분의 3을 차지한다.

IRES/고용연구센터[15]에서 실시한 연구에서는 재가 서비스 단체들이 직면한 재정적인 어려움과 해당 부문 고용 조건의 악화에 대해 경고한다. '단체들이 당면한 재정 위기로 재가 서비스의 기초 자체가 흔들린다'는 점이 가장 우려스러운 현실이다. 전국대인돌봄지원연맹은 현 상황에 대해 경종을 울린다. 재가서비스돌봄지원전국연합회(UNA)[16]의 이브 벨로레 대표에 따르면 '인구 고령화로 의존과 돌봄의 수요가 나날이 증가'하는 시대라서 더 우려스럽다. 그는 '긴

---

14 Dares Résultats, n° 009, février 2016.

15 Alexandra Garabige (dir.), Bernard Gomel, Loïc Trabut, *Dynamiques de transformation des modèles économiques des structures de l'ESS dans les services à domicile*, décembre 2015.

16 www.una.fr/1590-20166-B/ 2015년 5월 4일자 이브 벨로레 논설. *Aide à domicile : garantir les financements et l'accès équitable aux prestations*, communiqué de presse du 11 juin 2012.

축 예산과 고용 관련 정책'으로 위기가 발생한다고 덧붙인다. 사회
연대경제는 지금 확대되고 있는 분야의 변화에 직면해 있다.

　다양한 재가돌봄 서비스, 요양사, 간호사의 경우, 2022년에 35만
개의 일자리가 증가할 것으로 예상되며 그 중 16만 개가 재가돌봄
일자리일 것이다.

　결사체들은 이 분야를 위한 새로운 세제 정책의 필요성에 공감한
다. 미셸 압에르베 교수[17]는 해당 직업을 전문화하기 위한 노력이 시
급하다고 강조한다. 관련해서 사회연대경제에서 대학 및 지자체와
협약을 체결, 공공기관의 지원을 받아 대인 서비스 양성 대학 기관
을 설립하는 방안에 대해 고민해볼 필요가 있다.

　더 나아가서 사회연대경제는 실버 경제와 관련된 자신만의 전략
을 수립해야 한다. 2015년 1월 분석 자료[18]에서 Avise(사회경제이니셔티
브기관)는 사회연대경제가 웰에이징에 더 많이 기여할 것을 촉구하
고 주거, 이동성, 레저, 관광 등과 같은 분야에 더 적극적으로 활동
할 것을 장려한다. 또한 '연대와 근린성의 원칙을 존중하면서 사회
적 니즈에 공동으로 대처하고' 새로운 비즈니스 모델을 구상하면서
이 분야에서 새롭게 부상하는 업종(예방, 주거 적응 등)에서 활동할 것을
독려한다. 결사체뿐만 아니라 주택주거자협동조합이나 건강보험공
제조합, 공익협동조합, 에너지협동조합 등도 마찬가지이다.

　'인구 전환'에 대한 것인 만큼 친 세대 간 활동(세대간 협동주택, 세대간

17　www.alternatives-economiques.fr/blogs/abherve.
18　*Silver économie : décryptage et enjeux pour l'ESS*, Avis, Association des Régions de France, Caisse des dépôts et consignations, janvier 2015.

결사체 서비스, 세대간 사업고용협동조합, 크라우드 펀딩 등)에서 사회연대경제가 할 수 있는 역할에 대해 재고해봐야 한다. 이는 상당히 중요한 사안 이다.

물론 인구 전환 관련 활동에는 유년기에 대한 활동(공동육아, 순회보육 등)이나 학교 및 대학 단계의 지원 활동(대중교육협회 등)도 포함된다.

생태적 전환 장려하기

사회적경제는 지속 가능한 발전의 영구적인 주체이다. 자아 발전과 환경 보호를 중심으로 자신만의 방식도 마련했으며 이를 보여주는 예[19]는 다양하다. AMAP(농업을 유지하고 관리하는 네트워크) 유형의 유통 경로, 그리고 좀 더 광범위하게는 공정무역, 카 셰어링이나 주택 셰어링, 재생에너지 협동조합 등이다. 사회적 효용성의 목표만큼 친환경적인 목표를 가진다. FIDESS/RMB(사회연대경제 지도자 국제포럼 몽블랑 미팅)에서 지적하듯이 '지역의 기후변화에 맞서 지속 가능한 인적 개발에 재투자하는 자원을 동원하고 생산한다. 사람들의 회복 능력, 지식의 활용과 참여, 토착 자원의 동원을 장려하여 혁신적인 방법으로 불평등에 대한 해결책을 제시한다'. 협력적 연대금융은 이와 같은 목표에 부합한다. 2015년 12월 제21차 기후변화 당사국 총회 기간 동안과 그 이후 사회연대경제가 적극적으로 참여함으로써 입지를 공고히 할 수 있었다.

---

19 Cahier des initiatives Fidess/RMB 2016, Fiches initiatives ESS européennes. Atelier Ile-de-France. www.alternatives-economiques.fr/blogs/abherve.

차원의 변화

적극적으로 새로운 사회연대경제로 나아가기

몇 년 전 프랑스와 유럽 여러 국가의 사회적경제는 단절, 후퇴, 변화 등 격동의 시기를 겪으며 사회연대경제가 되었다. 현재는 더 큰 도전에 직면해 있다. 다른 규모의 다양한 '움직임'의 교차로에 있다. 그 움직임은 사회적경제 내에서 태동해서 밖으로 나와 발전할 수 있었다. 이미 알려져 있듯이 다양한 형태가 있다. 협력적 경제, 공유경제, 순환경제, 공동재경제가 그것이다. 인터넷과 재활용 기술과 같은 기술 혁명과 긴밀히 연결되어 있으며 국경을 초월한다. 오늘날 이와 같은 움직임이 강세이며 인기를 구가하고 있다. 일각에서는 이를 유행이라고 치부할 수 있을지도 모르나, 일시적인 유행을 넘어서 자본주의의 영역에서 벗어나는 경제적인 움직임의 부상임은 확실하다. 이들이 자본주의의 먹잇감이 되지 않기 위해 힘써야 한다.

사회적경제는 언제나 연대성과 시민성을 강조해온 만큼 이와 같은 새로운 현상 앞에서 자신의 역할이 무엇인지 자문해보고, 적극적으로 대화하여 영감을 얻고 새로운 차원으로 넘어가야 한다.

이들의 원칙은 변화하지 않았다. 여전히 사회적경제의 핵심을 이루고 그 이후를 위한 더 큰 기대에 부응한다. 바로 더 나은 민주주의, 더 나은 연대, 인간과 환경에 대한 존중, 더 많은 공유에 대한 기대이다. 사회적경제의 태동부터 존재하던 것들이지만 새로운 행동 반경, 적용 분야, 새로운 영역으로 확장된다. 사회적 요구로부터 새로운 지평이 열리기도 한다. 협력하고 공유하고자 하는 진정한 욕구가 있으며 금융을 비롯하여 다양한 분야를 포함한다. 뿐만 아니라 새로운 요구와 혼재되어 기술적 혁신(새로운 유형의 소통과 교류의 발전)으로 인해 새로운 가능성이 열리기도 한다. 교통, 주거, 소프트웨어, 종자와 같은 분야에서 새로운 적용 분야가 나타난다. 세계화가 경제, 금융에 관한 것일 뿐 아니라 기술과 시민에 관한 것이 되면서 새로운 영역이 등장한다. 이와 같은 변화로 '사유제'가 재고의 대상이 되는 것은 아니나 그 본질과 규칙은 변화했다. 공유의 개념이 '공동으로 함께하기'라는 상호 공유의 개념과 섞이면서 공유를 더 수월하게 만든다. 사회적경제가 사적이면서 집단적인 소유의 원칙 자체를 변화시켜서는 안 되지만 어떠한 선입견이나 방관도 없이 이로부터 파생되는 변형이 무엇일지 이해하고 예측할 수 있어야 한다.

이 움직임은 '자유(free)'롭고(프리웨어나 종자나눔이라는 용어를 봐도 알 수 있다) 열려 있다(동업조합, 지역에 한정되지 않는다). 어떠한 틀이나 굴레에도 갇혀 있지 않다. 그렇기 때문에 영향력이 있는 것이다. 사회적경제의 원칙을 받아들여 모호하고 야생적인 집단이 되는 것을 피할 수 있다. 구태의연한 경제 금융 방식을 다른 식으로 포장만 하려는 비열한 경영인들이 도사리는 집단이 되는 것을 피할 수 있는 것이다. 사회적경제는 이미 새로운 싹을 발굴하기 시작했다. 그래도 여전히 가야 할 길은 멀다. 크라우드 펀딩의 부상은 새로운 금융에 대한 협동조합은행의 자연스러운 관심과 이들로부터 벗어나서 스스로 발전하는 새로운 금융 능력을 동시에 보여준다. 놀라운 일이 아니다. 사회적경제는 이제 어떤 주체가 사회적경제에 속하는지, 사회적경제의 원칙과 윤리를 준수하는 자들은 누구인지, 근사해 보이는 겉모습에도 불구하고 기존 경제와 금융을 단순히 정비하는 데 그치는 자들은 누구인지 알고 있어야 한다.

또 다른 사례를 살펴보면 다음과 같다. 재화(자동차나 집)나 서비스의 공유는 새로운 발견은 아니지만 현대화되는 만큼 빠른 속도로 확산된다. 전통적인 사업자(렌터카 업체, 호텔 체인, 서비스 사업자 등)들이 이미 이러한 '명칭'을 받아들여 그에 맞게 툴(자회사)과 마케팅을 맞춰 나갔다. 그에 대해 첨언할 것은 없다. 그러나 사회적경제는 가치를 적용하는 기업의 창업과 변화와 관련하여 많은 기회를 포착해야 한다. 특히 프랑스의 경우 그렇게 할 수 있는 법적 제도, 금융 제도, 네트워크가 마련되어 있다. 연구와 전략, 새로운 주체와의 교류를 넓히기만 하면 된다. 그 어느 때보다도 개인, 가족, 사회적 공동체의 현재 필요에 대해 경청해야 한다.

새로운 움직임은 개인과 법인 간의 코워킹처럼 잘 알려져 있는 사회적경제의 조직 유형을 현대화하여 앞세운다. 공익협동조합, 이후 사업고용협동조합의 정관을 마련하고 채택하면서 이를 인식하게 되다. 이와 동시에 기업가들이 결사체, 협동조합, 사회적기업으로 구성된 집합체를 구성하여 유관 분야에서 활동하는 기관들과 유연하게 협업하게끔 한다. 소수의 사례를 제외하고는 아직 발전 정도가 제한적이다. 그러나 이러한 공동 작업은 추후에 이와 같은 협업을 촉진하기 위해서 사회적경제가 이해하고 분석해야 하는 씨앗과도 같다.

결집 전략 강화하기

사회연대경제는 오래전부터 각종 연맹을 그 안에서 태동시켰다.

오랫동안 연합의 형태나 피라미드 형태로 이루어진 연맹이었다. 차츰 새로운 이니셔티브나 새로운 연합 방식이 등장하여 협력이나 자회사(주로 주식회사 형태) 설립, 공동의 툴(경제이익단체 GIE)이 생기게 된다.

최근에는 '그룹'이 급속도로 많이 결성되었다. 협동조합 간 연대로 임시 협동조합을 만드는 방식이나 SGAM(상호공제보험그룹회사)이나 UMG를 통해 공통의 목표나 수단을 중심으로 공제조합들이 연대하거나 서로 합병하는 것이다. 지난 몇 년간 농업 및 식량 협동조합의 연합이 급속도로 늘어났다. 프랑스 서부지역 농식품협동조합 안에서만 1987년에서 2000년 사이에 234개의 협약이 체결된 바 있다.[19] 2003년에 협동조합 그룹 204개 중에서 112개가 서로 연합을 맺었다. 이 흐름은 계속 이어진다(가령 2014년에는 3A Coop과 Sodiaal Union, Coralis와 Agrial, Valcrest와 Eurial 간의 연합).[20] 노동자협동조합들은 사회연대 경제법을 적극 활용하여 이들이 구성한 '그룹'의 특성을 강조하려고 한다. OTB, Scopelec, UTB의 경우가 그렇다.[21]

이와 병행하여 노동자협동조합은 외적 성장과 내적 성장을 통해 그룹으로 변모한다. 일례로 셰크데죄네 그룹(Groupe Chèque Déjeuner)은 2015년 Up 그룹이 되었다.

GEIE(Euresa는 1990년 초까지만 해도 회원이 4개에서 2015년 14개로 증가한다)[22] 유럽경제이익단체의 설립과 2003년 '유럽협동조합(SCE)' 지위의 도

---

19 Raymond Guillouzo, Pascal Perrot et Philippe Ruffio, « Stratégies d'alliances et configurations des groupes coopératifs agricoles », *Recma*, n° 285, 2002.

20 www.coopdefrance.coop, Maryline Filippi, Pierre Triboulet, « Alliances stratégies et formes de contrôle dans les coopératives agricoles », *Revue d'économie industrielle*, n° 133, 1er trimestre 2011.

21 *Cf.* « Se regrouper, un enjeu pour les coopératives », *Participer,* n° 654 ; mars-avril-mai 2015.

입으로 유럽적인 전략으로 변모한다. 활발한 SCE로는 Wecoop, Es-coop(이탈리아), Euromovers(독일), Cassia Co-op(네덜란드), Euskal Herriko Ikastola(스페인)을 꼽을 수 있다.[23]

이 그룹화는 네트워킹이나 유연한 공동 작업에서 강한 통합까지 다양한 형태를 띤다. 그 어느 때보다도 시급한 투자에 대한 니즈, 혁신에 대한 니즈로 가속화된다. 집중화가 고도화되는 기업들의 거센 경쟁과 교류의 글로벌화 역시 여기에 기여한다. 전체적으로 사회연대경제는 지역적인 정착과 초국적인 역학 속에서 가야 할 길을 모색한다. 농업협동조합에 대해 마릴린 필리피는 '지역의 뿌리에 얽매이기는커녕 (농업협동조합은) 규모에 상관없이 지역적인 거점을 활용하여 글로벌 환경에 적응하는 데 성공했다'[24]고 강조한다.

사회연대경제 내에서 새로운 공간, 새로운 공유의 도구가 만들어진다. 그렇게 해서 탄탄한 기업으로 성장하는 스타트업이 등장하게 된다. 사회연대경제 지도자 국제포럼에서 설립한 프로젝트 국제 아고라는 국경을 초월하여 창업 프로젝트의 공유, 파트너 모색, 우수 사례의 교류를 가능하게 한다.[25]

이제 사회연대경제는 본질은 훼손하지 않으면서 이러한 시도들

---

22 *Cf.* www.euresa.org; Nathalie Ferreira et Sophie Boutillier, Laboratoire de recherche sur l'industrie et l'innovation, Université du Littoral Côte d'Opale, « Les entreprises de l'ESS, des entreprises comme les autres? L'exemple de Mondragon et Euresa », *Cahier Lab. RII*, n° 245, octobre 2011.

23 *Cf.* SCER, *Review of European co-operative societies*, Projet « Revue et examen des SCE, 2012-2014 », projet DIESIS mené avec le soutien de la Commission européenne, février 2014.

24 Maryline Filippi, « Affirmer le modèle coopératif agricole français entre ancrage territorial et développement international », *façSAD*, n° 37/2012.

25 *Cf.* Agora des projets, www.recontres-montblanc.coop, www.sommetinter.coop.

의 틀을 만들어야 한다. 몬드라곤 협동조합(Mondragon Cooperativa Corpo-ration)은 여러 어려움을 감안하여 '민주적 대토론회'를 개최했다. 그룹 총회장인 하비에르 소틸은 2015년 '그룹의 미래를 위해 경쟁력 있고 지속 가능한 계획을 수립하면서 원칙과 가치를 적용할 수 있을 것이라는 희망과 신뢰'[26]가 무엇보다 필요하다고 역설했다. Up 그룹은 글로벌 진출을 위해 '조합화' 계획을 수립했다. 사회연대경제 기업 그룹에 관한 법안의 도입을 기다리고 있다.

Up 그룹 : 협동조합주의적이면서 글로벌한 접근

노조운동가들이 1964년에 설립하고 죠르주 리노가 회장으로 있는 셰크데죄네는 더 많은 노동자에게 양질의 식사를 제공하기 위해 설립되었다. 기업가적이면서 연대의 행동주의적 가치가 결합된 셰크데죄네는 처음부터 설립자들이 협동조합 조직을 선택하면서 독창적인 지위로 창설된다. 사실 1960년대에 서비스에 관한 노동자 협동조합을 설립한다는 것은 무모한 도전처럼 여겨졌다.

신념을 갖고 설립 원칙과 가치를 한순간도 버리지 않은 채 탄탄하게 발전을 해오며 프랑스에서 2위의 식당 바우처 발급회사로 성장하기에 이른다. 1973년에는 법적으로 의무 사항이 아니었음에도 불구하고 그룹 내에 노사협의회가 설치되며 늘 시대를 앞서 나가서 1986년에는 노동시간을 주당 35시간으로 단축하기까지 한다.

---

26 http://www.cecop.coop/La-Corporation-Mondragon-de-demain

1990년대 초반까지만 해도 셰크데죄네는 프랑스라는 단일 국가를 위한 단일 상품만을 선보인다. 후에 셰크데죄네 그룹의 2대 회장인 쟈크 랑드리오의 지휘 하에 노동자협동조합은 수직적 및 수평적 발전 전략을 세우게 된다.

신설 또는 인수합병 방식으로 복지 성격의 새로운 바우처를 선보이는데, 그렇게 해서 Cadhoc(복합 상점 선물 바우처), Chèque Lire(독서 바우처), Chèque Disque(음반 바우처), Chèque Culture(문화 바우처), Chèque de services(서비스 바우처, 식료품 쿠폰 대체), 그리고 1996년에 도입된 Chèque Domicile(가계 지원 바우처: 사회연대경제와 공동 설립)이 있다. 이 모든 것의 중심이 되는 사상은 더 많은 사람들이 제품과 서비스의 혜택을 받도록 한다는 것이다.

같은 시기에 셰크데죄네는 글로벌 진출을 꾀하기 시작하면서 스페인과 이탈리아로 뻗어나간다. 첫 해외 지사는 스페인의 경우 노조 조직, 이탈리아의 경우 노동자협동조합과 합작으로 진행된다.

후에 Up 그룹은 처음에는 중앙 유럽과 동유럽으로 시작해서 글로벌 무대로 넓혀 나가는 동시에 프랑스 내에서는 다양한 활동과 서비스를 개발하기 시작한다. 이렇듯 체코 공화국, 슬로바키아, 헝가리, 루마니아, 불가리아, 폴란드를 시작으로 유럽으로 넓혀 나간다. 2007년 Up 그룹은 모로코에 진출하기로 결심하고 유럽 내에서는 독일과 포르투갈에 지사를 연다. 아시아로도 눈을 돌리면서 터키, 그 후에 2013년 말에는 아메리카 대륙으로 진출하여 서비스 카드 시장에서 멕시코의 선두 업체를 인수하게 된다.

설립 후 50년이 지난 2014년 말 기준으로 Up는 100여 개의 브랜드 포트폴리오를 구축, 약 57억 유로에 달하는 금융 거래를 관리하고 2,700만 명에게 서비스를 제공하며 2,300명의 직원을 두고, 4대륙 14개국에 진출해 있는 상황이다. Up 그룹의 발전은 연대와 영속성의 보증인 자체 자금 조달에 기반을 둔다. 2015년 6월 Up 그룹은 브라질, 벨기에, 그리스에까지 진출하면서, 17개국에서 사업을 펼친다는 데에 강한 자긍심을 갖고 있다.

노사 대화의 차원에서 Up 그룹은 의무적인 규정 사항이 아님에도 불구하고 2014년 노사협의회를 설치했다.

2014년 셰크데죄네 그룹 설립 50주년을 맞아 신임 회장을 맞으면서 2015년 1월 12일 사명 변경을 언론에 발표한다. 글로벌 진출을 강조하고 혁신과 영속성에 대한 강한 의지를 담아 사명을 Up 그룹으로 변경한다.

그 어느 때보다도 가치에 충실한 그룹은 프랑스에서든 해외에서든 그룹을 구성하는 기업의 자본에 어떻게 더 많은 직원을 결집시키고 '세계에서 사회연대경제의 상징적인 홍보 대사'가 될 수 있을지 연구한다. 3단계로 이루어진 이 목표는 2015년 6월 12일 셰크데죄네 협동조합 핵심 사업 세 부문의 통합에 관한 총회에서 안건으로 상정되었다. 90%의 찬성표로 압도적인 지지를 받으며 조합원들이 가치에 대한 애착이 얼마나 큰지를 반증했다. 이제는 서비스 부문과 글로벌 지사를 위한 솔루션을 고민해야 할 때이다.

이는 이사회와 내가 Up 그룹을 위해 진행하는 변화 프로젝트이다.

□ **카트린느 쿠페** Up 그룹 회장

사회연대경제의 대중화

설명하기

프랑스 여론조사 연구소인 IFOP에서 *Acteurs publics*지의 요청으로 '사회연대경제에 대한 프랑스인의 이해 정도에 관한 조사'를 실시한 적이 있다.[27] 조사 결과 사회연대경제가 고용 창출에 미치는 영향력은 5점 기준에 2.7점으로 저조한 수준이었다.

프랑스인의 51%는 사회연대경제에서 일자리를 가질 의향이 있다고 응답했으며 이는 25~34세에서 더 높게 나타났다. 지역을 고려 대상에 넣었을 때 긍정적인 답변이 더 높게 나타났다. 가령 응답자의 82%가 '지역 단위에서 지자체들이 사회연대경제 발전에 투자해야 한다'는 데에 동의했다. 여론 조사 결과를 실은 *Lettre de l'économie sociale*(사회적경제의 서신)에 따르면 프랑스인들이 여전히 사회연대경제에 대해 협소한 비전을 갖고 있으며 '사회연대경제의 속성에 가까운 사회적인 임무에 국한'되기를 선호한다고 한다. 사회연대경제에 대한 모순적인 입장을 엿볼 수 있다. 또한 서로 평가에 차이는 있어도 좌파, 우파의 정치적인 성향과 상관없이 사회연대경제에 대해 긍정적인 평가를 내리는 것으로 나타났다. '전통적'인 사회경제 모델에 대해 재고의 목소리가 높고, 정치권이나 노조 또는 사회적 운동에서 새로운 길을 모색하는 가운데 사회연대경제는 최근

---

27 « Économie sociale et solidaire : ce qu'en pensent les Français », *La Lettre de l'économie sociale*, n° 1598, jeudi 9 avril 2015.

에야 알려지기 시작했을 뿐 아니라 지나치게 제한적으로만 인식되고 있다.

노동자협동조합총연맹(CG SCOP)에서는 이와 같은 상황에 대해 잘 인식하고 있다. 몇 년 전부터 홍보 캠페인을 우선 순위로 삼으며 인쇄매체, 라디오, TV 등 다면적인 접근으로 언론과 방송에서 여러 상을 수상한 바 있다. 연합의 회장인 파트릭 레난커는 '노동자협동조합의 구체적인 성과를 공유'[28]해야 한다고 강조한다.

'사회연대경제의 달'[29]은 사회연대경제지역회의소(CRESS)와 사회연대경제지역회의소 전국위원회(CNCRES)가 매년 11월 구체적인 사업에 대해 홍보하는 행사이다. 주민과의 소통에 있어서 중요한 순간이다.

사회연대경제 담당 장관인 브누와 아몽은 2012년 11월 '알게 모르게 누구나 사회연대경제 기업이나 조직에서 제공하는 서비스의 고객이거나 사용자이다'라는 주제로 광고 캠페인(라디오와 인쇄매체)을 진행했다. 통계를 보면 실제로 인구 대부분이 협동조합, 공제조합, 결사체, 재단, 사회연대경제 기업과 맞닿아 있으며 이 효과적인 광고 덕분에 빠른 시간 내에 가시성을 상당히 높일 수 있었다.

라디오 결사체[30]나 사회연대경제 인쇄매체도 여럿 존재한다.

이렇듯 사회연대경제는 대중화되지는 않았지만 알려져 있다. 일상의 필요에 부응하면서 소리 없이 일상에 녹아든다. 스스로 자화자찬하는 것처럼 보일 위험도 있으나 더 객관적이고 역동적인 이미

---

28 2015년 5월 6일 저자와의 대담.

29 www.lemois-ess.org.

30 Confédération nationale des radios associatives, www.cnra.fr.

지를 알리기 위해 끊임없이 싸워왔다. 이제는 발전에 박차를 가하고 지배적인 경제 모델에 대한 대안[31]으로 입지를 공고히 하기 위해서는 자신을 전면에 내세우고 설명해야 한다. 사회연대경제만이 유일한 모델임을 내세우기 위해서가 아니라 실질적으로 현재 진행 중인 변화에서 결정적인 영향을 미치기 위해서이다. 프로젝트 설계 시점에서는 소심해서 자신을 내세우지 못하다가 제2차 세계대전과 '영광의 30년'을 거치면서 계승된 시스템의 틈새 속에서 차츰 목소리를 내기 시작했다. 늘 다르게 기업하기[32]를 주장해온 만큼, 사회연대경제에 함께하고자 하는 사람들의 목소리에 귀를 기울여야 한다. 이들의 방식이 형식에 있어서 다소 의외이고 목표 설정에 있어서도 다듬어야 한다고 하더라도 함께할 수 있어야 한다. 그렇지 않으면 다른 조직들이 사회연대경제 고유의 주제를 차용해 갈 것이다. 더 멀리 가기 위해 전체적인 프로젝트를 업데이트해야 한다.

소통하기

신기술은 기관 투자자의 주요 대상이었으며 소프트웨어, 사이트, 게임 업체들의 경제 '전쟁'의 핵심이었다. 금융 집중화 현상으로 언론, 출판, 라디오, TV의 다원주의가 축소되는 가운데에도 인터랙티

---

31 Thierry Jeantet, *L'économie sociale, une alternative au capitalisme*, Economica, Paris, 2008.

32 *Économie et sociologie coopératives*, présenté par Henri Desroche, coll. « Tiers Secteur », Société coopérative d'information et d'édition mutualiste, Paris, 1977 ; Danièle Demoustier, *L'économie sociale et solidaire : s'associer pour entreprendre autrement*, coll. « Alternatives économiques », La Découverte, Paris, 2001 ; *Le Livre blanc des entrepreneurs sociaux, pacte pour entreprendre autrement*, 31 janvier 2012 www.mouves.org.

브 커뮤니케이션은 중요한 도전으로 부상한다.

최근에 개인 홈페이지, 블로그, 트위터, '협력적' 사이트의 등장은 전문 기업들이 사전에 설정한 기술을 넘어서고자 하는 의지를 반영한다. 이러한 이니셔티브는 급속도로 발전하면서 그 중에 몇몇은 가변적인 시공간 상에서 오늘날에는 가상의 결사체와 같은 네트워크로 조직이 된다. 전통적인 결사체조차 이와 같은 새로운 길로 들어선다.[33] 가상의 커뮤니케이션 수단의 발전으로 정해진 구성원이나 상대방을 넘어서 일시적으로나마 글로벌한 범위 내에서 구체적인 목표를 중심으로 결집할 수 있게 된다. 그렇게 해서 개인 간, 결사체 그룹 간에 교류가 정착된다.

*Le Courrier picard*와 뒤이어 *L'Yonne républicaine*(프랑스 지방 신문-옮긴이)는 더 이상 협동조합이 아니다. 반면에 *Alternatives économiques*는 사회 경제 분야에서 대표적인 신문으로 자리잡은 노동자협동조합이다. 그래도 인쇄매체에서 선두를 장악하고 있는 것은 산업체와 연결된 주요 민간 업체라는 사실을 받아들이지 않을 수 없는 것이 오늘날 현실이다. 전문 매체 중에서 CIEM(공제조합정보출판협동조합)이 187개 잡지(1,600만 부수)들과 일한다(출판, 배급). 신문 배급회사 중 하나인 MLP(Messageries lyonnaises de presse)[34]도 협동조합이다. 결사체 라디오도 다수(전국프리라디오조합에 따르면 600개)가 있으며, 전체 청취자 수도 2013년에 비해 증가(+160,00)하여 127만 명(메디아메트리에 의하면 2014년 11~12월 기준)에 이른다. 이는 누적 청취율(France Info는 8.1%, Skyrock은

---

33 Michel Sauquet (dir.), *L'idiot du village mondial*, Éditions Charles Léopold Mayer, Paris, 2004.
34 www.mlp.fr

7.5%)의 2.4%이다. 프랑스 TV 방송에서 사회적경제가 차지하는 비중은 미미하나 퀘벡의 경우 인터넷 TV인 WebTV.coop[35]은 초국적인 관계(가령 Fidess/RMB)를 맺고 있다. 사회적경제는 점차 '웹'에서 활발하게 활동하고 있으나 여기에서도 여전히 대규모 글로벌 민간 업체들이 지배적이다. 사회연대경제는 언론과 커뮤니케이션 시장에서 아직은 소수일 뿐이다. 사회연대경제와 연관이 있는 프랑스인의 수에 비추어보면 놀라운 현상이다. 아직 가야 할 길이 멀다.

청년에 의한, 청년을 위한 정복 촉진하기

사회연대경제가 청년들을 받아들이는 데 주춤했는가?

사회연대경제국립모니터링센터의 2015년 조사에 따르면 전체 사회연대경제 직원의 17.7%만이 30세 미만인 반면 민간기업의 경우 이 수치는 24.2%이다. 사회연대경제의 가치가 청년들의 기대에 더 부합함에도 불구하고 그렇다. 몇 년 전부터 청년들을 직접 대상으로 활동을 전개하고 대학과 그랑제콜 내에 전문 교육 프로그램이 도입되면서 상황은 역전될 것으로 기대된다. CDI(Comptoir de l'innovation) 대표인 니콜라 하자르[36]에 따르면 '대학 졸업생들은 의미를 추구한다. 경제적 효율성과 사회참여를 결합하는 기업에서 첫 직장을 찾고자 하는 청년의 수가 계속해서 증가한다. 사회적기업가 정신과 사회연대경제는 특히나 인기가 있으며 멋진 기회를 제공해준다'고 말

---

35 http://webtv.coop.
36 Adrien de Tricornot, « L'entrepreneuriat social séduit les jeunes diplômés », *Le Monde/Campus*, 14 mai 2015에서 재인용.

했다. UDES(사회연대경제사용자연합회)[37]는 2013년 '사회연대경제 내 청년들의 고용 조건'에 관한 연구를 실시했으며 이에 따라 새로운 장치와 협약이 도입되었다. 그 결과, '사회연대경제 고용 포털'이 생기고, 전국지역임무연합회와 협력 의정서가 체결되었다. 또한 CFDT, CFE-CGC, CFTC, FO와 사회연대경제 내에 직업 통합과 청년 고용에 대한 협약에 서명하게 된다.

이 외에도 청년 사업가들은 사회적기업가 개념에 매료되어 사회연대경제에 대해 차츰 알게 되고 관심을 갖는다. 실무 차원에서 다양한 이니셔티브도 부상한다. 'Start-up Week-end'에서 출발하여 도시와 지방[38]에서 'Start-up 사회연대경제' 행사가 조직된다. 또한 신문에서는 '연대와 책임의 직업을 원하는 자들을 위한 미래의 직업'[39] 이라며 젊은이들을 겨냥한다. 스타트업 플랫폼과 사회연대경제, 사회적기업가, 사회적 혁신 인큐베이터는 청년들을 위한 혁신적인 관문이다. 가령 Atelier, Actu'Incab Antropia, Alterincab, Fabrique à initiatives 네트워크, Catalis, La Ruche 등이 있다. Coop-Europe은 '젊은 조합원들을 위한 유럽 네트워크'를 창설했다. Fidess/RMB는 사회연대경제 프로젝트 국제 아고라에서 전 세계 청년 이니셔티브에 큰 비중을 할애한다. 프랑스에서는 100여 개의 사업고용협동조합이 프로젝트 발기인들에게 연대의 효율적인 관문 역할을 한다. 일종의 '모두를 위한 집단 기업가 정신'[40]이라 할 수 있다.

---

37 www.udes.fr
38 *Cf.* 예: www.lenol.coop.fr/article/startup-weekend-avec-ess-de-dijon
39 *L'Etudiant*, 23 janvier 2015, www.letudiant.fr.
40 *Cf.* www.cooperer.coop.

청년 취업은 545개의 기업[41]을 포함하는 노동통합기업연맹, 경제 활동을 통한 통합 조직 500여 개를 포함하는 COORACE(고용을 통한 실업자 지원 협회), 재통합협회전국연맹, 코카뉴네트워크 등에서 펼치는 핵심 사업이다.

사회연대경제에 대한 훈련은 신규 주체를 받아들이는 핵심 열쇠이다. 사회연대경제국립모니터링센터와 CNCRES[42]에서 실시한 2012년도 연구에 따르면 '사회연대경제에 관한 고등교육 프로그램이 계속 증가'하여 전체 72개가 있다고 한다. 대부분은 '직업' 성격이 강하며 Bac+5(석사 1년 또는 2년차) 이상을 대상으로 한다. 이들 중 많은 프로그램이 평생교육 성격을 지닌다. 교육 수준이 높으며 대부분은 높은 취업률을 보인다(졸업 후 3년 이내에 사회연대경제 부문에 취업한 졸업생이 80%를 차지한다). UDES는 사회연대경제 직무의 주요 학위, 수료증과 자격증 리스트를 소개한 바 있다. 사회연대경제의 각 조직군은 자신만의 교육 및 훈련 프로그램을 마련했다.[43]

학교협력중앙국[44]은 학생과 성인을 대상으로 교육 및 홍보 활동을 진행한다(학교 협력 제14차 주간은 2016년 3월에 열렸다). 사회경제정보개발연구소[45]는 2011년 고등학교 내 사회연대경제 교육을 강화하기 위한 제언을 발표했다.

---

41 www.lesentreprisesdinsertion.org.

42 *Formations transversales en économie sociale et solidaire et insertion professionnelle*, observatoire@cncres.org.

43 *Cf.* Institutdelacooperativeagricole.coop ; promotion-formation dirigeants SCVOP/ SCIC-Partenariats Université Dauphine/CGSCOP. www.dauphine.fr and www.les.scop.coop.

44 www.occe.coop.

45 www.idies.org.

중앙정부와 지자체는 예금공탁금고, 프랑스 공공투자은행, 협동조합은행과 크라우드 펀딩과 같은 사회연대경제 금융 툴을 활용하여 이와 같은 운동을 지원한다.

공공기관에서는 사회연대경제가 '현재 15~24세 프랑스 청년 22.9%가 당면한 청년 실업 문제'[46]를 해결하는 데 기여할 것으로 기대한다. 여러 연구에 따르면 2020년까지 사회연대경제에서 60만 개의 일자리가 창출될 것으로 예상된다. 이미 5개 중 1개의 일자리가 사회연대경제에서 이루어졌다.[47] "2012년부터 미래 일자리 187,000개 중 80%가 시장경제와 비시장경제에서, 3분의 1 이상은 결사체 부문에서 창출되었다." 이에 앞서 2011년에 정부, 예금공탁금고, 사회연대경제 기업들이 Jeun'ESS라는 프로그램을 마련했다. 최근에는 프랑스 대통령이 "개인, 결사체, 재단, 기업들이 자발적으로 참여하는 공익과 혁신의 이니셔티브를 확산시키고 드높이고자 하는 참신한 시도"인 '참여하는 프랑스(la France s'engage)'를 발표한 바 있다.[48]

코뮌, 데파르트망, 그리고 레지옹도 적극적이다. 가령 파리 시는 Social Good Lab이라는 '사회적 영향력의 기술 인큐베이터'를 설치했다. 일드프랑스, 노르-파드칼레, 브르타뉴, 오베르뉴, 샹파뉴-아르덴느 같은 지역의회들은 특히 과학 분야에서 사회연대경제와 사회적 혁신을 추구하는 '연구-실행'을 지원한다.[49]

2013년 기준, 대학생과 중고등학생의 39%가 특히 결사체의 자원

---

46 « L'économie sociale et solidaire : une solution au chômage des jeunes? », challenges.fr/economie, 18 octobre 2014.

47 www.emploi-ess.fr/economie-sociale/les-secteurs-qui-embauchent and www.economie-gouv.fr/economie sociale et solidaire

48 lafrancesengage.fr.

봉사 활동에 참여했다. 청년의 3분의 1이 스포츠, 문화, 레저 활동, 그리고 점차 더 사회적 활동의 결사체에 가입되었다.[50]

청년들과 함께하는, 그리고 청년들에 의한 사회연대경제의 정복은 이미 시작되었으나 아직은 파편적이고 소박한 수준이다. 무엇보다 최근에 나타난 현상이기에 지금으로서는 그 영향력을 측정하기 어렵다. Coop France의 대표였던 필립 망젱은 2015년 12월까지 "요컨대 (아직은) 본격적인 활동이 시작되지는 않은 상태이다. 청년들에게 매력적인 프로젝트, 의미 있는 프로젝트, 진정한 가능성을 제시하는 프로젝트를 제안해야 지속적인 협력이 가능할 것이다"라고 지적한 바 있다.[51]

사회연대경제와 청년

민주적이고 투명한 조직 모델인 사회연대경제는 청년들의 신뢰를 받을 만한 장점을 지닌다. 이 경제 모델은 더 연결되고 투명하며 협력적인 세계를 건설하고자 하는 니즈에 부합한다. 사회연대경제의 메시지를 어떻게 전달하고 새로운 사명을 불러 일으킬 것인가? 교육 훈련은 사회연대경제의 미래 임원을 양성하기 위한 핵심 요

---

49 *Cf.* « Actions en Région », « Recherche-Action et innovation sociale », www.avise.org.

50 France Bénévolat et IFOP, « La situation du bénévolat en France 2013 », www.francebevolat. org and Observatoire de la jeunesse (Injep), n° 4/2011.

51 Colloque du 28 octobre 2014, « Administrateur de coopérative agricole de demain », synthèse, Coop de France.

소 중 하나이다. 특화된 훈련이 이미 존재하고 발달해 있지만 모든
과정에서 접근 가능한 수평적 교육만이 사회연대경제의 가치를 청
년 대학생에게 확산하고 이 경제 모델의 미래를 보장할 수 있을 것
이다.

사회연대경제를 알게 되면 대부분의 청년들은 사회연대경제에 합
류하게 된다. 기업의 수평적 위계질서가 이들의 기대에 부합하는
동시에 개인의 자아 발전과 기업의 경제적 성과를 함께 추구하는
조직이기 때문이다. 앙토니(92지역) 캠퍼스에 위치한 Epicoop은 첫
번째 학생협동조합 식료품점이다. 캠퍼스 거주민들이 직면한 어려
움에 대응하고자 한 학생들 간 협력의 결과물이다. 대학 단지 주변
에 일상용품에 대한 접근성을 높이는 프로젝트인 것이다.

인터넷 대중화로 각 시민은 세계 정세에 대해 정보를 습득할 수 있
다. 이는 세계적인 의식을 가능하게 한다. Avaaw.org[1]는 웹 상에서
이루어지는 시민운동에 다시금 권력을 부여하게끔 해준 선구자 중
하나이다. 전 세계에 4,200만 명의 회원을 둔 이 가상 플랫폼 덕분
에 시민들은 전 세계의 정책 결정에 영향력을 미칠 수 있게 된다. 이
들은 기후 문제를 위해 역사상 최다 동원의 성적을 올린 바 있다.
2014년 9월 21일 맨해튼과 세계 2,000개 도시에서 비정부기구인
350.org, 1,700개 기관과 40만 명을 규합하는 데 성공, 정부가 기후
변화에 대해 인식하고 구체적인 행동을 취하도록 촉구했다. 사회
연대경제가 사용할 때 인터넷이라는 도구가 얼마나 강력한지 보여
주는 훌륭한 사례이다.

민주적인 운영 방식 덕분에 사회연대경제는 기업 내에 참여와 관
여, 신뢰를 촉진하고 위기에 대한 회복력을 키우는 데 기여한다.

이와 같은 민주적인 운영 방식은 사회연대경제 기업에게는 일상적인 과제로 디지털이 이에 대한 해결책을 제시해줄 수 있다. 사회참여를 원하는 파리 시민과 자원봉사자가 필요한 결사체를 서로 연결해주는 젊은 사회연대경제 조직인 "내가 도와줄게, 파리(Paris je t'aide)(2)"가 그 예다. 이 조직은 자신의 활동을 다음과 같은 슬로건으로 요약한다. "선의의 낭비는 그만, 연대를 위한 디지털". 디지털의 등장은 경계를 지우기 때문에 규모의 변화와 글로벌화를 가능하게 한다. 오픈 데이터 덕분에 집단 지성과 파괴적 모델(크라우드 펀딩, 온라인 대중 공개강좌 MOOC, 대안적 화폐)이 부상하게 된다. Khan Academy는 전 세계 모든 이들에게 교육자를 위한 인터랙티브 교육 자료와 멀티미디어 자료를 온라인 플랫폼을 통해 무상으로 제공하는 비영리 조직이다. 매달 1,000만 명의 사용자가 이용하는 이 조직은 '모두에게 양질의 교육을 제공'하고자 하는 금세기의 도전에 부응하기 위해 인터넷의 잠재력을 최대한 활용하는 데 성공했다.

사회연대경제는 자신을 알리고 가치를 확산시키기 위해 포용적인 접근으로 신세대들이 사용하는 커뮤니케이션 툴에 적응하고 이를 활용해야 한다. 디지털이 답이 될 수 있다. 그 이유는 젊은이들에게 이미지를 쇄신할 수 있으며 전 세계로 널리 알리는 데 도움을 주기 때문이다. 이는 더 나은 세상을 만들고자 하는 청년들이 창업하는 사회연대경제 신규 기업의 수를 늘리고 시민의식을 높이는 데 중요한 영향력을 미치게 된다. 점차 더 많은 청년들이 자원봉사 활동에 대한 욕구를 사회적 영향력 중심의 사회연대경제 스타트업 형태로 전환할 것으로 예상된다.

(1) Avaaz 인터넷 홈페이지: https://www.avaaz.org/

(2) Paris Je t'aide 인터넷 홈페이지: http://www.mavillejetaide.org.

□ **아나이스아마지**

Barefoot International College 프로젝트 팀장

□ **사라 투미**

사회연대경제 기업가, 튀니지 Acacias for All과 Dream 창업자

금융 전환을 가속화하기

초창기부터 크라우드 펀딩은 전 세계에서 사회적경제의 한 '지류'였다. 톤틴연금조합, 공제조합은행, 협동조합은행, 대안 은행, 마이크로협동조합은행. 현재의 도전은 적어도 다음과 같은 이유로 더 큰 규모로 존재한다. 우선 개도국이나 신흥국 또는 산업국가의 도시나 지역은 실물 경제에 더 맞고 사회 환경적 목표에 더 부합하는 새로운 형태의 자금 조달에 대해 자문한다. 그 중 하나가 개발 금융에 관한 아디스 아베바 국제회의(2015년 7월)로 '지속 가능한 발전의 세 층위인 경제 성장, 사회적 형평성, 환경 보호의 자금 조달 목적 간의 시너지'라는 주제를 다루었다. 환경 보호를 중요하게 생각하는 사회, 연대, 시민 경제는 금융의 방식과 규칙 변화의 매개자가 될 수 있는 능력을 증명해왔다. 사회연대경제 지도자 국제포럼이 사회연대경제의 국제 파일럿 그룹 안에서 도시발전 세계포럼과 공동으로 아디스 아베바 국제회의에서 '사회연대경제 연대와 혁신의 역할'을 주제로 사이드 이벤트[52]를 주최하면서 관심을 받기 시작한다.[53]

크라우드 펀딩과 연대참여 금융의 성공은 새로운 자금 조달에 관

한 개개인의 기대와 개방적인 상호 플랫폼을 통해 투자할 수 있는 능력을 보여준다. '전통적'인 세계화와 연계된 슈퍼 금융은 이미 부정적인 사회, 환경, 경제 영향력을 비롯하여 약점을 모두 드러냈다. 따라서 사회연대경제는 공제조합은행과 협동조합은행, 크라우드 펀딩 플랫폼을 한 데 모으는 글로벌 금융 은행 플랫폼의 창설로 금융권의 글로벌 변화에 적극적으로 기여한다.

사회연대경제의 글로벌화

글로벌화의 진전

사회적경제가 직면한 움직임은 지리적 장벽을 모른다. 농업협동조합이나 드물게 서비스나 산업 분야에서 보여준 성공 케이스에도 불구하고 이 부분은 사회적경제의 약점이기도 했다. 이제는 초국가적인 성격이 '필수적'인 것이 되었다(파트릭 레낭케, SGSCOP 회장).[54] 2015년은 사회연대경제 지도자 국제포럼이 10주년을 맞은 해이다. 글로벌 플랫폼을 더 넓게 개방하고 기존의 도구와 서비스(프로젝트 국제 아고라, 특히 세계 이니셔티브 1000)를 강화 및 확산시켜야 될 때가 되었다. 또

---

52 유럽연합에서 특정 주제에 관한 행사를 지칭하는 용어
53 Response to the « 2000 Draft » of the Outcome of the third International Conference on Financing for Development (FfD). *Cf.* Déclaration finale des VIIes Rencontres du Mont-Blanc, www.rencontres-montblanc.coop, novembre 2015, and *side event* "Financement du développement avec l'ESS", juillet 2014, Addis Abeda, www.rencontres-montblanc.coop.
54 2015년 5월 6일 저자와의 대담.

한 전 세계적으로 새로운 결집체가 연구와 혁신 분야뿐 아니라 금융과 실무 분야에서 생겨나도록 해야 한다. 집단적 목표는 새로운 협력 방식과 공유 방식에 기반을 둘 수밖에 없기 때문에 결국 Fidess에서는 사회연대경제의 기존 또는 신규 파트너들과 협력하여 이와 같은 변화에 착수할 수밖에 없다.

얼마 전까지만 해도 글로벌 차원에서는 조직군을 초월하여 협동조합, 공제조합, 결사체, 재단의 지도자들이 수평적으로 의견을 표명하고, 공동의 방향을 설정하여 상징적인 프로젝트를 실행에 옮길 수 있는 만남의 장은 없었다.

이러한 필요성으로 인해 '사회적경제의 설립 가치를 알리고 이를 존중하면서 실무와 경험의 공유, 공동의 작업 규정을 우선시하는 공간'[55]을 마련하겠다는 생각이 태동하게 된다. 바로 MACIF, 셰크데제뉘, 크레디 코페라티프, ESFIN-IDES 그룹의 경영자들이 이미 유럽에서 경험을 쌓았던 만큼 이런 자리를 만들고자 한 것이다. 이들은 '세계 사회적 포럼'이 비록 사회적경제에 문을 활짝 열어주기는 하나 사회적경제의 프로젝트를 구상하고 발전시키기에 적합한 장이 아니라고 평가했다. 또한 다보스 포럼은 사회적경제의 고민과는 상당히 거리가 있는 것이 사실이었다. 그렇게 해서 2005년 초반에는 CJDES의 지원을 받아 몽블랑 미팅(RMB)이 조직된다. RMB는 후에 사회연대경제 지도자 국제포럼(Fidess/RMB)으로 명칭을 바꾸고 '초국경, 초사업, 초조직군'을 모토로 하여 활동을 전개한다.

6차 미팅(2013년)의 주제는 '사회연대경제와 세계화의 방향 바꾸

---

55 Document fondateur des Rencontres du Mont-Blanc, 2005.

기: 2015년 이후 새천년개발목표(MDG)를 향해'였다. 7차 미팅(2015년)은 '사회연대경제, 도시와 지역과 함께하는 인적 개발'에 관해 열리게 된다. 사회연대경제 지도자, 국제 조직과 기관 대표, 정치권과 노조 책임자, 연구진들이 참석했다.

Fidess/RMB는 프랑수아 올랑드 프랑스 대통령이 2013년 말에 약속한 '사회연대경제 글로벌 시범 그룹'의 창설을 맞게 된다. 시범 그룹은 국가, 국제 기관, Fidess/RMB를 중심으로 사회연대경제 국제 조직(국제협동조합연합회, 국제공제조합연합회(건강) 등)으로 구성된다. 그룹의 목적은 사회연대경제 친화적인 국가 또는 세계 공공정책을 장려하는 것이다. 2014년 9월 유엔 총회와 동시에 창립 회의가 열리게 된다. 1차 정상급 회의는 2015년 9월 뉴욕에서와 마찬가지로 유엔 총회와 동시에 개최되었다. 당시 의장국이었던 프랑스의 대통령이 회의를 주관했다. 이는 사회연대경제 역사상 '처음' 있는 일이었다. 참석 정부, 기관, 기구들은 로드맵을 채택한다(아래 참조). 외부 국가를 끌어들이고자 하는 시범 그룹의 확대 캠페인이 2016년에 시작되었다. 동시에 Fidess/RMB는 유엔경제사회이사회의 특별자문 지위를 획득했다.

사회연대경제 글로벌 시범 그룹의 공동선언문

■ **지속 가능한 발전을 위한 사회연대경제를 지지하는 공공정책을 위하여**
2015년 9월 28일 뉴욕에서 고위급 회담

사회연대경제 글로벌 시범 그룹의 회원국인 우리는,[1]

UN기구 간 사회연대경제 태스크포스(UNTFSSE)[2]의 회원 및 옵저버인 유엔 산하기구 대표와 사회연대경제 글로벌 시범 그룹의 회원 시민사회 국제기구의 참석 하에,[3]

'세상을 변화시키기: 지속 가능한 발전을 위한 2030 어젠다'에 관한 최종 선언문을 채택한 유엔 제70차 총회를 맞아 2015년 9월 28일 뉴욕에서 모였다.

선언문에 입각하여, 형태의 다양성 속에서 사회연대경제는 새로운 지속 가능한 발전 목표(SDG)의 실현을 위한 변화의 전략적인 매개를 구성한다는 것을 확신하는 바이다. 특히나 청년과 여성을 포함, 양질의 고용을 창출하고 사회보장 제도를 확대하며 대안적인 기업하기의 방식(발전을 이루고 고용을 창출하고 여타 다른 경제 모델에 비해 회복력이 우수)으로 경제활동의 환경 발자국을 줄이는 데 중요한 역할을 담당한다.[4]

우리는 또한 기후변화와 경제 위기로 인한 충격을 통제하기 위해서 가계와 공동체의 회복력을 높여야 한다고 확신한다. 이를 통해 리스크를 감소시키는 솔루션, 새로운 부의 형태를 창출하고 이동성을 높이면서 적응하고 대안을 찾는 능력을 발전시킨다.

사회연대경제는 SDG의 실현을 위한 전략적인 실행 방안이며, 그런 의미에서 적합한 정책의 지원을 받아야 한다고 믿기에 유엔 회원국과 산하기관들에 다음을 촉구한다.

―특별 세제정책, 사회연대경제 기업들의 공공지원과 공공조달 시장에 대한 접근, 사회연대경제를 국가 교육 시스템에 포함시키

는 등의 조치를 통해 경제 모델의 다양성 속에서 온전한 부문으로 인정받은 사회연대경제의 발전을 위한 공공정책과 법제(기본법, 사회연대경제지침법),

—사회적 또는 환경적 목적 하에 이윤의 재투자 정신 안에서 구상된 '지속 가능한 공공/사회연대경제 파트너십',

—장기 자본의 발전과 녹색기후기금과 같이 공공 및 민간 재원에 저비용으로 접근할 수 있는 플랫폼의 도입 및 강화를 포함하여 적합한 자금 조달 능력 강화, 전 세계에서 공공/사회연대경제 파트너십 차원에서 지속가능한 사회적 집단 기업의 홍보,

—공공정책과 법제에 있어서 모범 사례 연구, 분석 수집을 통해 사회연대경제에 대한 지식 강화. 또한 사회연대경제 주체의 혁신적 이니셔티브를 통해 SDG의 달성을 위한 잠재성 평가. 지식의 임계량 덕분에 사회연대경제의 성장과 규모의 변화에 필요한 조건을 규명하고 사회연대경제 관련 통계 데이터를 수집하여 국가 내에서 경제적 비중을 평가할 수 있을 것이다.

—사회연대경제/공공 파트너십은 사회연대경제의 설립 원칙을 준수하고 저렴한 가격으로 지역의 필요에 부합하는 양질의 제품과 서비스를 생산하며, 중장기적으로 재무 건전성을 갖고 지자체를 포함하여 다른 주체들이 사회연대경제 전략 및 파트너십을 개발하고 실행할 수 있는 능력과 도구를 가질 수 있도록 훈련 프로그램을 장려한다.

SDG의 후속 조치와 검토 과정에서 사회연대경제를 염두에 둘 것을 촉구한다. 또한 유엔 산하기관과 파트너 기관이 사회연대경제

의 규모 변화를 실현할 수 있도록 추가적인 수단을 동원할 것을 요청한다.

결과적으로,

사회연대경제 법제에 관한 국제 사법 매뉴얼의 창설 계획을 지지하며,

개발을 위한 금융기관의 현행 자금 조달과 협동조합은행, 마이크로 금융기관, 그 외 플랫폼과 연계하여 혁신적인 재원을 확대하고, 전 세계 사회연대경제 조직과 기업을 위한 자금 조달을 강화하며, 이들의 경험과 프로젝트를 비교하고 협력을 모색하고, 주요 주체들의 네트워킹을 가능하게 하기 위해 사회연대경제 자금 조달에 관한 국제 회의(특히 아디스 아베다 행동 아젠다의 실행을 위하여)의 조직을 촉구한다.[5]

또한 GDP 외 기존의 양적 질적 지표를 보완하거나 새로운 부의 지표를 개발하는 데 기여함으로써 비시장 경제에 특히 집중하면서 국가 경제나 지역 경제, 인적 개발, 지속 가능한 개발에 미치는 영향을 측정할 수 있도록 한다.

---

(1) 콜롬비아, 코스타리카, 에콰도르, 프랑스, 룩셈부르그, 모로코, 그리고 퀘벡과 세네갈 (옵서버). 2015년 9월 28일자 조인국: 콜롬비아, 코스타리카, 프랑스, 모로코.

(2) UNRISD, UN-NGLS, ILO, UNDP, UN-DESA, UNCTAD, ECLA, FAO, WHO, UNEP, UNESCO, UNIDO, UNECE, ESCWA, UN-Habitat, UN-Women, WFP, TDR, UNAIDS. OECD도 회원이다. 옵저버: EESC, EMES, GSEF, ACI, MedESS, RMB, RIPESS.

(3) RMB/Fidess, International Co-operative Alliance, AIM, AIMF, International Association of Francophone Mayors (IAFM), Global Fund for Cities Development (GFCD), Intercontinental Network for the Promotion of the Social and Solidarity Economy (RIPESS).

(4) 유엔 태스크포스의 사회연대경제에 관한 정의: "다양한 역사적 맥락을 기반으로 구성원이나 커뮤니티를 위해 재화와 서비스를 생산하는 다양한 형태의 조직들로 장기적인 관점에서 자본보다 인간 우위, 조직 거버넌스에 이해관계자 구성원의 참여, 임무를 위한 이윤의

재투자에 기반을 둔다. 사회연대경제는 협동조합과 다양한 형태의 사회적기업, 여성 상부 상조 그룹, 비공식 경제의 노동자협회, 서비스 제공과 연대금융 계획 NGO 등을 포함한다."

(5) 예를 들어 세계은행, 아프리카 개발은행, 아시아 개발은행, IDB(미주개발은행), CABEI(중미경제통합은행), EIB(유럽투자은행), 신개발은행과 각국 개발공공은행.

유엔 기구 간 워킹 그룹인 UNTFSSE가 창설되었다. 2011년 5차 Fidess/RMB 회의에서 UNDP 국장이 언급했던 것이 2013년 9월 유엔 사회연대경제에 관한 워킹 그룹 세미나 끝에 현실화되었다.

최근 몇 년간 포럼에서는 사회연대경제의 발전에 기여하고자 전 세계에서 사회연대경제 행사를 조직하거나 인증했다. 중미, 일본, 인도, 마그레브.

2005년부터 도입하고 2014/2015년에 공고히 한 '프로젝트 아고라'라고 명명된 국제 플랫폼은 스타트업 기획이나 전 세계 모든 부문의 조직과 기업 간 프로젝트에도 열려 있다.

마지막으로 Fidess/RMB는 2015년 세계 사회연대경제 이니셔티브 1000을 발표한다.

이와 동시에 사회적경제는 각 대륙별로 점차 조직화(가령 아프리카의 경우 사회연대경제 아프리카 네트워크)되거나 사회적경제 유럽 백서의 표현을 빌리자면, '이니셔티브를 계승'한다.

선진국과 후진국 간 협력 강화

빈곤, 기아, 문맹과 질병 퇴치를 위한 도전은 날로 확장된다.

경제사회이사회의 보고서[56]에서 프랑수와 쿠르생은 개발도상국의 입장에서 사회적기업과 같은 사회적 운동의 지지를 받아, 지역에 뿌리를 둔 기업들을 중심으로 성장하는 것이 중요하다는 점을 강조했다. 프레데릭 토마스[57]의 분석은 더 깊이 파고든다. '경제적 시급성과 정치적 대안의 교차점에 위치한 사회연대경제는 경제와 정치를 하는 방식을 다시금 생각하게 한다.' 선진국과 후진국의 사회적경제에 관한 연구에서는 '양자 또는 다자간 국제 협력은 오늘날에는 무엇보다 개발도상국의 역동적인 사회적경제에 대한 지원으로 이루어진다. 역으로 사회적경제는 국제 협력 쇄신에 기여한다'. 이주민과 관련된 비극은 후진국에서 사회연대경제를 통한 '자체 발전'의 시급성을 반증한다. 사회연대경제는 이미 선진국에 도착한 이민자를 수용하는 데 매우 중요한 역할을 한다.

Fairness 프랑스와 Fairness 영국, FairWorld Project USA, 공정무역을 위한 플랫폼은 공정무역에 관한 가이드북을 발간했다.[58] '개발을 위한 유럽의 해'(2015년) 당시 유럽의회 위원들은 공정무역이 특히 개도국의 발전에 기여한다고 강조했다. UNCTAD(국제연합무역개발협의회)에서는 2014년 12월 '지속 가능하고 공정한 발전을 위한 다자간 무역 체제'를 지원하고자 보고서를 발간했다. 이와 같은 목표는 포스트 2015년 새천년개발목표[59]에서 다루어진 것이기도 하다. 다양

---

56 François Coursin, *La contribution de la France au progrès des pays en développement*, Conseil économique et social, Éditions des Journaux officiels, Paris, 28 février 2001, http://www.ladocuentationfracaise.fr/rapports-publics/014000299/.

57 *L'économie sociale et solidaire, levier de changement?* (collectif), coll. « Alternatives Sud », Centre tricontinental/Syllepse/Solidarité socialiste, Paris et Louvain-la-Neuve, 2015.

58 *Guide international des labels de commerce équitable*, édition 2015, Plate-Forme pour le commerce équitable, Nogent-sur-Marne.

한 이니셔티브와 선언문들이 이토록 중첩된다는 점에서 본다면 완벽한 흐름이라고 생각할 수도 있을 것이다. 다만 2012년 공정무역이 55~60억 유로를 넘어서지는 않았다. 그래도 아프리카, 아시아, 남미의 생산자와 노동자 200만 명이 이 부문과 관련되어 있다.[60] 루이 파브로의 표현을 빌리자면, '공정무역에 활기를 더하고 민간기업들의 인수에 저항할 수 있도록 입지를 다질 수 있음에도'[61] 불구하고 사회적경제와 공정무역 간에 존재하는 '유사점과 합류점'이 충분히 다뤄지지 않았다. 이와 관련하여 프랑스 사회연대경제는 2013년 정부가 주도한 '공정무역 국가행동계획'에 관심을 가져야 한다.[62]

결론

사회적경제는 하나의 운동이자 지속적인 체제라는 것, 지역이나 국가에 한정되지 않고 세계를 대상으로 한다는 것을 증명해 보였다.

점차 더 많은 국가와 국제기관에서 시민, 사회, 경제의 힘으로 인정을 받으면서 프랑스와 다른 국가에서 특화된 금융과 법제의 대상이 된다. 유엔 기관에서는 사회연대경제를 위한 유엔 기구 간 그룹

59 Nations Unies TD/B/C.I/MEM.5/6, Conférences des Nations Unies sur le commerce et le développement, Conseil du commerce et du développement, deuxième session, Genève, 8 et 9 décembre 2014 ; www.un.org/fr/milleniumgoods/beyond2015.shtml.

60 http://commercequitable.org.

61 Louis Favreau, *Commerce équitable, coopératives et souveraineté alimentaire,* 5 juillet 2010, jupiter.ucp.ca.

62 Plan national d'action en faveur du commerce équitable, 29 avril 2013, http://www.diplomatie.gouv.fr/fr/IMG/pdf/plan_national_commerce_equitable_cle0d5449.pdf.

을 설립했으며 이와 더불어 사회연대경제 시범 그룹 역시 존재한다.

이른바 공유경제나 협력경제와 같은 다른 경제 모델의 추격을 받으면서 사회연대경제는 해체와 쇄신 중에 선택을 해야 한다.

녹색경제, 순환경제, 실버경제, 디지털경제 등을 낳은 환경, 사회, 기술 분야에서 진행 중인 대대적인 변화에 직면하는 동시에 개발의 가능성 또한 다양하다.

개방하고, 규모를 바꾸고, 혁신하고, 글로벌화 하기를 요구받는 만큼 자신만의 모델을 강화하고 현대화할 능력을 지닌다. 개발, 지역과 대륙의 성장을 인간적으로 만드는 데 기여할 수 있다.

고유의 가치 덕분에 사회, 시민, 연대 경제는 새로운 주체들을 받아들이고 정관을 현대화하며, 동시에 지속 가능한 세계화를 위한 역할을 공고히 해야 한다.

프랑스의 사회적경제 : 효율성에 도전하는 연대

초판 1쇄 발행 2019년 10월 14일

지은이   티에리 장테
옮긴이   편혜원
펴낸이   고명희

펴낸곳   (재)아이쿱협동조합연구소
출판등록   2010년 12월 20일 제25100-2010-000062호
주소   07317 서울 영등포구 영등포로62길 1 아이쿱신길센터 1층
전화   02-2060-1373
팩스   02-6499-1372
이메일   icoop-institute@daum.net
홈페이지   www.icoop.re.kr

편집·디자인 잇다
제작 아람P&B

ISBN